Liebe Leserin, lieber Leser,

es freut mich, dass Sie sich für einen Titel aus der Reihe "Studien 2002" entschieden haben.

Diese Reihe wurde von mir zusammengestellt, um einem breiten Publikum den Bezug von herausragenden wissenschaftlichen Abschlussarbeiten zu ermöglichen. Bei den Abschlussarbeiten handelt sich um hochwertige Diplomarbeiten, Magisterarbeiten, Staatsexamensarbeiten oder Dissertationen mit einer sehr guten Bewertung.

Diese Studien beschäftigen sich mit spezifischen Fragestellungen oder mit aktuellen Themen und geben einen guten Überblick über den Stand der wissenschaftlichen Diskussion und Literatur. Wissenschaft und andere Interessierte können durch diese Reihe Einblick in bisher nur schwer zugängliche Studien nehmen.

Jede der Studien will Sie überzeugen. Damit dies immer wieder gelingt, sind wir auf Ihre Rückmeldung angewiesen. Bitte teilen Sie mir Ihre kritischen und freundlichen Anregungen, Ihre Wünsche und Ideen mit.

Ich freue mich auf den Dialog mit Ihnen.

Björn Bedey
Herausgeber

Diplomica GmbH
Hermannstal 119k
22119 Hamburg

www.diplom.de
agentur@diplom.de

Katja Rost: Sozialkompetenz: Entwirren des Begriffsdschungels /
Björn Bedey (Hrsg.), Hamburg, Diplomica GmbH 2002
Zugl.: Karlsruhe, Universität/TH, Diplom, 2002

ISBN 3-8324-6654-1

Bibliografische Information der Deutschen Bibliothek
Die Deutsche Bibliothek verzeichnet diese Publikation in der Deutschen Nationalbibliografie; detaillierte
bibliografische Daten sind im Internet über <http://dnb.ddb.de> abrufbar.

Katja Rost

Sozialkompetenz

Entwirren des Begriffsdschungels

 Geboren am 24.04.1975 in Stuttgart absolvierte ich erfolgreich die Grundschule und das Gymnasium, nur unterbrochen durch einen Auslandsaufenthalt meiner Familie in Dallas, Texas.

Nach einem Aupair-Aufenthalt in England und einer Aushilfstätigkeit bei der Hewlett-Packard GmbH begann ich im Herbst 1996 das Studium des Wirtschaftsingenieurwesens Fachrichtung Unternehmensplanung an der TH Karlsruhe. Meine Schwerpunkte legte ich auf die Bereiche Personalwesen, Marketing, Organisation und Informatik.

Schon während des Studiums ergänzte ich meine theoretischen Kenntnisse durch praktische Erfahrung. Durch Praktika und Nebentätigkeiten gewann ich Einblicke in die Aufgaben des Personalmanagements und des Marketings. Eine Internetagentur unterstützte ich im Bereich Web-Design und -Entwicklung.

Nebenbei war ich als Freizeitleiterin und Skilehrerin für einen Stuttgarter Verein tätig und betreute Jugend-, Familien- und Erwachsenenfreizeiten. Zudem entwickelte und betreue ich die Homepage des Nordbadischen Volleyball-Verbands (BFS) sowie die Homepage des Materialausschusses (DVV).

Mein Studium beendete ich im Herbst 2002 mit Abgabe meiner Diplomarbeit „Sozialkompetenz – Entwirren des Begriffsdschungels".

Seit Januar 2003 bin ich bei WOLFF & MÜLLER, einem Bauunternehmen in Stuttgart, in der Personalentwicklung tätig. Meine Aufgaben liegen in den Bereichen Aus- und Weiterbildung wie z. B. Betreuung von Auszubildenden und Praktikanten sowie Schulungsberatung und -organisation.

Inhaltsverzeichnis

Abbildungsverzeichnis

Tabellenverzeichnis

1. Einleitung

„Die Sozialkompetenz ist der notwendige *Schmierstoff* in der erfolgreichen menschlichen Zusammenarbeit", so lautet die Aussage einer Personalreferentin der Dresdner Bank.

Und tatsächlich, wenn die Zusammenarbeit nicht *geschmiert läuft*, dann gerät der Prozess *ins Stocken* und teure Ressourcen werden verschwendet. Denn Konflikte kosten um so mehr Kraft je weniger konstruktiv mit ihnen umgangen wird.

In den meisten Stellenanzeigen werden Begriffe wie Teamfähigkeit, Kommunikationsfähigkeit, Konfliktbereitschaft und andere soziale Kompetenzen als Bestandteile des Anforderungsprofils genannt. Nicht mehr nur Führungskräfte, sondern auch Mitarbeiter aller Hierarchiestufen nehmen regelmäßig an Personalentwicklungsmaßnahmen teil, welche die sozialen Kompetenzen fördern sollen. Die Sozialkompetenz ist heute neben der Fachkompetenz zu einem wichtigen Entscheidungskriterium bei der Personalauswahl geworden.

Personal- und Führungsverantwortliche sind heute einer Meinung: Die Sozialkompetenz der Mitarbeiter ist ein wichtiger Bestandteil ihrer beruflichen Handlungskompetenz. Und nur mit Mitarbeitern, die über berufliche Handlungskompetenz verfügen, können Herausforderungen wie „Flexibilität", „Innovation", „Globalisierung" und „Kundenorientierung" bewältigt werden. Dabei werden von den Mitarbeitern sowohl organisations-, prozess-, aufgaben- und arbeitsplatzspezifische Kenntnisse und Fertigkeiten verlangt, als auch die Fähigkeit, sich schnell neues Fachwissen und Arbeitsmethoden anzueignen. Eigeninitiative, Beziehungsfähigkeit und Offenheit für Veränderungen werden zu zentralen Faktoren.

1.1   Zielsetzung der Arbeit

Doch was ist Sozialkompetenz?

Die Ergebnisse einer Umfrage, die im Zusammenhang mit dieser Arbeit unter Personalverantwortlichen durchgeführt wurde, zeigen deutlich die unterschiedlichen Vorstellungen und die Unklarheit über die Bedeutung des Begriffs. Ein Auszug aus der
Fülle von individuellen Definitionen verdeutlicht die vielfältigen Auslegungsmöglich-
keiten:

„Sozialkompetenz ist zu verstehen als die Möglichkeit, Mitarbeitern die entsprechende Bedeutung für *das große Ganze* zu vermitteln."

„Sozialkompetenz bedeutet, andere Menschen wahrzunehmen, ihre Persönlichkeit
zu akzeptieren, sich für sie zu interessieren, zu versuchen, sich in ihre Situation
hineinzuversetzen. Mit anderen reden, diskutieren, leben..."

„Sozialkompetenz ist die Fähigkeit des Umgangs mit anderen Menschen."

„Sozialkompetenz ist die Fähigkeit, den Mensch in wirtschaftliche Zusammenhänge
und Notwendigkeiten bewusst einzubeziehen."

„Sozialkompetenz ist ein Persönlichkeitsmerkmal, das befähigt, Interdependenzen
von Einzelpersonen und Gruppen zu erkennen und in Handlungsaktionen umzusetzen."

Keine dieser Aussagen ist falsch, denn es gibt keine einheitliche Definition von Sozialkompetenz. Die Umschreibungen des Konstrukts der Sozialkompetenz gleichen
einem Begriffsdschungel: bunt und vielfältig aber zugleich verwirrend und komplex.
Sozialkompetenz ist ein abstraktes Konstrukt, dem unterschiedliche Eigenschaften
und Fähigkeiten zugeordnet werden.

Wenn nun aber so unterschiedliche Vorstellungen über die Bedeutung des Begriffs
Sozialkompetenz bestehen, wie können dann geeignete Bewertungsinstrumente entwickelt und Entwicklungsprogramme geplant werden?

Ziel dieser Arbeit ist es, den Begriffsdschungel zu entwirren. Auf der Grundlage einer ausgedehnten Literaturrecherche werden zahlreiche Definitionen von Sozialkom-

petenz untersucht, grundlegende Gemeinsamkeiten herausgearbeitet und wichtige Dimensionen hervorgehoben.

1.2 Gliederung der Arbeit

Die Arbeit beginnt mit der Frage, welche Bedeutung die Sozialkompetenz in den letzten Jahren gewonnen hat und auf welchen Entwicklungen dieser Wandel beruht. Kapitel 2 veranschaulicht den Wandel von der Industrie- zur Informationsgesellschaft und dem damit verbunden Wertewandel der Gesellschaft. Neue Arbeitsformen und Führungskonzepte, eine zunehmende Globalisierung und Internationalisierung und die zunehmende Komplexität und Dynamik setzen neue Anforderungen an die Sozialkompetenz der Mitarbeiter von heute.

Im zweiten Schritt untersucht das Kapitel 3 die Entstehung menschlichen Verhaltens. Antriebsstrukturen aus der Urzeit beeinflussen ebenso wie das Gehirn das Denken, Fühlen und Handeln. Ein weiterer Aspekt bei der Untersuchung des Verhaltens ist die individuelle Persönlichkeit mit ihren Eigenschaften und Verhaltensmustern. Verschiedene Persönlichkeitstheorien mit ihren unterschiedlichen Sichtweisen sowie Möglichkeiten der Klassifikation der Persönlichkeit werden vorgestellt. Abschließend untersucht Kapitel 3 die Veränderbarkeit von Persönlichkeitsmerkmalen und die daraus resultierende Möglichkeit der Persönlichkeitsentwicklung.

Kapitel 4 stellt den zentralen Abschnitt der Arbeit dar. Eine begriffliche Einordnung der Sozialkompetenz wird vorgenommen. Ausgehend vom Wortstamm, werden unterschiedliche Definitionen aus verschiedenen Forschungsbereichen vorgestellt und die wichtigsten Aspekte der Definitionen herausgearbeitet. Neben der Sozialkompetenz sind noch weitere Fähigkeiten Voraussetzung für beruflichen Erfolg. Anhand eines Handlungskompetenzmodells werden die Grundkompetenzen in Beziehung gesetzt.

Wie in den vorherigen Kapiteln herausgearbeitet, ist die Sozialkompetenz keine universelle Fähigkeit oder Verhaltenskomponente, sondern besteht aus verschiedenen Fähigkeiten und Eigenschaften, je nach Anforderung der Situation. Kapitel 5 beschreibt grundlegende Elemente des Sozialverhaltens sowie die wichtigsten sozialen Kompetenzen Empathie, Kommunikationsfähigkeit, Kooperationsfähigkeit und Konfliktfähigkeit.

Aufgrund der großen Bedeutung, welche die Sozialkompetenz vor allem im betrieblichen Bereich hat, stellt sich die Frage, wie soziale Kompetenzen von Bewerbern, Führungskräften und Mitarbeitern gemessen bzw. erfasst werden kann. Kapitel 6 untersucht verschiedene Methoden der empirischen Datenerhebung auf ihre Schwächen und Stärken hinsichtlich der Bewertung von Sozialkompetenz.

Der Vollständigkeit halber werden in Kapitel 7 die wichtigsten Entwicklungsmethoden für Sozialkompetenz vorgestellt, die im betrieblichen Bereich ihre Anwendung finden. Zudem wird ein interessantes Projekt vorgestellt, dass unter dem Motto „Lernen in fremden Lebenswelten" das Ziel verfolgt, soziale Kompetenzen von Schülern, Auszubildenden und Führungskräften zu fördern.

Im Zuge dieser Arbeit erfolgte eine Umfrage unter Personal- und Führungsverantwortlichen zum Thema Sozialkompetenz. Der zweiseitige Fragebogen enthält sechs teils offene, teils geschlossene Fragen. Zur Beantwortung des Fragebogens werden etwa 10 bis 15 Minuten benötigt. Die Fragen beinhalten sehr unterschiedliche Themen. Zum einen wird nach einer Definition von Sozialkompetenz gefragt. Zudem sollen einzelne Fähigkeiten aufgezählt werden, die der Sozialkompetenz zugeordnet werden. Einige Behauptungen sollen auf ihre Aussagekraft hin bewertet werden. Bewertungsinstrumente und Entwicklungsmaßnahmen, die das Unternehmen einsetzt, werden abgefragt. Zum Schluss werden drei Aufgabenprofile aufgeführt, die auf den notwendigen Anteil von Fach- und Sozialkompetenz zu bewerten sind. Bei den Aufgabenprofilen handelt es sich um einen Facharbeiter, einen Meister und einen Projektleiter.

Von 100 großen, deutschen Unternehmen unterschiedlicher Branchen bekundeten 41 Personalverantwortliche Interesse an dem Thema und forderten den Fragebogen an. Zur Auswertung konnten 31 Fragebögen einbezogen werden, die wieder ausgefüllt zurückgeschickt worden waren. Folgende Unternehmen nahmen an der Umfrage teil: Arcor AG & Co., Articon Integralis, Ascena AG, DaimlerChrysler AG, Datev eG, DeTeLine–Deutsche Telekom Telekommunikationsnetze GmbH, Deutscher Sparkassen Verlag GmbH, Drägerwerk AG, Dresdner Bank AG, Festo AG, HVB Asset Management, Karstadt Quelle Finanz Service, Lexmark Deutschland GmbH, Lufthansa

Revenue Service GmbH, MTU Friedrichshafen GmbH, Promatis AG, ProSieben Sat1 Media AG, Siemens AG, Siemens VDO Automotive AG, SMS Demag AG, Thyssen Krupp AG, Toshiba Electronics Europe GmbH, Volkswagen Bank, ZF Passau GmbH.

Der Fragebogen sowie die vollständigen Auswertungsergebnisse befinden sich im Anhang. Einzelne Ergebnisse werden in den jeweiligen Kapiteln der Arbeit aufgegriffen und ergänzend zur Theorie aufgeführt.

Es soll noch darauf hingewiesen werden, dass die Ausführungen sich sowohl auf männliche als auch auf weibliche Personen bezieht. Der Verzicht auf die weibliche Form dient lediglich dem zügigen Lesefluss.

2. Bedeutung von Sozialkompetenz im Wandel der Zeit

In den letzten Jahren haben sich die Werte unserer Gesellschaft einem grundlegenden Wandel unterzogen. Wirtschaftliches Wachstum, regelmäßige Arbeit und ein gesichertes Einkommen führten dazu, dass die überlieferten Werte der Berufsethik, welche die Arbeit als obersten Lebenszweck definierten, verschoben wurden und stattdessen die individuelle Entfaltung in den Vordergrund rückte.

Die Arbeitseinstellung und die Leistungsbereitschaft der Menschen änderten sich grundlegend. Arbeitsanweisungen werden nicht mehr unkritisch hingenommen und Befehle nicht mehr stur ausgeführt. Heute hinterfragen die Menschen ihre Arbeitsaufgaben und machen sich Gedanken über den Sinn und Zweck ihrer Tätigkeit. Gesundheitsbezogene und ökologische Werthaltungen gewinnen ebenso an Bedeutung wie Verantwortung gegenüber den Entwicklungsländern und der Umwelt.

Diese Werteverschiebung beruht auf verschiedenen anderen Wandlungsprozessen, die in allen Industrienationen der westlichen Welt stattgefunden haben (vgl. Lenzen, 1998, S. 24-25): Wandel von
- der Industrie- zur Informationsgesellschaft
- der Leistungs- zur Anspruchsgesellschaft
- der Arbeits- zur Freizeitgesellschaft
- der Konsum- zur Kulturgesellschaft

Immer neue technologische Entwicklungen und Verfeinerungen, zunehmende Globalisierung und Internationalisierung prägen heute das ökonomische Denken und Handeln. Das letzte Jahrhundert brachte den Menschen eine Vielzahl an nützlichen technischen Errungenschaften – Telefon, Fernsehen, Elektrizität, Reise- und Transportmittel, usw. –, die Bequemlichkeit und Wohlstand als alltägliches Gut bescherten. Medizinische Innovationen und bessere Ernährung lassen die Lebenserwartung kontinuierlich ansteigen. Vor hundert Jahren lag die durchschnittliche Lebenserwartung bei nicht einmal 40 Jahren, heute werden Männer im Schnitt 72 Jahre, Frauen sogar 78 Jahre alt (vgl. Faix 1996, S. 13).

Die Bequemlichkeit, die der technologische Fortschritt gebracht hat, verführt die Menschen aber auch dazu, sich immer mehr zu isolieren. Das Freizeitverhalten ist mehr und mehr geprägt von Computerspielen, Fernsehen und Video. Die Bildkultur ersetzt die Wortkultur. Anstatt der Freundin zum Geburtstag anzurufen, wird heute eine Email mit digitaler Grußkarte verschickt.

Um die zunehmende Bedeutung der sozialen Kompetenz zu verdeutlichen, werden in den folgenden Abschnitten die strukturellen Veränderungen der Gesellschaft in den letzen Jahrzehnten und die damit verbundenen neuen Anforderungen an die fachlichen und sozialen Kompetenzen der arbeitenden Menschen dargestellt. Abschnitt 2.1 veranschaulicht den Wandel von der Industriegesellschaft zur Informationsgesellschaft. Anhand des Taylorismus wird die Arbeitsorganisation der Industriegesellschaft erläutert. Rationalisierung und Arbeitsteilung reduzierten die Arbeitsaufgabe des Menschen meist auf nur einen Handgriff und ließen keinen Raum für soziales Miteinander. Die Hawthorne-Experimente stellten erstmals einen Zusammenhang zwischen sozialen Beziehungen und Arbeitsleistung fest. Der gesellschaftliche Wandel, der mit der Informationstechnologie einherging, veränderte die Rahmenbedingungen des Arbeitens und die Anforderungen an die fachliche und soziale Kompetenz. Folgen des strukturellen Wandels waren der Abbau von Hierarchien (Abschnitt 2.2) und die Dezentralisierung von Entscheidungskompetenz. Der Mensch steht im Mittelpunkt und muss sowohl durch fachliche Kompetenz überzeugen, als auch über soziale Kompetenz im Umgang mit anderen Menschen verfügen. In Abschnitt 2.3 wird gezeigt, wie mit der zunehmenden Komplexität und Dynamik umgegangen werden kann. Neue Formen der Arbeitsorganisation sind überwiegend auf Teamarbeit ausgelegt und verlangen von den Teammitgliedern Kooperations- und Kommunikationsfähigkeiten. Abschnitt 2.4 stellt verschiedene Arbeitsformen vor und gibt einen kurzen Einblick in Strukturen von Gruppen. Kundenorientierung durch wachsenden Konkurrenzdruck (Abschnitt 2.5) sowie Internationalisierung durch das Zusammenwachsen der Märkte (Abschnitt 2.6) stellen ebenfalls neue Anforderungen an die „soft skills". Der strukturelle Wandel innerhalb der Unternehmen verändert zudem die Ansprüche an das Verhalten der Führungskräfte gegenüber ihren Mitarbeitern. Abschnitt 2.7 beleuchtet die neue Rolle der Führungskraft als Motivator und Coach.

2.1 Von der Industrie- zur Informationsgesellschaft

2.1.1 Taylorismus

Frederick Winslow Taylor veröffentlichte 1911 sein bahnbrechendes Werk „The Principles of Scientific Management" und begründete damit den Taylorismus, der über ein Dreiviertel Jahrhundert die Arbeitsprozesse bestimmte. Der Grundgedanke bestand darin, Arbeitsabläufe auf wissenschaftlicher Grundlage so zu optimieren, dass mit geringerem körperlichem und geistigem Aufwand möglichst hohe Produktivität erreicht wurde (vgl. Rosenstiel, Molt & Rüttinger, 1995, S. 43). Arbeitsteilung und Aufteilung der Arbeitsschritte in immer kleinere Arbeitsschritte führten dazu, dass jeder einzelne Arbeiter im Extremfall nur noch eine einzige Handbewegung auszuführen hatte. Handarbeit und Kopfarbeit wurden streng getrennt, damit die Arbeitskraft quantitativ und qualitativ optimal genutzt wurde und somit höhere Gewinne brachte. Der Arbeiter wurde „befreit" von der „Last" der Entscheidung, wie er seine Arbeit zu gestalten hatte (vgl. Illmarinen & Tempel, 2002, S. 161). Henry Ford war 1913 der erste Unternehmer in den USA, der das Montageband zur Fließfertigung einführte. Monoton wurde durch das Fließband der Takt diktiert (vgl. Faix 1996, S. 28). „Die soziale Isolierung der Arbeiter war so ausgeprägt und streng, dass dies nicht nur negative Konsequenzen für die Arbeiter hatte, sondern langfristig auch auf die Arbeitsleistung" (Illmarinen & Tempel, 2002, S. 162). Eine Folge des Taylorismus war ein genereller Rückgang der Arbeitsfreude und eine erhöhte Fluktuation.

2.1.2 Hawthorne-Experimente

Taylor ging 1911 von der Analyseeinheit des einzelnen Arbeitnehmers aus und vernachlässigte weitgehend dessen Einbindung in soziale Kontexte. Überraschende Erkenntnisse über die Wirkung zwischenmenschlicher Beziehungen brachten daher 1924 die berühmten Hawthorne Experimente. Ausgang der Untersuchung war der Zusammenhang von physischen Arbeitsbedingungen (Beleuchtungsverhältnisse, Lohnhöhe, Pausen- und Arbeitszeitregelungen) und Arbeitsleistung der Mitarbeiter. Nach periodischer Erhöhung der Lichtstärke ergab sich der von den Testern erwartete Erfolg in

Form ansteigender Arbeitsleistung. Vollkommen unerwartet stieg aber auch gleichzeitig die Arbeitsleistung der Kontrollgruppe trotz unveränderter Beleuchtungsintensität (vgl. Rosenstiel, Molt & Rüttinger, 1995, S. 45-46).

Ratlos waren jedoch die Tester, als sie die Beleuchtung im Testraum stark abschwächten und dennoch die Arbeitsleistung sowohl bei der Testgruppe als auch bei der noch immer unter den gleichen Bedingungen arbeitenden Kontrollgruppe weiter anstieg. Eine einseitige Abhängigkeit der menschlichen Arbeitsleistung von messbaren Arbeitsbedingungen wie z. B. der Beleuchtungsintensität hätte bei abgeschwächter Beleuchtung zu einer sinkenden Leistung der Testgruppe führen müssen und bei unveränderten Beleuchtungsbedingungen in der Kontrollgruppe zu keiner Mehrleistung führen dürfen (vgl. ebd.).

Während der Dauer des Experimentes wurde den Mitarbeitern ein Einfluss auf die Zusammensetzung der Arbeitsgruppen, ein Vorschlagsrecht zur Änderung der Arbeitsbedingungen zugestanden sowie eine Sprecherlaubnis während der Arbeitszeit erteilt. Ein völlig unerwartetes Ergebnis der Untersuchung war also, dass die menschliche Arbeitsleistung nicht allein von den äußeren, materiellen Einflüssen abhängt, sondern auch in hohem Maße von den immateriellen, sozialen und psychischen Begleiterscheinungen bzw. Arbeitsbedingungen beeinflusst wird. Anerkennung, Anreize und bessere Arbeitsbedingungen haben positiven Einfluss auf die Leistungssteigerung und Produktivität (vgl. Brockhaus, 1989, S. 564).

Auch wenn viele Methoden, Ergebnisse und Interpretationen der Hawthorne Studien inzwischen umstritten sind, gilt weiterhin die Erkenntnis, dass das Erleben und Verhalten in Organisationen in großem Maße durch zwischenmenschliche Beziehungen geprägt werden (vgl. Rosenstiel, Molt & Rüttinger, 1995, S. 46). Als dann in empirischen Studien auch der Nachweis gelang, dass durch erweiterte Arbeitsinhalte die Motivation und Qualifikation der Arbeitenden steigen und, unter bestimmten Bedingungen, auch Produktivität und Qualität erhöht werden können, gewannen ganzheitliche Arbeitskonzepte, wie z. B. Inselfertigung immer mehr an Bedeutung (vgl. Rosenstiel, Molt & Rüttinger, 1995, S. 47). Diese Entwicklung von der Arbeitsteilung zur gemeinschaftlichen Gruppenarbeit war auch ein wichtiger Bestandteil des Übergangs von der Industrie- zur Informationsgesellschaft.

2.1.3 Übergang zur Informationstechnologie

Mit der Entwicklung der Informationstechnologie befürchteten viele Pessimisten, der
Mensch würde sich bald selbst wegrationalisieren und Maschinen konstruieren, die
seine eigene Arbeit übernehmen und ihn selbst überflüssig machen. In einem hatten sie recht: monotone Arbeiten in Produktionsbetrieben werden heute weitgehend
von Robotern ausgeführt. Im Bereich der Informationstechnologie konnten aber in
den letzten Jahren viele neue Arbeitsplätze geschaffen werden. Durch die Informationstechnologie änderten sich die Rahmenbedingungen der Arbeit und die Qualifi-
kationsanforderungen an die Beschäftigten. Die Arbeitswelt wird menschlicher, neue
Arbeitsorganisationen werden gestaltet, neue Führungskonzepte gefordert und neben der Fachkompetenz ist zunehmend auch soziale Kompetenz gefragt (vgl. Faix,
1996, S. 19). Tabelle 2.1 vergleicht die Industrie- und die Informationsgesellschaft
anhand einiger wichtiger Unternehmensmerkmale.

2.1.4 Anforderungen an den arbeitenden Menschen im Vergleich

In der Industriegesellschaft war es leicht, für die Arbeit an der Maschine oder am
Fließband geeignete Hilfsarbeiter zu finden, da eine kurze Schulung ausreichte, um sie
für ihre Aufgabe zu befähigen. Die Arbeiter in Industrie und Landwirtschaft waren
billig, gehorsam und austauschbar. Nur eine Minderheit konnte sich eine höhere Bildung wie Abitur oder sogar das Studieren an einer Universität leisten. Die damaligen
Unternehmensziele waren allein auf Gewinn ausgerichtet. Dementsprechend basierte
die Motivation der Beschäftigten auf der Befriedigung ihrer materiellen und vitalen
Bedürfnisse (Existenzsicherung, Geld, Prestige, Macht). Grundlage des Wettbewerbs
war der Preis. Die Produktionstechnik war energie- und rohstoffintensiv und bildete den Hauptteil der Kosten. Daher wurde eine möglichst hohe Zahl gleichartiger
Produkte hergestellt (economics of scale) (vgl. Nefiodow, 1997, S. 29).

In der heutigen Informationsgesellschaft dagegen sind die meisten Arbeitsplätze auf
Kopfarbeit ausgerichtet. „Facharbeiter in der Fertigung, Montage und Wartung brauchen immer mehr den Kopf und weniger die kräftige Faust; sie müssen eigenständig
planen, ausführen und kontrollieren. Handarbeit muss zwar gekonnt werden, das
künftige Profil der Facharbeiter aber bestimmen das Programmieren, Einstellen,
Steuern/Führen, Warten und Instandhalten von komplexen Maschinen und Anla-

Tabelle 2.1: Unterschiedliche betriebliche Informationsflüsse und Organisations-
grundsätze (Nefiodow, 1997, S. 28)

Merkmal	Industriegesellschaft	Informationsgesellschaft
Vorherrschendes Organisationsmuster	Hierarchie	Netzwerk
Hierarchiestufen	viele	wenige
Arbeitsteilung	weitreichend	gering
Stellung des Mitarbeiters	austauschbar, gehorsam, angepasst	engagiert, loyal, gut informiert, selbstständig
Vernetzung	gering	hoch
Arbeitsabläufe	streng geregelt, starre Abteilungen und Zuständigkeiten	flexibel, ad-hoc-Komitees Projektorganisation auf Zeit
Einfluss und Macht	abhängig von Hierarchieebene	abhängig von Wissen und Können
Umfang der Mitwirkung	gering	groß
Ausrichtung der Organisation	betriebswirtschaftlich	Eigeninteresse, Betrieb und Gemeinschaft
Wichtiges Ziel	Output maximieren	Nutzen optimieren

gen." (Stooß, 1996, S. 30). Körperlich anstrengende und gefährliche Arbeiten, die
automatisiert wurden, werden durch koordinierende, kommunikative Tätigkeiten ab-
gelöst. Beispielsweise wird der Anteil der Beschäftigten an der unmittelbaren Pro-
duktionsarbeit in Deutschland von 41 % im Jahr 1970 auf 21 % im Jahr 2010 sinken.
Heute werden schon fast 50 % der Bruttowertschöpfung im Dienstleistungssektor er-
wirtschaftet (vgl. Würtele, 1993, S. 175).

Die modernen Formen der Arbeitsorganisation (z. B. Gruppenarbeit) stellen neue
Anforderungen an die Beschäftigten. Neben fachlichen Qualifikationen sind zusätzliche soziale Kompetenzen, wie z. B. Kommunikations- und Koordinationsfähigkeiten
im Team, erforderlich (vgl. Willke, 1999, S. 34). Hohe Beträge werden in die Weiterbildung der Mitarbeiter investiert. Als Gegenleistung erwartet das Unternehmen

Loyalität, Leistungsbereitschaft und qualifizierte Ergebnisse. Neben materiellen Motivationsfaktoren treten zunehmend immaterielle (z. B. eine interessante Arbeitsaufgabe, gutes Arbeitsklima) hinzu. Mit einem gesicherten Einkommen gewinnen Mitwirkungs- und Gestaltungsmöglichkeiten des Arbeitsplatzes an Bedeutung. Die Arbeitsaufgabe soll einen Sinn haben und nicht nur dem Unternehmen, sondern auch der Gesellschaft zugute kommen (vgl. Nefiodow, 1997, S. 29).

Neben dem Preis bilden Zeit und Qualität zwei weitere wichtige Wettbewerbsfaktoren. Entscheidender Erfolgsfaktor, insbesondere in den Hochtechnologiemärkten, ist ein rasches Reagieren auf Kundenanforderungen bei hoher Qualität. Nur fachlich qualifizierte, kreative, flexible und vor allem kooperationsfähige und loyale Mitarbeiter sind diesen hohen Anforderungen gewachsen (vgl. ebd.).

Zusammengefasst bildet Tabelle 2.2 die Hauptanforderungen an den Menschen von Industrie- und Informationsgesellschaft ab.

Verbunden mit dem raschen Fortschritt der Informationstechnologie wurden einschneidende Umstrukturierungen innerhalb der Unternehmen vorgenommen, die die Innovationsfähigkeit und Produktivität fördern und die Qualität sichern sollen.

Tabelle 2.2: Anforderungen an den arbeitenden Menschen im Vergleich (Nefiodow, 1997, S. 29)

Industriegesellschaft	Informationsgesellschaft
Mehrzahl der Beschäftigten sind Fabrikarbeiter. Handwerkliche Fähigkeiten und Muskelkraft sind gefragt.	Mehrzahl der Beschäftigten sind Kopfarbeiter („Brainware"). Gefragt sind theoretische und praktische Kenntnisse sowie soziale Kompetenz.
Bedarf an billigen, gehorsamen und austauschbaren Arbeitskräften. Mitarbeiter ist Befehlsempfänger.	Bedarf an engagierten, gut informierten, loyalen, selbstständigen, kooperativen und kreativen Mitarbeitern.
Materiell-orientierte Belohnungs- und Motivationsmuster (Geld, Status). Klare Trennung zwischen „oben" und „unten".	Materielle, soziale und informationelle Motivation. Abbau der Distanz (Kompetenz, Macht) zwischen „oben" und „unten". Belohnung durch Beteiligung, Mitbestimmung und Teilhabe.
Finanzorientiertes Management. Unternehmensziel vorrangig auf Gewinn ausgerichtet.	Ausbreitung sozial-, ökologie- und humanorientierter Unternehmensziele. Personen- und gesellschaftsorientiertes Management.
Ausbildung im Wesentlichen auf vorberufliche Zeit begrenzt. Höhere Bildung und Weiterbildung ist Privileg einer Minderheit. Das Bildungssystem ist auf die Anforderungen der Industrie ausgerichtet.	Lebenslanges Lernen. Höhere Bildung und Weiterbildung ist allgemein zugänglich (mehr Studenten als Auszubildende). Die Ausbildung für Dienstleistungs- und Informationsberufe gewinnt Vorrang.

2.2   Abbau von Hierarchien

2.2.1   Enthierarchisierung und Dezentralisierung

In einer Studie des MIT von 1990 wird die Produktivität der Automobilindustrie in den USA, Europa und Japan verglichen, mit dem Ergebnis, dass die japanische Autoindustrie sowohl kostengünstiger als auch effektiver produziert. In Zeiten des steigenden Konkurrenzdrucks einer zunehmenden internationalen Wirtschaft und eines beschleunigten technologischen Wandels haben hierarchische und mechanistische Organisationsstrukturen wenig Chancen. Viele Unternehmen waren und sind gezwungen, ihre gesamte Organisation zu restrukturieren. „lean production", „business reengineering", „zero base management" und „total quality management" als neue Konzepte zur Enthierarchisierung der Unternehmen sind heute in aller Munde (vgl. Lanthaler & Zugmann, 2000, S. 18).

Innerhalb der Aufbau- und Ablauforganisation werden die Hierarchiestufen reduziert und Entscheidungskompetenzen auf die Ebene delegiert, auf der die Entscheidungen kompetent getroffen werden können. Damit werden Entscheidungsprozesse schneller ausgeführt, Kommunikation kann direkter ablaufen und die Gefahr der Verfälschung oder Filterung von Informationen verringert sich (vgl. Becker & Langosch, 1995, S. 253). Um wichtige Informationen zu erhalten und Beziehungen zu knüpfen, müssen die Mitarbeiter über Kommunikations- und Beziehungsfähigkeit verfügen.

Die kleinste Einheit der Organisation, in der „Lean Management" umgesetzt wurde, ist das Team. Kooperation statt Konkurrenz ist die Devise (vgl. ebd.). Zusammenarbeit findet nicht nur in der eigenen Abteilung statt, sondern über Bereichsgrenzen hinaus auch mit Lieferanten und Kunden. Kompetenzen der Mitarbeiter aus unterschiedlichen Bereichen mit unterschiedlichen Ausbildungen und Aufgabenstellungen fließen zusammen (vgl. Faix & Laier, 1996, S. 45). Da eine Kette nur so gut ist wie das schwächste Glied, kann im Team dieses Glied besser eingebunden und unterstützt werden. Dies führt zu einer Steigerung der Gesamtleistung, d. h. zu Synergieeffekten im Team.

„Das stellt jetzt völlig neue Anforderungen an die Kommunikations-, Interaktions- und Kooperationsfähigkeit aller Mitarbeiter, unabhängig davon, welchem Unternehmensbereich oder welcher Hierarchiegruppe sie angehören. Dazu gehört zunächst die

Fähigkeit, sich auszudrücken: Die eigenen Gedanken, Gefühle, Wünsche, Wertvorstellungen, Ziele und Erfahrungen in die Gemeinschaft einzubringen, sei es die Arbeitsgruppe, die Abteilung, das Führungsteam oder die Betriebsversammlung. Dies
setzt wiederum einen gewissen Grad an Offenheit und Aufrichtigkeit, aber auch
Zielstrebigkeit und Vertrauensbereitschaft in die eigene Person und in die Gruppe
voraus." (Faix & Laier, 1996, S. 45)

2.2.2 Der Mensch im Mittelpunkt

Neben den Maschinen entscheiden heute vor allem die Menschen über Erfolg und
Misserfolg eines Unternehmens. Humanes Kapital steckt nicht nur in Dienstleistungs-
gesellschaften, auch in Produktionsbetrieben werden die Mitarbeiter zum entscheidenden Erfolgsfaktor. Menschen gründen Betriebe, betätigen und führen Anlagen,
entwickeln Produkte weiter, und Menschen treten in Kontakt zu Kunden und Lieferanten. Mit den immer schneller fortschreitenden Entwicklungen und dem immer
härter werdenden Wettbewerb muss sich der Mitarbeiter vom reinen „Befehlsempfän-
ger" zum problemlösenden „Entscheidungsträger" wandeln (vgl. Lenzen, 1998, S. 15),
d. h. vom Mit„arbeiter" zum Mit„denker". Voraussetzung für einen solchen produkti-
ven Mitarbeiter bilden Verantwortungsbewusstsein, Teamfähigkeit, die Fähigkeit zur
Problemlösung und Planung, sowie Kommunikations- und Kooperationsbereitschaft
mit Kollegen, Vorgesetzten und Untergebenen.

2.3 Komplexität und Dynamik

2.3.1 Dynaxity und Dynaxability

Die Welt wird immer komplexer, der Wandel vollzieht sich immer schneller, so heißt
es in Aussagen vor allem älterer Menschen. Was aber ist Komplexität?

Dörner (2000, S. 60) bezeichnet Komplexität als „Existenz von vielen, voneinan-
der abhängigen Merkmalen in einem Ausschnitt der Realität". Weiterhin sagt er:
„Eine hohe Komplexität stellt hohe Anforderungen an die Fähigkeit eines Akteurs,
Informationen zu sammeln, zu integrieren und Handlungen zu planen."

Für Rieckmann (1992, S. 188) gibt es neben Komplexität und Dynamik noch zwei
weitere zu beachtende Faktoren, nämlich Kognition und Kompetenz, die er in einem

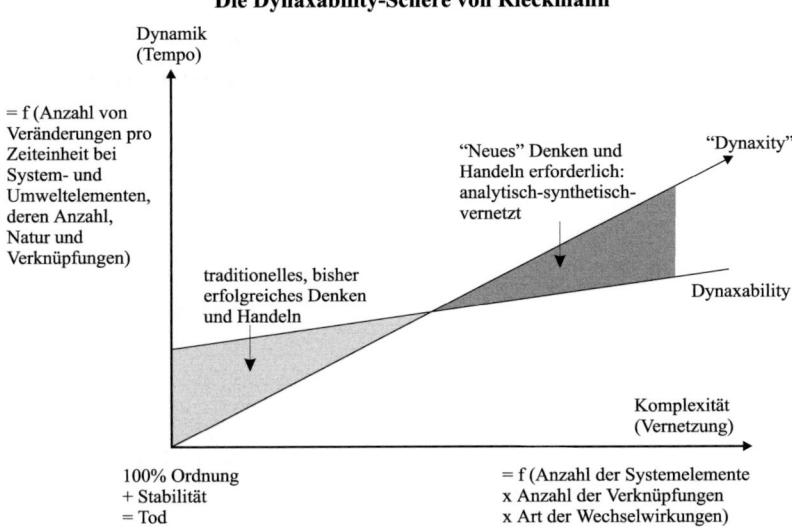

Abbildung 2.1: Die Dynaxability-Schere (Rieckmann, 1992, S. 118)

Modell, der sogenannten „Dynaxability-Schere" (siehe Abb. 2.1) in Beziehung setzt. Kognition beschreibt die Beobachtung und Wahrnehmung der Realität und die beobachtete Systematisierung der Komplexität in ihr. Kompetenz dagegen beschreibt den Umgang mit der Komplexität. „Dynaxability" nennt Rieckmann das Zusammenwirken von Kognition und Kompetenz als Anforderung zur Erfassung der komplexen und dynamischen Realität, die er als „Dynaxity" bezeichnet. Dynaxability bezeichnet also die Fähigkeit, mit einem hohen Grad an Dynaxity, also an Komplexität und Dynamik, umgehen zu können. Fach- und Führungskräfte müssen sich zunehmend mit wachsender Komplexität auseinandersetzen und auf den raschen Wandel reagieren. Einfache Maschinenmodelle oder bisher passende Input-Output-Modelle sind nicht mehr in der Lage, die Realität angemessen abzubilden (vgl. Arnold, 1999b, S. 18). Zu viele voneinander abhängige Faktoren müssen inzwischen beachtet werden.

Das Erfassen dieser Komplexität und Dynamik verlangt, dass sich Personen unterschiedlicher Denk- und Erfahrungsrichtungen austauschen, verschiedene Meinungen

und Lösungsansätze im Konsens bündeln und so einige wenige Handlungsalternativen ausarbeiten. Dazu muss der Mitarbeiter zur Kooperation fähig sein. Führungskräfte müssen in der Lage sein, Teams zu integrieren und unterschiedlichste Charaktere auf ein gemeinsames Ziel hinzulenken (vgl. Kastner, 1996, S. 20). Der adäquate
Umgang mit Komplexität und Dynamik hat also viel mit Sozialkompetenz zu tun.

Die Zunahme an Komplexität und Dynamik, sowie die Verlagerung von „Handarbeit"
auf „Kopfarbeit" führt zu einer Polarisierung auf dem Arbeitsmarkt. Zunehmend
wird höhere Qualifikation verlangt, die nur durch einen ständigen Lernprozess sicher
gestellt werden kann.

2.3.2 Lebenslanges Lernen

Das Bundesministerium für Wirtschaft schätzt, dass die Zunahme der höher quali-
fizierten Tätigkeiten im Jahr 2010 bei fast 48 % liegen wird, während sie im Jahr
1985 bei 28 % lagen. Die einfachen Tätigkeiten werden von 27 % auf 17 % im Ver-
gleichszeitraum zurückgehen (vgl. Bundesministerium für Bildung, Wissenschaft,
Forschung und Technologie (1998), S. 1-25). Wie nie zuvor wird also Bildung in
Zukunft über einen Arbeitsplatz und über Aufstiegsmöglichkeiten entscheiden. Der
technische Fortschritt wird einfache Routinetätigkeiten in der Produktion weiter reduzieren und so wird der Bedarf an ungelernten Arbeitskräften weiter sinken. Im
Jahr 2010 werden in Deutschland nur noch 11,4 % der Beschäftigten ohne Berufs-
ausbildung auskommen (vgl. Hofmann & Saul, 1996, S. 23).

Jedes Jahr verschwinden durchschnittlich über 10 % aller Arbeitsplätze. Diese werden, in Verbindung mit neuen Arbeitsprozessen und Umgebungen, durch andere Arbeitsplätze ersetzt, die andere und umfassendere Qualifikationen erfordern. Gleichzeitig scheiden aber jährlich nur etwa 2-3 % der Arbeitskräfte aus Alters- oder sons-
tigen Gründen aus dem Berufsleben aus bzw. tritt eine neue Altersgruppe mit neuen
Bildungsvoraussetzungen ein. Die schnelle Umgestaltung bei den Unternehmen und
das begrenzte Angebot an Qualifikationen führt zu einem starken Ungleichgewicht.
Ein Überangebot an überholten Fertigkeiten steht einem Engpass bei neuen Kompetenzen gegenüber (vgl. Europäische Kommission, 1996, S. 20). Um die sich ständig
ändernden funktionalen und fachlichen Arbeitsanforderungen erfüllen zu können, ist
eine konsequente, lebenslange Weiterbildung notwendig.

Der schnelle wirtschaftliche und technologische Fortschritt wird durch die Vernetzung der Weltmärkte von einem tiefgreifenden gesellschaftlichen Wandel begleitet. In diesem Prozess der Veränderung kommt dem Wissen um Strukturen, Zusammenhänge und Prozesse eine entscheidende Bedeutung zu. Neben fachlichem Wissen werden ergänzend Kompetenzen benötigt, die ein flexibles Reagieren auf fachliche und organisatorische Veränderungen ermöglichen. „Lebenslanges Lernen" wird zum entscheidenden Erfolgsfaktor für die eigene berufliche Existenz. Nicht nur Schulkinder, sondern auch erwachsene, langjährig erfahrene Mitarbeiter aller Hierarchiestufen müssen sich in modernen Kommunikationsformen, zwischenmenschlichen Arbeitsformen und fremden Sprachen weiterbilden (vgl. Lenzen, 1998, S. 17-18).

Der künftige Wettbewerb wird in hohem Maße durch Innovationen ausgetragen. Innovationen beruhen auf der Anwendung von neuem Wissen. Flexibilität, wissensbasiertes Arbeiten und kontinuierliches Aneignen von Wissen gewinnt damit zunehmend an Bedeutung (vgl. Willke, 1999, S. 255).

Der Umgang mit der Komplexität erfordern nicht nur eine lebenslange Erweiterung der eigenen Kenntnisse und Erfahrungen, sondern auch das Zusammenführen unterschiedlicher Sichtweisen und Erkenntnisse über den Problemgegenstand. Neue Formen der Arbeitsorganisation, die überwiegend auf Teamarbeit basieren, unterstützen diese Lernprozesse.

2.4   Neue Arbeitsorganisation

Neue Formen der Arbeitsorganisation sind notwendig, damit Kommunikation und Interaktion innerhalb des Unternehmens unbehindert fließen können. Durch den Austausch von Information werden Aktivitäten initiiert und auf ein gemeinsames Ziel ausgerichtet. Die Arbeitsform des Informationszeitalters heißt Gruppen- oder Teamarbeit. Bedeutende Konzerne gehen immer mehr dazu über, ihre Produktion in Gruppen zu organisieren. Kleine Teams sind für einen Aufgabenbereich voll verantwortlich. Sie können die verschiedenen Detailaufgaben untereinander aufteilen und damit ihr eigenes Potenzial ausloten und voll ausschöpfen. Die Arbeit in der Gruppe lässt jedem bewusst werden, welchen Beitrag er selbst zum Gesamtergebnis

leistet (vgl. Faix & Laier, 1996, S. 29). Außerdem soll „Arbeiten in der Gruppe"
folgende Prozesse fördern (vgl. Meyer, 1975, S. 27):

- Interesse für Zusammenhänge und Hintergründe wecken und damit den Wunsch
  nach individueller lebenslanger Weiterbildung; Wissen und kreative Denkprozes-
  se fördern,

- Beharrlichkeit, Selbstkontrolle und Entschlusskraft fördern und den Ehrgeiz wecken, möglichst frei gewählte Aufgaben und Probleme zu bewältigen,

- Ängste (z. B. vor Blamage) abbauen, Kontaktfähigkeit verbessern und partner-
  schaftliches Lernen fördern,

- Solidarität und Hilfsbereitschaft fördern, egoistisches Verhalten reduzieren und
  hierarchische Distanz abbauen,

- für die Produktivität/Qualität schädliche Emotionen wie Ärger, Frustration,
  Zorn, Angst etc. abbauen, gegenseitiges Verstehen fördern,

- gerechtere Verteilung der Arbeit durch Verstehen und Mitentscheiden, gemeinsame Problembewältigung, Verantwortungsbewusstsein aufbauen,

- Förderung von Selbstbewusstsein und der Bereitschaft, den eigenen Standpunkt
  zu vertreten.

2.4.1 Kooperation über Hierarchiestufen hinweg

Wie schon ausgeführt, gab es früher eine strikte Trennung zwischen „Hand"arbeitern
und „Kopf"arbeitern. Auch heute noch kann in konservativen Unternehmen in Pro-
duktionsbereichen ein Konkurrenzkampf zwischen Ingenieuren und Meistern beobachtet werden. Aufgrund seiner hohen Bildung wird dem Ingenieur unterstellt, er
sei für eine Entscheidungsfindung besonders befähigt. Der Facharbeiter hat jedoch
vor Ort im täglichen Umgang mit seinen Arbeitsmitteln meist ein eigenes Gespür für
technische Lösungen entwickelt. Intuitiv erkennt er am Klang der Maschine, wo die
Störung zu suchen ist. Standesunterschiede und räumliche Trennung haben dieses
wertvolle Wissen lange Zeit ungenutzt gelassen. Durch organisatorische und räumliche Integration der Ingenieure in Produktionsgruppen soll nun eine Atmosphäre
der Offenheit und Transparenz entstehen, in die jeder seine Ideen und Erfahrungen
einbringen kann und Probleme gemeinsam gelöst werden (vgl. Faix & Laier, 1996,
S. 49-50).

2.4.2 Projektmanagement

Zeitlich befristet finden sich Mitarbeiter unterschiedlicher Hierarchiestufen und Unternehmensbereiche zusammen, um gemeinsam eine bestimmte Aufgabe zu lösen. Diese Organisationsform wird vor allem bei Produktentwicklung, Produktionsabläufen oder Softwareinstallationen eingesetzt. Durch das Zusammenfinden mit einer besonderen Aufgabenstellung entsteht rasch ein starkes Gruppengefühl, das die Kommunikation und die Interaktion verbessert. Die Information kann unbehindert fließen und der kleine Dienstweg spart Zeit (vgl. Faix & Laier, 1996, S. 30).

2.4.3 Gruppenformen

Gruppenformen gibt es in verschiedenen Ausprägungen, z. B. Qualitätszirkel, Lernstatt, Teilautonome Arbeitsgruppen, Null-Fehler-Team, Problemlöse- und Entscheidungsgruppen. Die ersten drei Gruppenformen werden kurz dargestellt.

Qualitätszirkel

Qualitätszirkel entstanden in Japan eher spontan. Man traf sich nach der Arbeit zum Tee und diskutierte über die Möglichkeiten, die Qualität ihrer Arbeiten und Produkte zu verbessern. Bald erkannten die Firmen den Vorteil dieser Treffen und integrierten Qualitätszirkel in den Arbeitsablauf. Die Qualität sollte verbessert werden durch Partizipation und Qualifizierung der Mitarbeiter, durch Kommunikation und bessere Gestaltung der Arbeitsplätze und -mittel. Damit tragen soziale Fähigkeiten entscheidend zur Qualitätssicherung bei (vgl. Kastner, 1996, S. 24).

Lernstatt

Der aus „Lernen" und „Werkstatt" zusammengesetzte Begriff bezeichnet das Zusammenfinden von Lerngruppen eines betrieblichen Bereichs, in denen Erfahrungen ausgetauscht, Zusammenhänge des Betriebs weitergegeben und aufkommende fachliche und organisatorische Fragen geklärt werden (vgl. Becker & Langosch, 1990, S. 272-273). Die Lernstatt soll Rahmenbedingungen für den Aufbau und Ablauf von Gruppenaktivitäten schaffen. Probleme sollen erkannt, konkretisiert und möglichst selbstständig gelöst werden.

Teilautonome Arbeitsgruppen

Eine teilautonome Arbeitsgruppe kann als Kleingruppe verstanden werden, „der ein Aufgabenzusammenhang übertragen wird, dessen Regelung von ihr selbst vorgenommen wird, so dass alle in ihr vorkommenden Tätigkeiten und Aktivitäten von ihr selbst gesetzten Normen unterstellt sind" (Lattmann, 1972, S. 28). Im Rahmen von sogenannten „Fertigungsinseln" und „Gruppenmontage" haben sich derartige Gruppenkonzepte auch in Deutschland durchgesetzt (vgl. Rosenstiel, Molt & Rüttinger, 1995, S. 143). Auch hier, wie in anderen Gruppenformen, ist Teamfähigkeit als soziale Fähigkeit ein entscheidender Faktor für den Erfolg der Gruppe.

2.4.4   Strukturen von Gruppen

Die neuen Konzepte der Arbeitsorganisation sind immer mit Teamarbeit verbunden. Doch das Zusammensetzen von Personen zu einem Team ist noch kein Garant für dessen Erfolg. Jedes Individuum empfindet die Realität subjektiv anders, Handlungen sind geprägt von der subjektiven Sichtweise und der individuellen Einschätzung. Hier werden hohe Anforderungen an die Sozialkompetenz des Einzelnen gestellt (vgl. Seyfried, 1995b, S. 15). Konfliktfähigkeit, Kommunikations- und Kooperationsbereitschaft sind wichtige Voraussetzungen für eine produktive Zusammenarbeit innerhalb des Teams. Doch auch „Gesetze", Werte und Normen einer Gruppe und die Gruppendynamik tragen zum Erfolg oder Misserfolg bei.

Normen sind definiert als „Aufforderungen, in bestimmten wiederkehrenden Situationen der Klasse s ein Verhalten h zu zeigen (Gebot) oder zu unterlassen (Verbot)" (vgl. Witte & Ardelt, 1989, S. 472). Normen sind Bestandteil jeder Gruppe und werden als unbezweifelbare Selbstverständlichkeit hingenommen (vgl. Seyfried, 1995b, S. 17). Je besser sich ein Gruppenmitglied an die Normen hält, um so eher wird es anerkannt und erhält positive Bestätigung. Je weiter es von den Normen abweicht, um so stärker wird es sozial geächtet (vgl. Kastner, 1996, S. 22).

Rollen legen Handlungsweisen fest und integrieren sie zu stabilen Verhaltensbündeln. Personen, die ein bestimmtes Verhalten zeigen, werden etikettiert, etwa als Außenseiter, Star, Quertreiber oder Unterstützungsbedürftiger. Die Gefahr besteht, dass das gezeigte Verhalten des Betroffenen durch solche Etikettierung noch verstärkt wird. Ein Aufbrechen dieses „Schubladen-Denkens" kann einen neuen Lernprozess in Gang setzen (vgl. Seyfried, 1995b, S. 17-18).

Kohärenz bezeichnet das Gruppenklima, also den Zusammenhalt der Gruppe sowie die Solidarität der Mitglieder untereinander. Handeln und Verhalten wird stark durch den Grad der Kohärenz geprägt. Allerdings ist sie kein Garant für gute Gruppenleistung, da mit steigender Kohärenz wieder mehr sozial-emotionale Ziele verfolgt werden könnten und die ursprünglich sachorientierten Ziele aus dem Blickfeld geraten (vgl. Seyfried, 1995b, S. 18).

Gruppendruck ist die Beeinflussung des Denkens und Verhaltens der Gruppe auf die Mitglieder in Richtung der Gruppenregeln und Gruppennormen. Er wird **Konformität** genannt. Bei sehr kohärenten Gruppen kann das Gruppendenken dominieren und das unabhängige, kritische Denken ersetzen. Es besteht die Gefahr, dass auf diejenigen Mitglieder Druck ausgeübt wird, die anders denken. Da aber gerade dann innovative Ideen entstehen, wenn unterschiedliche Meinungen zusammenfließen und diskutiert werden, können manche Gruppen auch blockierend wirken (vgl. Seyfried, 1995b, S. 18).

Tabelle 2.3: Faktoren, die das Gruppenverhalten bestimmen (vgl. Becker, 1990, S. 142)

Individuum	- Leistungsfähigkeit
	- Erwartung hinsichtlich der Arbeit
	- Einstellung zur Firma
	- Bedürfnisse bezüglich der Arbeit
Gruppe	Periphere Faktoren
	- Stellung und Funktion in der Organisation
	- erwartete rollen- und funktionsbezogene Leistungsbeiträge
	- Größe der Gruppe
	Zentrale Faktoren
	- formelle, informelle Gruppennormen
	- Rollensystem in der Gruppe
	- Führungsstil
	- Konfliktregelung
Gruppenverhalten	- Leistung
	- Produktivität
	- Kreativität
	- Gruppenzusammenhalt
	- Zufriedenheit

2.5 Kundenorientierung

Die Konkurrenz auf dem Markt ist groß geworden. Unzählige, mehr oder weniger gleichwertige Produkte werden den Kunden heute zu etwa den gleichen Preisen angeboten. Um die Kaufentscheidung zu beeinflussen, sind neben Preis und Qualität noch andere Faktoren wesentlich. Einer der wichtigsten ist die flexible Kundenorientierung. Die Wünsche der Kunden erfragen, maßgeschneiderte Produkte und Lösungen anbieten und freundlich auf die Kunden eingehen, das sollte heute selbstverständlicher Bestandteil der Unternehmensphilosophie sein. Kundenorientierung ist nicht mehr auf eine Branche, einen Unternehmensbereich oder eine Hierarchieebene beschränkt. Die Sekretärin muss genauso wie der Einkäufer oder der Vertriebsmitarbeiter ein Bewusstsein für den Kunden entwickeln und darf das klingelnde Telefon nicht als Störung betrachten, sondern als Chance, mit den Kunden in Kontakt zu treten. Soziale Kompetenz ist notwendig, um die Wünsche der Kunden zu erspüren, die Probleme zu erfassen, geeignet zu reagieren und auch weniger wichtigen Kunden den gleichen Respekt entgegen zu bringen. Um Netzwerke mit anderen Bereichen zu knüpfen und damit zu schnelleren Lösungen zu kommen, brauchen die Mitarbeiter die Fähigkeit zu kooperieren und zu kommunizieren (vgl. Faix, 1996, S. 41-42).

2.6 Internationalisierung

Die Weltwirtschaft befindet sich in einem schnellen Globalisierungsprozess. Globalisierung impliziert dabei vernetzte Systeme interdependenter Volkswirtschaften und das Ende geschützter Märkte. Innerhalb der Märkte wird es zu einer Verlagerung der Schwerpunkte der Weltwirtschaft in den asiatisch-pazifischen Raum kommen. Im Jahr 2000 leben allein in Asien 50 % der Menschen und stellen dort 36 % des Weltsozialproduktes her (vgl. Würtele, 1993, S. 177). Im Zuge der Internationalisierung gehen immer mehr Unternehmen dazu über, Teile des Leistungserstellungsprozesses ins Ausland zu verlagern. Es werden Direktinvestitionen im Ausland getätigt und Unternehmensfunktionen international ausgerichtet.

Wachsende Interdependenzen von Unternehmen aufgrund strategischer Allianzen und Joint Ventures, internationaler Handel sowie verstärkter Technologietransfer innerhalb und zwischen Unternehmen und die internationale Annäherung durch die Verbesserungen der Kommunikationstechnik stellen neue Anforderungen an die soziale und interkulturelle Kompetenz der Mitarbeiter. Sie müssen eine hohe Sensibilität für fremde Kulturen sowie eine erhöhte Lernbereitschaft aufweisen. Im Kontakt mit ausländischen Partnern, innerhalb internationaler Teams und gegenüber der internationalen Öffentlichkeit spielt die Kenntnis der Sitten, Normen und Werte des Gastlandes eine entscheidende Rolle (vgl. Heyse & Erpenbeck, 1997, S. 19).

2.7 Neue Führungskonzepte

Die veränderten Unternehmensziele und -strategien sowie die neuen Betriebsstrukturen und Arbeitsformen stellen auch neue Anforderungen an das Verhalten der

Führungskräfte. Es zeigt sich ein Wandel vom Anleiter, Kontrolleur und Repräsentant hin zum Informationsvermittler, Motivator und Coach (vgl. Heyse & Erpenbeck, 1997, S. 23). „Führen" heißt nun nicht mehr „Verführen" oder „Manipulieren" sondern „Motivieren zum Miteinander" und „Ausrichten auf ein gemeinsames Ziel". Die moderne Führungskraft ist heute selbst ein Teil des Arbeitsteams, formuliert mit den Mitarbeitern gemeinsam die Ziele, integriert und motiviert Menschen unterschiedlicher Charaktere und Ausbildungen und fungiert als Coach von Talenten. Er fördert die Eigeninitiative und Selbstständigkeit der Mitarbeiter, setzt Dialoge in Gang und schafft so Innovationen.

Das heißt nicht, dass nur die kooperative Führung und der mitarbeiterorientierte Führungsstil ein geeignetes Führungsverhalten darstellen. Der autokratische und der kooperative Führungsstil sind als Kontinuum zu sehen. Die Führungskraft muss in der Lage sein, je nach Situation das angemessene Führungsverhalten zu zeigen. In Notsituationen kann ein kurzer Befehl ohne Diskussion die einzige Rettung bedeuten. Wenn aber Komplexität analysiert und Neues erdacht werden muss, reiht sich die Führungskraft in das kreative Team ein (vgl. Kastner, 1996, S. 26).

Gerade dem unteren Management kommt eine besondere Bedeutung zu, da die Arbeitsatmosphäre in den einzelnen Abteilungen und Gruppen entsteht. Der tägliche Umgang auf dieser untersten Ebene hinsichtlich Informationsfluss, Offenheit und Transparenz haben mehr Einfluss auf die Zufriedenheit der Mitarbeiter und damit auf das Betriebsklima als die Unternehmensphilosophie, Führungsrichtlinien oder hohe Gehälter. Führungskräfte sind gefordert, ihre Mitarbeiter durch persönliche Integrität und Souveränität zu motivieren. Als glaubwürdiges Vorbild sollten sie Freude an der Arbeit zeigen und sich durch ihre persönliche Ausstrahlung Anerkennung verschaffen. Sie sollten Kommunikationsbereitschaft signalisieren, um ihren Mitarbeitern Vertrauen einzuflößen. Durch konsequente Umsetzung der Firmenphilosophie tragen sie zum Aufbau einer Unternehmenskultur bei (vgl. Faix, 1996, S. 54-55).

Dabei steht die Führungskraft ständig in einem Spannungsfeld verschiedener Interessen der Vorgesetzten, Kunden, Lieferanten und Mitarbeiter und ist zum Abwägen und Ausbalancieren unterschiedlicher Prioritäten gezwungen.

3. Wie entsteht Verhalten?

Bevor die Eigenschafts- und Verhaltensdimensionen der sozialen Kompetenz betrachtet werden können, stellt sich die Frage, wie Verhalten überhaupt entsteht, bzw. was die Auslöser für bestimmte Handlungsweisen sind.

„Verhalten" ist eine allgemeine Bezeichnung für alle Aktivitäten, Vorgänge und körperliche Reaktionen, die beobachtbar und messbar sind, wie z. B. physiologische Vorgänge wie Blutdruckveränderung oder Veränderung des elektrischen Hautwiderstands. Außerdem wird mit „Verhalten" jede Handlung bezeichnet, die sich zwischen einem Organismus und seiner dinglichen, biologischen und sozialen Umwelt abspielt. Neben dem bloßen Reagieren auf Reize umfasst das Verhalten auch die Gesamtheit aller Körperbewegungen, Körperhaltungen, Ausdrucksverhalten sowie innere Erlebnisprozesse des Denkens und Wollens (vgl. Prillwitz, 2002).

Unter einer Handlung versteht man eine zielgerichtete, bewusst gewählte und eingesetzte Aktivität des Menschen, um eine Veränderung in der Umwelt bzw. in der bestehenden Situation herbeizuführen. Das menschliche Handeln ist nicht nur durch Ursachen bestimmt, sondern wird durch Motive, Ziele und Absichten geleitet. Motive sind die Beweggründe des menschlichen Verhaltens, die das Antriebselement für das Handeln darstellen (vgl. Prillwitz, 2002).

Mehrere Faktoren nehmen Einfluss auf das Handeln. Erbliche Veranlagung sowie Triebe und Instinkte, die sich in den vergangenen Jahrmillionen entwickelten, beeinflussen entscheidend das Handeln im privaten und beruflichen Alltag. Entwicklungsbedingungen wie die Erziehung, die Erfahrungen mit den Eltern, Geschwistern, Freunden, Kollegen, die Schulbildung, der Konsum der Massenmedien u. v. m. tragen zur Entwicklung der Persönlichkeit bei. Im Gegensatz zu allen anderen Lebewesen ist der Mensch in der Lage, seine Triebe, Instinkte und Emotionen, die ihm innere Handlungsanweisungen geben, bewusst zu reflektieren und zu kontrollieren (vgl. Faix & Laier, 1996, S. 85).

Das menschliche Handeln lässt sich verstehen, wenn die Entscheidungen für das Ausführen oder Unterlassen einer Handlung nachvollziehbar sind. Dazu müssen die Ziele, Absichten und Motive, die persönliche Erwartung der Handlungsergebnisse sowie die persönliche Bewertung und Handlungsfolgen ermittelt werden (vgl. Prillwitz, 2002).

Das Entstehen von Verhaltensweisen und -strukturen soll in den folgenden Abschnitten näher beleuchtet werden. Antriebsstrukturen der Urzeit haben auch heute noch einen großen Einfluss auf das Verhalten. Reize aus der Umwelt werden über die Sinnesorgane aufgenommen, im Gehirn verarbeitet und beeinflussen die anschließenden Reaktionen. Die Rolle, welche die Strukturen des Gehirns bezüglich des Denkens, Fühlens und Handelns spielen, wird in Abschnitt 3.2 untersucht. Im weiteren Verlauf des Kapitels geht es um die Persönlichkeit des Menschen. Verschiedene Persönlichkeitstheorien, welche die Persönlichkeitspsychologie in den letzten hundert Jahren beschäftigten, werden beschrieben und gegenübergestellt. Außerdem wird der Frage nachgegangen, wie Persönlichkeit klassifiziert werden kann und ob Persönlichkeitsmerkmale veränderbar sind.

3.1   Antriebsstrukturen der Urzeit

Während der Entwicklung von den Hominiden bis zum ersten Homo sapiens sapiens waren die Lebensbedingungen sehr schwierig. Nahrungsmangel und ständiger Kampf um die Nahrung mit Tieren, die körperlich überlegen waren, sowie ungünstige Klimaverhältnisse unterstützten die Entwicklung bestimmter Verhaltensweisen, die auch heute noch unbewusst und instinktiv das Denken und Handeln der Menschen beeinflussen. Die ersten menschlichen Gemeinschaften konnten nur durch einen engen Zusammenhalt innerhalb der Sippe sowie durch Misstrauen und ausgeprägte Aggressivität jedem Fremden gegenüber bestehen. Zwar gab es innerhalb der Gruppe Auseinandersetzungen, wenn es um die Rangordnung ging, jedoch überwiegte das gemeinschaftliche Miteinander. Soziale Fähigkeiten wie Kooperation, Vertrauensbereitschaft und Loyalität bildeten sich aus (vgl. Faix & Laier, 1996, S. 86-87).

Interessant ist die Beobachtung, dass es für gewisse soziale Handlungsweisen angeborene chemische Belohnungsmechanismen gibt. Als Beispiel führt Hoebel (1983,
S. 87-88) das Verhalten eines Küken an, das Kummerlaute von sich gibt, wenn es
sich von der Mutter entfernt hat. Gehorcht das Küken dem angeborenen Gesetz,
bei der Mutter zu bleiben, wird es durch Opiate und damit mit einem Gefühl des
Wohlbefindens belohnt. Opiate sind körpereigene, opiumhaltige Substanzen, Endor-
phine genannt, und lösen einen Befriedigungszustand aus. Entfernt sich das Küken
von der Mutter, bekommt es Entzugserscheinungen aufgrund der mangelnden Opiate und fängt an zu jammern. Diese Beobachtung der sozialen Handlung des Kükens
könnte, auf den Mensch übertragen, eine Erklärung dafür sein, dass die Menschen
nach Zugehörigkeit streben und bereit sind, auf andere Rücksicht zu nehmen.

Stammesgeschichtlich genauso erklärbar ist die angeborene Scheu allem Unbekannten und Fremden gegenüber. Instinktiv und unbewusst treten bestimmte Verhaltensweisen an den Tag, sobald gewisse Reize von außen auftreten. Tritt ein unbekanntes
Geräusch hinter dem Rücken auf, meldet sich der **Instinkt**, sorgt für eine Adrena-
linausschüttung und bereitet den Menschen in Bruchteilen von Sekunden auf Flucht
vor (vgl. Faix & Laier, 1996, S. 90). „Instinkt" ist eine Bezeichnung für rein ererbtes
und zweckmäßiges Handeln. Instinkthandlungen beim Menschen treten heute mehr
oder weniger nur in Ausdrucksbewegungen oder Übersprungshandlungen auf. Der
Mensch kann seine Instinkte beherrschen und durch Einsicht und Wille umformen
(vgl. Prillwitz, 2002).

Die instinktive Aggression nach außen und die zwischenmenschliche Solidarität innerhalb der Sippe haben das Überleben und Ausbreiten der Spezies Mensch gesichert. Diese Verhaltensweisen sind aber heutzutage in einer Welt, die mehr und
mehr zusammenrückt, in vielen Bereichen eher schädlich. Innovation, Kreativität
und das Beschreiten neuer Wege sind Erfolgsfaktoren für das Überleben von Unternehmen im harten Konkurrenzkampf. Gerade Außenseiter zeichnen sich häufig
durch Sonderbegabungen aus, die ein Team bereichern können. Unternehmen, in
denen unterschiedliche Hautfarben, Weltanschauungen und Religionen aufeinander-
treffen, müssen Vorurteile abbauen, ihre Mitarbeiter in eine Gemeinschaft integrieren
und auf ein gemeinsames Ziel hinlenken (vgl. Faix & Laier, 1996, S. 92).

In diesem Zusammenhang sind auch Emotionen als Handlungsimpulse in der evolutionären Entwicklung von Bedeutung. „Emotion" beinhaltet das lateinische Wort „movere", das mit „bewegen" übersetzt wird. Die Vorsilbe „e" bedeutet „heraus". Der Wortstamm „herausbewegen" impliziert Handlungsimpulse, die von Emotionen ausgelöst werden können. Tabelle 3.1 enthält physiologische Reaktionen, die Emotionen begleiten und die Voraussetzung für entsprechende Handlungen darstellen.

Tabelle 3.1: Spezifische Reaktionen auf Emotionen (vgl. Goleman, 1995, S. 22)

Emotionen	Reaktionen des Körpers	Zweck
Zorn	Blut strömt zu den Händen	schneller Griff zur Waffe
	Puls nimmt zu	Energieschub reicht für
	Adrenalinausstoß	energische Reaktion aus
Furcht	Blut fließt zu den	schnelles Fliehen möglich
	großen Skelettmuskeln	
	Körper erstarrt kurz	Abwägung zwischen verschie-
		denen Handlungsalternativen
	Hormone werden ausgeschüttet	Körper ist handlungsbereit,
		Aufmerksamkeit für Gefahr
Liebe	Erregung des Parasympathikus	Zustand der Gelassenheit
		und Zufriedenheit,
		Kooperationsbereitschaft
Überraschung	Heben der Augenbraue	Weiteres Blickfeld,
		mehr Licht fällt auf die
		Netzhaut
Abscheu	Oberlippe schürzen,	Nasenlöcher vor einem
	Nase rümpfen	schädlichen Geruch schützen

Auch die **Triebe** haben sich während der stammesgeschichtlichen Entwicklung im menschlichen Erbgut mit dem Ziel etabliert, die Art zu erhalten. Triebe lösen keine festen Verhaltensmuster aus. Sie stellen nur die Energie bereit, damit der Organismus aktiv wird, um die Triebziele zu befriedigen (vgl. Kleiter, 2001, S. 6). Es wird ein Suchverhalten nach dem passenden Schlüsselreiz ausgelöst, der die Triebhandlung in Gang setzt. Diese läuft so lange ab und wird so oft wiederholt, bis der Trieb befriedigt ist. Für jeden Trieb gibt es spezielle auslösende Reize, welche die Triebstärke stimulieren, z. B. wird der Hunger stärker, wenn es nach Essen riecht. Die Endhandlung, z. B. der Abschluss des Essens oder der Orgasmus, bewirken eine schlagartige Reduktion der Triebstärke und damit eine Triebbefriedigung. Im Unterschied zu den Instinkten lässt sich die Triebenergie nicht abbauen. Zwar kann die Handlung unterdrückt werden, die Energie bleibt aber erhalten, staut sich auf und kann nur durch eine End- oder Ersatzhandlung abgebaut werden (vgl. Faix & Laier, 1996, S. 89-100).

Menschliches Verhalten wird meist von konkreten Zielvorstellungen geleitet und erfolgt in einer Folge von Handlungsschritten. Ein Ziel kann auf mehreren Wegen erreicht werden. Das Verhalten kann demnach als eine Art Wegenetz beschrieben werden, das mehrere Entscheidungspunkte enthält. Wie die Entscheidung an den Kreuzungen ausfällt, hängt von der Reizsituation und den persönlichen Erfahrungen des Einzelnen ab. Das menschliche Verhalten ist variationsreich und nicht voraussagbar (vgl. Eibl-Eibesfeldt, 1995, S. 128).

3.2 Einfluss des Gehirns auf das Denken, Fühlen und Handeln

Aus einem einfachen Gemisch aus Nervenzellen und Kammerwasser ist das Gehirn im Laufe der Evolution zu einem komplizierten Organ gewachsen, das dreimal so groß ist, wie das unserer nächsten Verwandten, den Primaten. Der primitivste Teil des Gehirns ist der **Hirnstamm** am oberen Ende des Rückenmarks. Diesen Teil besitzen alle Arten, die über mehr als ein minimales Nervensystem verfügen. Seine Aufgabe ist die Regulierung der grundlegenden Lebensfunktionen, wie etwa das Atmen oder der Stoffwechsel. Es kontrolliert zudem stereotype Reaktionen und Bewegungsabläufe, wie etwa das Zischen einer Schlange vor ihrem Angriff (vgl. Goleman, 1995, S. 27).

Mit dem Auftreten der ersten Säuger legten sich weitere Schichten ringförmig um den Hirnstamm. Abgeleitet aus dem lateinischen „limbus" für „Ring", wird dieser Teil des Gehirns das **limbische System** genannt. „Vom limbischen System gehen Gemütsbetonungen und gemütsbedingte Antriebe aus, auch werden die vegetative Innervation der inneren Organe und die hormonale Steuerung beeinflusst. Das limbische System wirkt bei der Gedächtnisspeicherung und beim Lernen mit." (Faller, 1984, S. 353). Emotionen waren lange Zeit für die Hirnforschung kein ernsthafter Forschungsgegenstand. Erst Ende der 80er Jahre änderte sich diese Einstellung vor allem durch Arbeiten der amerikanischen Neurobiologen Damasio und LeDoux. Patienten mit Schädigungen im Stirnlappen sowie in Zentren des limbischen Systems zeigten Gefühlskälte und handelten unvernünftig. In den letzten Jahren konnten diejenigen Zentren, die mit Gefühlen zu tun haben, und deren Einfluss genauer identifiziert werden (vgl. Stangl, 2002, S. 2). Lernen und Gedächtnis stellten zudem einen revolutionären Fortschritt dar, d.h. ein Lebewesen kann seine Reaktionen auf wandelnde Anforderungen anpassen (vgl. Goleman, 1995, S. 28).

Die entscheidende Entwicklungsstufe, welche die menschliche Intelligenz auszeichnet, wurde vor etwa hundert Millionen Jahren erreicht. Zu der Zeit erweiterte sich der Bereich, der für Koordination und Erkennung zuständig ist (Kortex), um mehrere Schichten Hirnzellen und bildete den **Neokortex**. Er ist der Sitz des Denkens, das die Wahrnehmungen der Sinne zusammenfügt und begreift und eine Komplexität und Vielfältigkeit der Gefühle zulässt. Das limbische System erzeugt z. B. Gefühle der Lust und des sexuellen Begehrens. Der Neokortex und seine Verbindungen zum limbischen System ermöglichen aber erst ein Gefühl der Liebe. Bei Arten ohne Neokortex gibt es keine Mutterliebe. Für frisch ausgeschlüpfte Jungen besteht sogar die Gefahr, von der Mutter gefressen zu werden (vgl. ebd.).

Für das Negative in unserem Leben, das mit der Ausbildung von Furcht und Angst verbunden ist, ist vornehmlich der **Mandelkern** zuständig. Der Mensch besitzt zwei Mandelkerne, die oberhalb des Hirnstamms an der Unterseite des limbischen Systems sitzen. Für das Positive, Beglückende und Lustvolle hingegen sind vor allem Strukturen verantwortlich, die „ventrales tegmentales Areal" und „Nucleus accumbens" heißen. Letztere sind nicht zufällig auch der Ort der Wirkung von Drogen (vgl. Roth, 2000, S. 1).

Allerdings ist umstritten, ob und inwieweit diese Strukturen tatsächlich Speicherorte von Gefühlen sind oder eher Orte, an denen die Verknüpfung zwischen Ereignissen und bestimmten Gefühlen kodiert sind und die den Zugriff auf anderenorts niedergelegte emotionale Gedächtnisinhalte regeln. Klar scheint zu sein, dass positive und negative Emotionen im sogenannten deklarativen, bewusst abrufbaren Gedächtnis-

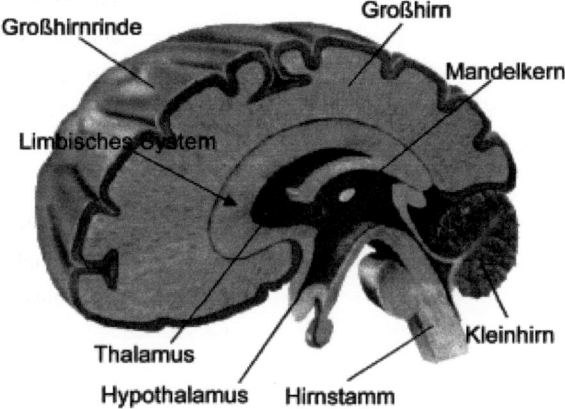

Abbildung 3.1: Schemazeichnung des Gehirns (Erlebnis Mensch, 1.5, Flexform Software GmbH, 1996)

system gespeichert werden (vgl. Roth, 2000, S. 2). Wichtigster Organisator dieses Gedächtnissystems ist der **Hippocampus**. Reines Faktenwissen wird in der Rinde abgelegt, die den Hippocampus umgibt. Die Inhalte des deklarativen Gedächtnisses sind in den unterschiedlichsten Teilen der Großhirnrinde niedergelegt. Das visuelle Gedächtnis ist in den Rindenarealen lokalisiert, die für das Sehen zuständig sind, wobei es wieder ein spezielles Gedächtnis für Farben, Bewegungsweisen und Gesichter in den Arealen gibt, die für die Verarbeitung dieser visuellen Reize zuständig sind (vgl. ebd.).

Die genannten limbischen Zentren sind Teil eines allgemeinen Bewertungssystems im Gehirn, das alles danach bewertet, ob es gut, vorteilhaft und lustvoll war und entsprechend wiederholt werden sollte, oder schlecht, nachteilig, schmerzhaft und entsprechend zu meiden ist. Ohne dieses Bewertungssystem wäre der Mensch überlebensunfähig, denn es sorgt dafür, dass das Gehirn alle bewussten und unbewussten Handlungsentscheidungen immer im Lichte vergangener Erfahrung trifft (vgl. ebd.).

Was aber sind nun die Auslöser für unüberlegte emotionale Reaktionen, die im Nachhinein betrachtet übertrieben erscheinen?
Joseph Le Doux, Neurowissenschaftler am Center for Neural Science der New York

City University, konnte nachweisen, dass sensorische Signale von den Sinnesorganen erst zum Thalamus — Schaltstelle der Motorik, Erregungssituationen werden umkodiert (vgl. Faller, 1984, S.341) — wandern und von dort über eine einzige Synapse zum Mandelkern. Ein weiteres Signal wird zum „denkenden" Neokortex geschickt, der wiederum erst zusätzliche Informationen aus dem Mandelkern abruft, bevor er einen Impuls an andere Organe sendet. Durch den direkten Weg vom Thalamus zum Mandelkern kann dieser die Teilinformation rein emotional verarbeiten und einen Handlungsimpuls auslösen, bevor sie vom Neokortex vollständig registriert wurde. Diese Erkenntnis gewann LeDoux durch Experimente mit Ratten, deren Hörrinde zerstört worden war. Sie wurden einem Ton und zugleich einem Stromstoß ausgesetzt. Der Neokortex der Ratten konnte den Ton nicht registrieren, dennoch lernten die Ratten rasch, den Ton zu fürchten. Der Reiz nahm den direkten Weg über den Thalamus zum Mandelkern und ließ alle höheren Zentren aus (vgl. Goleman, 1996, S. 38). „Ohne irgendeine bewusste, kognitive Beteiligung können emotionale Reaktionen und emotionale Erinnerungen entstehen. [...] Das emotionale System kann anatomisch unabhängig vom Neokortex agieren." So LeDoux im Gespräch mit Goleman (vgl. Goleman, 1996, S. 36).

Eine weitere revolutionäre Erkenntnis der neueren Hirnforschung ist die Tatsache, dass rationales Denken ohne die emotionale Unterstützung bedeutungslos ist. Studien an Neurologiepatienten, bei denen die Verbindung zwischen dem präfrontalen Kortex und dem Mandelkern unterbrochen ist, haben ergeben, dass diese trotz unversehrtem Verstand Schwierigkeiten haben, persönliche Entscheidungen zu treffen. Der Neurologe Antonio Damasio erklärt diese Erscheinung damit, dass sich das rationale Denken nicht nur auf das denkende Gehirn, den Neokortex, stützt, sondern auch auf andere Hirnbereiche wie den Mandelkern. Gefühle sind demnach für rationales Denken unerlässlich. Aus einer unüberschaubaren Anzahl von Wahlmöglichkeiten werden von vornherein gewisse Optionen mit Hilfe des emotionalen Erfahrungsspeichers als sinnvoller oder sinnloser gewichtet. Anschließend kann dann die sachliche Rationalität eine geeignete Wahl treffen (vgl. Damasio, 1994, zit. n. Goleman, 1995, S. 48).

3.3 Paradigmen der Persönlichkeit

Im vorangegangenen Kapitel wurden auf der Grundlage von stammesgeschichtlicher Entwicklung und den Erkenntnissen über wichtige Gehirnzentren und ihre Funktion, insbesondere dem Ineinandergreifen von Emotionen und rationalem Denken, Handlungsimpulse durch vererbte Veranlagungen, Instinkte und Triebe dargestellt. In diesem Kapitel soll nun die individuelle Persönlichkeit anhand unterschiedlicher Persönlichkeitstheorien beleuchtet und die sich daraus ergebenden Persönlichkeitskonzepte untersucht werden.

3.3.1 Wichtige Definitionen

Die **Persönlichkeit** des Menschen wird definiert als „Gesamtheit der Erlebnis- und Verhaltenseigentümlichkeiten, die den Menschen zeit- und situationsüberdauernd von anderen Menschen unterscheidet" (vgl. Pawlik, 1982, S.17). Sie steht also für die Charakteristika einer Person, welche die Grundlage der konstanten Muster des Fühlens, Denkens und Verhaltens ausmachen (vgl. Pervin, 2000, S. 24).

Die Theorie der Persönlichkeit beschäftigt sich mit den unterschiedlichen Fragen zur Persönlichkeit (vgl. Pervin, 2000, S. 25): Was sind die Eigenschaften einer Person und wie stehen sie miteinander in Beziehung? Auf welche Art und Weise und bis zu welchem Grad haben genetische und umweltbedingte Einflüsse zusammengewirkt, um diese Persönlichkeit zu bilden? Warum handelt jemand überhaupt und warum zielt seine Tätigkeit in eine bestimmte Richtung? Pawlik (vgl. 1982, S. 17) definiert **Persönlichkeitstheorie** als „ein System widerspruchsfrei verknüpfter Aussagen", das eine Erklärung für diese Erlebnis- und Verhaltensunterschiede in ihren Beziehungen untereinander und/oder mit anderen, nichtpsychologischen Variablen sucht. Weiterhin soll es die Quellen und Ursachen, die Entwicklung und Auswirkung dieser Verhaltensunterschiede sowie Reaktionen einer Person auf die Wahrnehmung ihrer eigenen psychischen Eigenart oder der anderer Menschen erklären.

Die verschiedenen Persönlichkeitstheorien basieren jeweils auf einem bestimmten philosophischen **Menschenbild**. Beeinflusst wird dieses Menschenbild durch verschiedene Lebenserfahrungen und historische Traditionen der Vertreter. Es ist daher wichtig, gemeinsam mit der Theorie auch das Menschenbild zu betrachten, um die

Einflussfaktoren zu erkennen. Vier Sichtweisen können unterschieden werden (vgl. Pervin, 2000, S. 36):

1. Rationale Sichtweise: Der Mensch denkt, wählt und entscheidet.

2. Animalische Sichtweise: Der Mensch ist getrieben, eingezwängt und irrational.

3. Mechanische Sichtweise: Der Mensch reagiert automatisch auf äußere Reize.

4. Computerhafte Sichtweise: Der Mensch verfügt über eine computerhafte Informationsverarbeitung.

Unter einem **Wissenschaftsparadigma** wird ein Bündel von theoretischen Leitsätzen, Fragestellungen und Methoden zu ihrer Beantwortung verstanden, welche das Vorgehen einer größeren Zahl von Wissenschaftlern in einer bestimmten historischen Periode der Wissenschaftsentwicklung charakterisiert.

Im folgenden werden nun fünf Persönlichkeitsparadigmen in ihrer historischen Reihenfolge vorgestellt, welche die heutige Persönlichkeitspsychologie stark beeinflusst haben. Dabei werde ich mich überwiegend auf Asendorpf (1999, S. 14-98) beziehen, der Paradigmen in seinem Buch „Psychologie der Persönlichkeit" sehr ausführlich und übersichtlich dargestellt hat.

3.3.2 Das psychoanalytische Paradigma

Das psychoanalytische Paradigma geht auf die Psychoanalyse von Sigmund Freud (1856-1939) zurück. Gegenstand der Psychoanalyse sind hauptsächlich pathologische Störungen. Freud hat sich jedoch auch mit dem „Charakter" beschäftigt, der heute mit dem Begriff „Persönlichkeit" belegt wird.

Seinem Menschenbild liegt die Ansicht zugrunde, dass alle menschliche Aktivität auf der Verarbeitung von Energie beruht. Gespeist wird diese Energie aus angeborenen Trieben, die zur Entladung durch Triebbefriedigung drängen. Können diese Triebimpulse nicht direkt entladen werden, so werden sie umgeformt oder auf andere Triebobjekte umgeleitet (z. B. Befriedigung in der Phantasie oder in Träumen). Die Energieverarbeitung wird von drei psychischen Instanzen geregelt:

- Das **Es**, dem Lustprinzip unterworfen, strebt nur nach Lustgewinn bzw. Schmerzvermeidung.

- Das **Ich**, dem Realitätsprinzip unterworfen, vermittelt zwischen der Außenwelt, dem Es und dem

- **Über-Ich**, dem normativ-kontrollierenden Teil des Ichs.

Das Seelenleben findet auf drei Ebenen statt (vgl. Pervin, 2000, S. 88):

- Das **Unbewusste** beinhaltet Erlebnisse, die uns nicht bewusst sind und die uns nur unter besonderen Umständen bewusst werden.

- Das **Vorbewusste** bezieht sich auf Erlebnisse, die wir uns bewusst machen können, wenn wir uns darum bemühen.

- Das **Bewusste** enthält Phänomene, derer wir uns jederzeit bewusst sind.

Abb. 3.2 illustriert den Zusammenhang zwischen den drei psychischen Instanzen und den drei Ebenen des Seelenlebens. Das Menschenbild des psychoanalytischen

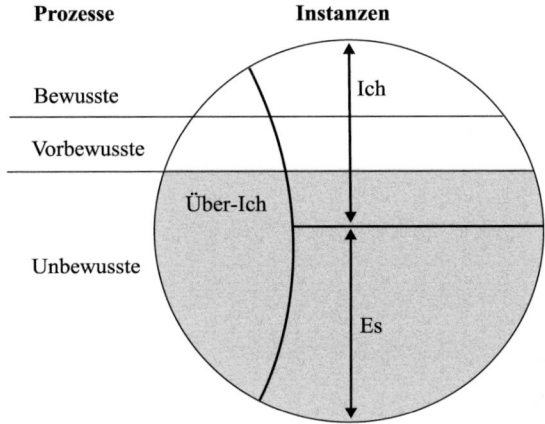

Abbildung 3.2: Beziehung zwischen den drei psychischen Instanzen und den drei Ebenen psychischer Prozesse nach Freud (Asendorpf, 1999, S. 16)

Paradigmas überbetont motivationale, affektive und irrationale Prozesse und vernachlässigt rationale Prozesse des Denkens, Planens und Handelns. Dadurch ergibt sich ein sehr verzerrtes Menschenbild.

Freud baut sein Persönlichkeitskonzept auf der Annahme dieser motivationalen Prozesse auf. Die Persönlichkeiten von Menschen unterscheiden sich in der Stärke der Es-Ansprüche – bedingt durch die Konstitution – sowie in der erfahrungsbedingten

Variation der Stärke und Form des Ichs und des Über-Ichs. Für Freud beeinflusst die frühkindliche Erfahrung die Persönlichkeitsentwicklung und damit den späteren Charakter ganz besonders stark. Jedes Kind durchläuft drei Phasen der Entwicklung:

- **Orale Phase** (1. Lebensjahr), die Triebbefriedigung findet vor allem mit Hilfe der Mundzone statt

- **Anale Phase** (2.-3. Lebensjahr), der Triebimpuls richtet sich hauptsächlich auf den Anus

- **Phallische Phase** (3.-5. Lebensjahr), Penis oder Scheide sind nun die bevorzugten Zonen. Es findet eine Fixierung auf das gegengeschlechtliche und eine Rivalisierung mit dem gleichgeschlechtlichen Elternteil statt.

Freud war der Ansicht, dass die Persönlichkeit eines Menschen entscheidend durch die individuelle Verarbeitung der frühkindlichen Entwicklungsphasen bestimmt wird. Lassen die Eltern in diesen Phasen eine zu große Triebbefriedigung zu oder schränken sie diese zu sehr ein, so kommt es zu einer Fixierung der Triebimpulse, die den Charakter fortan mitbestimmt. Orale Fixierung beispielsweise resultiert nach Freud in übermäßigem Trinken, Essen oder Rauchen.

Eine zweite Auffassung der Charakterbildung entwickelte Freud mit der Theorie der Angstverarbeitung. Danach entsteht Angst immer dann, wenn das Ich mit Reizen (innere Triebimpulse oder Reize der Umwelt) überflutet wird, die es nicht mehr bewältigen kann. Um mit der Angst fertig zu werden, wehrt sich das Ich gegen die angstauslösenden Triebimpulse durch Abwehrmechanismen, die in Tabelle 3.2 dargestellt sind.

Entscheidend für die Charakterbildung ist die Annahme, dass sich im Laufe der Entwicklung des Ichs individuelle Bevorzugungen bestimmter Abwehrmechanismen herausbilden.

Tabelle 3.2: Einige Abwehrmechanismen des Ichs nach Sigmund Freud (Asendorpf, 1999, S. 18)

Mechanismus	wehrt ab	durch
Verdrängung	Innere und äußere Reize	Verdrängung ins Unbewusste
Projektion	Innere Reize	Projektion eigener Triebimpulse auf andere
Verschiebung	Innere Reize	Verschiebung des Triebziels auf ein anderes Objekt
Reaktionsbildung	Innere Reize	Verkehrung ins Gegenteil
Verleugnung	Äußere Reize	Nicht wahr haben wollen
Rationalisierung	Eigenes Verhalten	Umdeuten in akzeptables Verhalten
Sublimierung	Innere Reize	Befriedigung der Triebimpulse durch akzeptable Ersatzhandlungen
Regression	Trauma	Rückzug auf frühkindliche Stufe der Triebregulierung

3.3.3 Das behavioristische Paradigma

Das Menschenbild des behavioristischen Ansatzes vertritt die Auffassung, dass ein Neugeborenes sozusagen als unbeschriebenes Blatt („tabula rasa") auf die Welt kommt. Es verfügt nur über einige Reflexe, um unabhängig von Erfahrungen auf Reize der Umwelt zu reagieren (z. B. Saugen an der Brust). Mit zunehmenden Reizen aus der Umwelt werden komplexere Reaktionen erlernt. Behavioristische Ansätze werden deshalb auch als Reiz-Reaktions-Theorien bezeichnet.

Drei Lernmechanismen wurden besonders ausführlich untersucht:

1. **Klassisches Konditionieren**: Ivan Pawlow (1849-1936) entdeckte, dass Hunde bei wiederholtem Läuten einer Glocke unmittelbar vor dem Futter schon durch den Ton der Glocke anfangen zu speicheln. Die Glocke ist damit zum konditionierten Reiz und das Speicheln zur konditionierten Reaktion geworden.

Auch beim Menschen belegen Studien klassisch konditionierbare physiologische
und emotionale Reaktionen.

2. **Operantes Konditionieren**: Burrhus Skinner (1904-1990) untersuchte das
Verhalten einer Ratte, die durch das Drücken eines bestimmten Knopfes Futter
aus einer Klappe bzw. einen schmerzhaften elektrischen Schlag bekam, wenn
sie einen bestimmten Bereich des Käfigs betrat. Ratten und auch Menschen
lernen schnell, ihr Verhalten an Belohnung oder Bestrafung anzupassen.

3. **Nachahmungslernen**: Albert Bandura (geb. 1925) zeigte, dass manche Reaktionen durch Beobachtung stellvertretender Belohnung und Bestrafung erlernt
werden. Im Zoo aufgewachsene Rhesusaffen reagieren erst dann mit Angst auf
Schlangen, wenn sie die Angst ihrer Eltern beobachteten.

Gemäß dieser Auffassung sind individuelle Besonderheiten im Verhalten ausschließlich auf die individuelle Lerngeschichte zurückzuführen. Interne Prozesse werden
vollkommen vernachlässigt, obwohl sie eine entscheidende Rolle bei der Erklärung
und Vorhersage des Verhaltens spielen. Lernen ist darüber hinaus bereichsspezifisch
und kann nicht nur durch universelle Lerngesetze erklärt werden.

3.3.4 Das Eigenschaftsparadigma

Im hier zugrunde liegenden Menschenbild werden Eigenschaften als Merkmale von
Personen betrachtet, die zumindest über einen mittelfristigen Zeitraum hinweg stabil sind, wobei eine langfristige Änderung nicht ausgeschlossen wird. Eigenschaften
stellen eine Beziehung zwischen Situation und Reaktion her, d.h. sie machen Reaktionen bzw. Situationen einander ähnlich oder unähnlich und somit funktional
äquivalent. Beispielsweise bestimmt die Intelligenz einer Person, welche Aufgaben
eines Intelligenztests sie lösen kann und welche nicht. Die lösbaren Aufgaben bilden
eine Äquivalenzklasse bezüglich der Situation. Die Strategien zur Lösung der lösbaren Aufgaben bilden entsprechend eine Äquivalenzklasse bezüglich der Reaktionen.
Dieses Konzept bezieht sich nur auf dichotome Reaktionen (zwei mögliche Werte).
Bei graduellen Reaktionen, d. h. bei Reaktionen, die quantitativ gemessen werden
können, wird die Disposition einer Person aus der stabilen (Ko-)Variation von Reaktionen über Situationen erschlossen. Das Situationsprofil in Abb. 3.3 veranschaulicht
die Eigenschaft „Prüfungsangst" eines hierzu untersuchten Studenten. Er wurde in

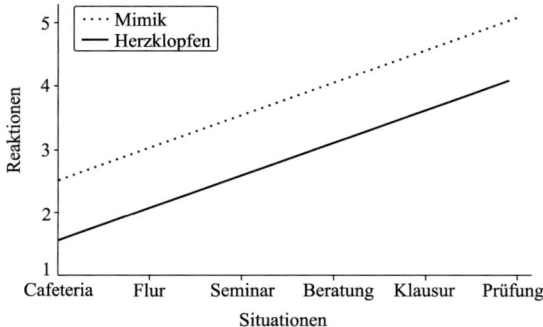

Abbildung 3.3: Kovariation von Angstreaktionen bei einem Studenten (Asendorpf, 1999, S. 37)

sechs Situationen beobachtet, in denen einer seiner Professoren anwesend war. Gemessen wurden zwei graduelle Reaktionen: Mimik und Herzklopfen. Es zeigt sich, dass der Student in beiden Reaktionen stärker reagierte.

Das Persönlichkeitskonzept des Eigenschaftsparadigmas versteht die Persönlichkeit als organisierte Gesamtheit der Eigenschaften. Ziel ist es, mit Hilfe der Eigenschaften die individuelle Besonderheit einzelner Menschen oder bestimmter Gruppen von Menschen zu beschreiben. Bei der Erfassung der Eigenschaften gibt es zwei Ansätze:

1. Individuumszentrierter Ansatz

Eigenschaften eines Individuums werden unabhängig von den Eigenschaften anderer Menschen beschrieben. Für eine gegebene Person werden Situations- und Reaktionsklassen derart gebildet, dass die Reaktionen über die Situationen kovariieren. Jede Situations- bzw. Reaktionsklasse entspricht einer Eigenschaft. Abb. 3.4 bildet das Situationsprofil einer Studentin ab, deren Verhalten in den jeweiligen Situationen auf zwei verschiedenen Eigenschaften beruht: Erwartungsspannung bei Anwesenheit des Professors (Äquivalenzklasse 1) und Ängstlichkeit bei direkter Interaktion (Äquivalenzklasse 2). Der individuumszentrierte Ansatz kann zwar Eigenschaften eines Menschen und ansatzweise auch die individuelle Organisation seines Verhaltens beschreiben, aber weder die Persönlichkeitseigenschaften noch die Persönlichkeit selbst. Dazu muss er

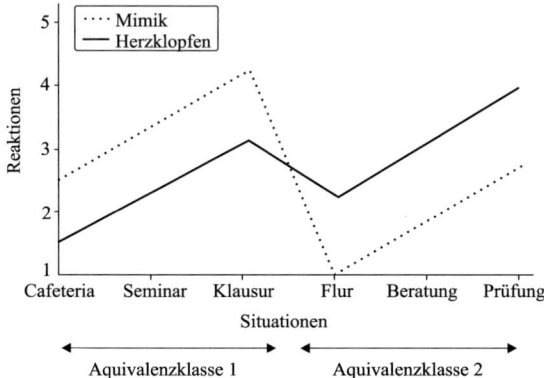

Abbildung 3.4: Mangelnde Kovariation von zwei Angstreaktionen bei einer Studentin; sie weist auf zwei Eigenschaften hin (vgl. Asendorpf, 1999, S. 38)

um Vergleiche zwischen Menschen ergänzt werden, um individuelle Besonderheiten zu erkennen.

2. **Differentieller Ansatz**

Hier werden nicht mehr Beziehungen zwischen Situationen und Reaktionen betrachtet, sondern die Unterschiede von Persönlichkeitsmerkmalen zwischen den Personen einer bestimmten Population. Ein Persönlichkeitsmerkmal ist eine Variable, die eine Population charakterisiert. Jeder Person dieser Population wird eine bestimmte Merkmalsausprägung zugeordnet, z. B. Grad ihrer Aggressivität. Die Persönlichkeit kann durch ein Persönlichkeitsprofil veranschaulicht werden (z. B. Intelligenzprofil in Abb. 3.5). Der Vergleich von Persönlichkeitsprofilen ermöglicht es, ähnliche Profile in Klassen einzuteilen und zu Persönlichkeitstypen zusammenzufassen.

Individuumszentrierter und differentieller Ansatz sind kein Widerspruch. Es ist sogar oft sinnvoll, erst nach individuumszentrierter Messung des Einzelfalls eine differentielle Messung vorzunehmen.

Im Eigenschaftsparadigma können individuelle Besonderheiten im Erleben und Verhalten gut beschrieben und vorhergesagt werden, aber es kann nur schlecht erklärt

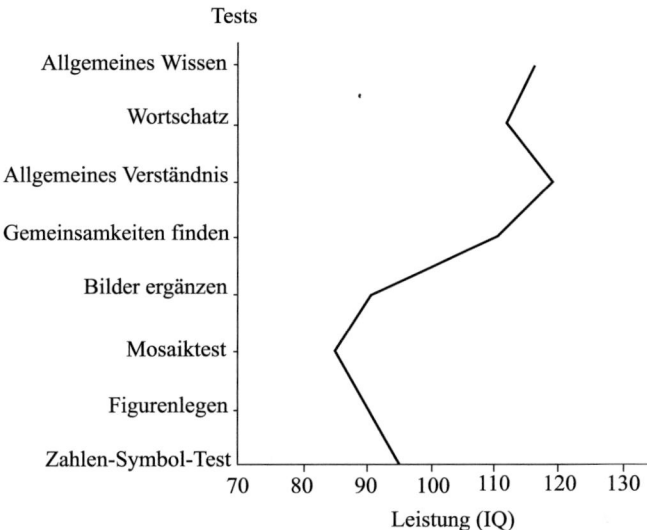

Abbildung 3.5: Intelligenzprofil in acht Untertests des HAWIE (Asendorpf, 1999, S. 42)

werden, wie Eigenschaften im aktuellen Erleben wirksam werden und wie sie sich im Verlauf der Persönlichkeitsentwicklung verändern.

3.3.5 Das Informationsverarbeitungsparadigma

Das Menschenbild des Informationsverarbeitungsparadigmas versteht menschliches Erleben und Verhalten als Folge von Informationsübertragung im Nervensystem. Über Rezeptoren empfängt das Nervensystem Reize aus dem Körper und der Umwelt. Diese Informationen können in andere umgewandelt werden, die wiederum für das bewusste Erleben oder die Umsetzung in motorische Aktivität verantwortlich sind. Zur Umwandlung werden Informationen benutzt, welche die aktuelle Situation überdauern: das Wissen.

Zur Erklärung des Ablaufs von Informationsverarbeitung spielen drei Modelle eine größere Rolle:

- **Klassische Modelle** sind sequentielle, lokale Speichermodelle. Information gelangt über sensorische Register in einen Kurzspeicher, von dem aus die weitere

Verarbeitung durch Vergleich mit dem Wissen im Langzeitspeicher, Verhaltens-
kontrolle und Einspeicherung in den Langzeitspeicher erfolgt (Abb. 3.6)

- **Ein ACT*-Modell** (ACT = „adaptive control of thought") ist ein lokales Spei-
  chermodell. Deklaratives Wissen ist in einem propositionalen Netzwerk, proze-
  durales Wissen in Produktionssystemen repräsentiert. Verarbeitung findet durch
  Aktivierung lokaler Netzbereiche statt.

- **Konnektionistische Modelle** sind verteilte Speichermodelle. Verarbeitung findet durch Aktivierungsausbreitung entlang erregender und hemmender Verbindungen zwischen weit auseinanderliegenden Einheiten statt. Funktionale Infor-
  mationseinheiten sind über das Gesamtnetz verteilt.

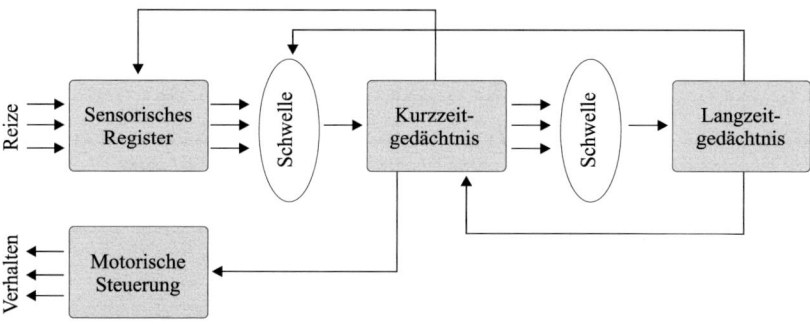

Abbildung 3.6: Ein (stark vereinfachtes) klassisches Modell der Informationsverarbeitung (Asendorpf, 1999, S. 66)

Informationsverarbeitungsprozesse lassen sich in emotionale und rationale Prozesse
gliedern, die simultan ablaufen. Emotionale Prozesse nutzen emotionale Bewertung,
führen zu einer bestimmten emotionalen Färbung des Erlebens und Verhaltens und
können zu spontanem emotionalem Verhalten führen. Rationale Prozesse sind die
Voraussetzung für die rationale Analyse und Reflektion und können zu willentlichem
Verhalten und langanhaltenden Denk- und Handlungsprozessen führen. Emotionale
und rationale Prozesse stehen in ständiger Wechselwirkung.

Das Persönlichkeitskonzept sieht zwei mögliche Quellen für die individuellen Besonderheiten im Erleben und Verhalten. Einerseits können sich die Parameter der
Informationsverarbeitungsprozesse unterscheiden, z. B. die Geschwindigkeit, mit der
einfache Aufgaben verarbeitet werden. Andererseits kann sich das Wissen unterschei-

den. Individuelle Besonderheiten im Wissen einer Person stellen Persönlichkeitseigenschaften dar (Tabelle 3.3).

Tabelle 3.3: Einige wissensbezogene Eigenschaften

Deklaratives Wissen	
Situationskonzept	Art und Weise, wie Ausgangszustände und Ziel-zustände vom Problemlösenden repräsentiert werden
Selbstkonzept	Subjektive Wahrnehmung der eigenen Person
Einstellungen	Umfangreiche Klasse von Wissensbeständen, die bewertet werden
Prozedurales Wissen	
Problemlösestil	Individuelle Bevorzugung bestimmter Problem-lösungsstrategien
Bewältigungsstil	Bevorzugte Problemlösungsstrategien für persönlich belastende Situationen
Handlungskontrollstil	Art und Weise, wie Motive in Handlungen umgesetzt werden

Informationsverarbeitungs- und Eigenschaftsparadigmen sind keine Gegensätze, sondern gut miteinander vereinbar, indem Eigenschaften in ein Modell der Informationsverarbeitung eingebettet werden. Beide Paradigmen liefern allerdings ein statisches
Bild von Eigenschaften, indem Veränderung und Entwicklung der Persönlichkeit
nicht beachtet werden. Der Prozess der Persönlichkeitsentwicklung steht im nächsten
Paradigma im Mittelpunkt.

3.3.6 Das dynamisch-interaktionistische Paradigma

Das Menschenbild des dynamisch-interaktionistischen Paradigmas basiert auf drei Grundannahmen:

1. Die Organisation des Verhaltens einer Person und die Organisation ihrer Umwelt sind mittelfristig konstant.

2. Person und Umwelt können sich langfristig ändern.

3. Diese Änderungen beruhen auf Veränderungsprozessen innerhalb der Person und der Umwelt und auf Einflüssen der Umwelt auf die Person und umgekehrt.

Personen können ihre Umwelt beeinflussen. Indem sie regelmäßig bestimmte Situationen aufsuchen oder vermeiden (z. B. Parties), wählen sie Umwelten aus. Durch Schaffung bestimmter Situationen (z. B. Beziehung knüpfen) oder Änderung von langfristigen Situationen (Aufkündigen einer Freundschaft) können sie Umwelten herstellen oder verändern (vgl. Buss, 1987, zit. n. Asendorpf, 1999, S. 85). Da diese Einwirkung der Person auf ihre Umwelt künftig auch die Wirkung der Umwelt auf die Person verändert, entsteht eine echte Wechselwirkung zwischen Person und Umwelt.

Voraussetzung für eine Entwicklung der Persönlichkeit ist mittelfristige Stabilität und langfristige Instabilität von Eigenschaften. Persönlichkeitsentwicklung findet im Kontext der Umwelt statt. Mit der Persönlichkeit entwickelt sich auch die individualtypische Umwelt.

In einer Längsschnittstudie von Asendorpf und Wilpers (1998) wurden die Persönlichkeit und sozialen Beziehungen von Studienanfängern während der ersten vier Semester erhoben (Abb. 3.7). In einem Korrelationsdesign wurden die selbstbeurteilte Schüchternheit und die Zahl der Bekannten am Anfang des ersten Semesters und des dritten Semesters in Beziehung gesetzt.

Die Pfadkoeffizienten zeigen einen Einfluss der Schüchternheit auf die Zahl der Bekannten. Je schüchterner sie waren, umso weniger Menschen lernten sie kennen. Umgekehrt hatte die Zahl der Bekannten keinen Einfluss auf die Schüchternheit.

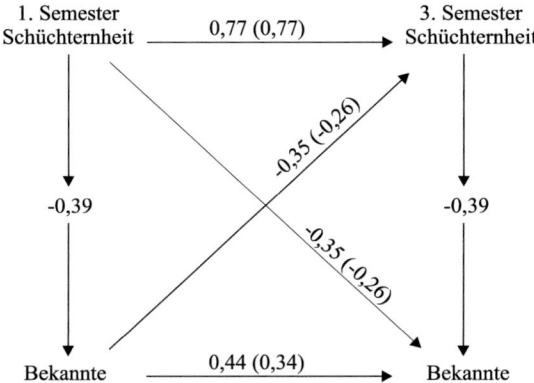

Abbildung 3.7: Zusammenhang zwischen Schüchternheit und Zahl der Bekannten bei Studierenden. Angaben sind Korrelationen und in Klammern Pfadkoeffizienten (Asendorpf & Wilpers, 1998, zit. n. Asendorpf, 1999, S. 95)

Die Persönlichkeitspsychologie wird heute von drei Paradigmen dominiert: dem Eigenschafts-, dem Informationsverarbeitungs- und dem dynamisch-interaktionistischen Paradigma. Diese stellen jedoch keine Gegensätze dar, sondern können miteinander vereint werden.

3.4 Klassifikation der Persönlichkeit

Zur Klassifikation der Persönlichkeit werden nun zwei Ansätze der empirischen Persönlichkeitspsychologie vorgestellt. Persönlichkeitsfaktoren entsprechen der variablenorientierten, Persönlichkeitstypen der personenorientierten Sichtweise des Eigenschaftsparadigmas (vgl. Asendorpf, 1999, vgl. S. 123).

3.4.1 Persönlichkeitsfaktoren

Den Versuch, eine große Vielfalt von Eigenschaften auf möglichst wenige, statistisch weitestgehend unabhängige Dimensionen zu reduzieren, machten erstmals Cattell (1950) und Eysenck (1969). Sie entwickelten die bekanntesten Persönlichkeitsinventare, das 16PF (Sixteen Personality Factors Questionnaire) und das EPI (Eysenck Personality Inventory). Die Entwicklung eines variablenorientierten Klassifikations-

systems erfolgt in drei Schritten. Zuerst wird der zu klassifizierende Bereich einge-
grenzt, indem entschieden wird, was als Persönlichkeitseigenschaft betrachtet werden
soll und was nicht. Dann wird eine möglichst umfassende Liste aller Eigenschaften
erstellt. Im dritten Schritt wird diese Liste mit Hilfe der Faktorenanalyse auf möglichst wenige, unkorrelierte Dimensionen reduziert (vgl. Asendorpf, 1999, S. 123).

Die Faktorenanalyse ist eine Gruppe statistischer Verfahren, die es ermöglicht, große
Datenmengen zu reduzieren und dabei möglichst wenig Aussagekraft zu verlieren.
Grundsätzlich basiert die Faktorenanalyse auf einer Matrix der Korrelationen zwischen allen beteiligten Variablen. Variablen, die stark positiv und stark negativ miteinander korrelieren, werden in Gruppen zusammengefasst (vgl. Asendorpf, 1999,
S. 125). Ergebnisse einer faktorenanalytischen Untersuchung sind die Mindestzahl
der Beobachtungsmerkmale, die Erklärung der gemeinsamen Faktoren sowie die Ge-
wichte der Beobachtungsmerkmale in diesen Faktoren (Faktorenladung) (vgl. Pawlik,
1982, S. 24)

Die aktuellste Analyse der wesentlichen Persönlichkeitsbausteine wird Fünf-Faktoren-
Modell oder „The Big Five" genannt und umfasst fünf wesentliche Eigenschaften:
Neurotizismus, Extraversion, Offenheit, Liebenswürdigkeit und Gewissenhaftigkeit
(Tabelle 3.4). Auch andere Studien führten zu diesen fünf Merkmalen (Allport und
Odbert (1936), Norman (1967), Costa und McCrae (1989) u. a. m.) und stützen
diese Arbeitshypothese (vgl. Pervin, 2000, S. 253).

Tabelle 3.4: Die großen fünf Dimensionen der Wesenszüge (vgl. Costa & McCrae, 1985, zit. n. Pervin, 1999, S. 255)

Neurotizismus	Bewertet Anpassung versus emotionale Labilität. Kennzeichnet Individuen mit der Neigung zu seelischem Leid, unrealistischen Ideen, exzessiven Gelüsten und Bedürfnissen sowie mangelnder Anpassungsfähigkeit.
Extraversion	Bewertet Quantität und Intensität zwischenmenschlicher Interaktion; Grad der Aktivität; Notwendigkeit, stimuliert zu werden; Fähigkeit, sich zu freuen.
Offenheit	Bewertet eigenständiges Suchen und ob Erfahrungen um ihrer selbst willen geschätzt werden; Toleranz gegenüber dem Unbekannten und dessen Erkundung.
Liebenswürdigkeit	Bewertet die Qualität der zwischenmenschlichen Orientierung entlang eines Kontinuums von Mitgefühl bis Feindseligkeit in Gedanken, Gefühlen und Taten.
Gewissenhaftigkeit	Bewertet das Maß an Organisation, Ausdauer und Motivation beim zielgerichteten Handeln. Spiegelt den Kontrast zwischen zuverlässigen, pingeligen Menschen zu nachlässigen und schlampigen Menschen.

Praktische Anwendung finden variablenorientierte Persönlichkeitsinventare vor allem im Bereich der Personalauswahl. Hossiep & Paschen entwickelten 1999 das Bochumer Inventar zur berufsbezogenen Persönlichkeitsbeschreibung (BIP). Es besteht aus einem Fragebogen mit 196 Items auf 14 Skalen. Tabelle 6.4 stellt eine exemplarische Auswahl sowie die Werte für die Reliabilität und die Validität dar (vgl. Asendorpf, 1999, S. 142).

Tabelle 3.5: Die Skalen des BIP: Interne Konsistenz (Reliabilität) und Korrelation mit dem Gehalt (Validität) (Asendorpf, 1999, S. 143)

Skala	Beispielitem	Reliabilität	Validität
Leistungsmotivation	Ich bin ausgesprochen ehrgeizig.	0,81	0,18
Gestaltungsmotivation	Für einige bin ich ein unbequemer Querdenker.	0,75	0,24
Führungsmotivation	Ich trage gern Verantwortung für wichtige Entscheidungen.	0,88	0,33
Gewissenhaftigkeit	Ich nehme die Dinge ganz genau.	0,83	-0,09
Flexibilität	Wenn ich vor völlig unerwarteten Situationen stehe, fühle ich mich richtig in meinem Element.	0,87	0,22
Handlungsorientierung	Was ich mir für einen Tag vornehme ist am Abend erledigt.	0,86	0,14
Sensitivität	Ich bemerke mit großer Sicherheit, wie sich mein Gegenüber fühlt.	0,85	0,05
Kontaktfähigkeit	Ich kann besser auf Menschen eingehen als viele andere.	0,90	0,07
Soziabilität	Ich gehe mit anderen rücksichtsvoll um.	0,75	-0,10
Teamorientierung	Wenn ich die Wahl habe, bearbeite ich Aufgaben lieber mit anderen.	0,89	0,13
Durchsetzungsstärke	Bei Auseinandersetzungen gewinne ich andere leicht für meine Position.	0,85	0,27
Emotionale Stabilität	Mich wirft so leicht nichts aus der Bahn.	0,89	0,20
Belastbarkeit	Auch wenn ich hart arbeiten muss, bleibe ich gelassen.	0,92	0,27
Selbstbewusstsein	Ich bin selbstbewusst.	0,85	0,26

3.4.2 Persönlichkeitstypen

Im Alltag werden weniger Eigenschaften, sondern eher Personen nach ihren Eigenschaften klassifiziert. Personen, die sich in ihren Eigenschaften ähneln, werden einem Persönlichkeitstyp zugeteilt. Häufig werden Extremgruppen gebildet, in denen Eigenschaftsdimensionen durch sehr hohe bzw. sehr niedrige Werte repräsentiert werden. Wenn allerdings mehr als zwei Eigenschaften zugrunde liegen, dann wird die Fülle verschiedener möglicher Persönlichkeitsgruppen zu groß. Anhand von Persönlichkeitsprototypen können Personen einer Klasse von Typen zugeordnet werden, der sie am ähnlichsten sind.

Eine Klassifikation von Persönlichkeitstypen, wie sie heute im praktischen Alltag Anwendung findet, ist das DISG-Persönlichkeitsprofil. Es wurde in 19 Sprachen übersetzt, und weltweit wurden über 30 Millionen Exemplare der Fragebögen verkauft. Das DISG-Profil gründet auf den Forschungsarbeiten von William Moulton Marston. John G. Geier, Professor für Verhaltenswissenschaften und Kommunikation am Institut für Gesundheitsökologie an der Universität Minnesota, untersuchte in den späten fünfziger und frühen sechziger Jahren den Verhaltensstil unterschiedlicher Gruppenmitglieder auf der Grundlage ihres situationsspezifischen Verhaltens innerhalb einer Kleingruppe. Aus diesen Arbeiten ging 1969 das DISG-Persönlichkeitsprofil hervor (vgl. KPP-Consulting, 2002).

Das DISG-Modell (Abb. 3.8) besteht aus einem Koordinatensystem mit jeweils zwei entgegengesetzten Eigenschaftsausprägungen: extrovertiert versus introvertiert und aufgabenorientiert versus menschenorientiert. DISG bezeichnet die Grundtypen **D**ominant, **I**nitiativ, **S**tetig und **G**ewissenhaft), die den vier Feldern des Koordinatensystems zugeordnet sind. Zu jedem zugehörigen Grundtyp gehört eine Beschreibung der typischen Merkmale sowie Empfehlungen zur persönlichen Entwicklung. Personen unterscheiden sich durch unterschiedliche Ausprägung der vier Dimensionen und deren unterschiedliche Kombination. Dabei wurden 15 Prototypen, sogenannte „DISG-Typen", beschrieben, die in einer durchschnittlichen Bevölkerung am häufigsten zu finden sind (vgl. Seiwert, 2002, S. 5-7).

Abbildung 3.8: Das DISG-Persönlichkeitsmodell (Seiwert, 2002, S. 6)

3.5 Persönlichkeitsentwicklung

Wie schon in Kapitel 2 dargestellt, führt der schnelle technologische Wandel, die
zunehmende Komplexität und Dynamik der Prozesse und der mit der Globalisierung verbundene, gesellschaftliche Wandel dazu, dass dem Wissen um Strukturen,
Zusammenhänge und Prozesse eine entscheidende Bedeutung zukommt. Arbeitnehmer müssen neben fachlichem Können auch flexibel auf Veränderungen reagieren
und sich in neuen Organisationsformen wie Gruppen- und Teamarbeit zurechtfinden
(vgl. Lenzen, 1998, S. 17). Das verlangt von den Mitarbeitern, dass sie sich ständig
sowohl fachlich weiterbilden, als auch ihre sozialen Kompetenzen weiterentwickeln.

Doch stellt sich die Frage, wie groß die Möglichkeiten der Veränderung im Bereich
der Persönlichkeit sind. Diese Frage kann nicht eindeutig beantwortet werden, denn
zu komplex ist die Wechselwirkung zwischen Person und Umwelt im Lebenslauf eines
Menschen (vgl. Brandstätter, 1992, S. 40). Auch ergaben sich bei der empirischen
Überprüfung von Stabilität einige methodische Schwierigkeiten. Die Instabilität des
Messverfahrens ist oft schwer von einer Instabilität der Merkmale zu trennen (vgl.
Herrmann, 1976, S. 56). Außerdem ist die Änderung einer Merkmalsausprägung

nicht immer auf eine Instabilität zurückzuführen, sondern kann altersbedingt sein
(vgl. Brandstätter, 1992, S. 42).

3.5.1   Veränderbarkeit von Persönlichkeitsmerkmalen

Persönlichkeitsentwicklung zu untersuchen ist ein sehr aufwändiger Vorgang. Längsschnittstudien (Abb. 3.9) mit vielen Messwiederholungen innerhalb eines großen Al-
tersintervalls geben aber umfassende Erkenntnisse über Entwicklungsveränderungen
bei vielen Personen.

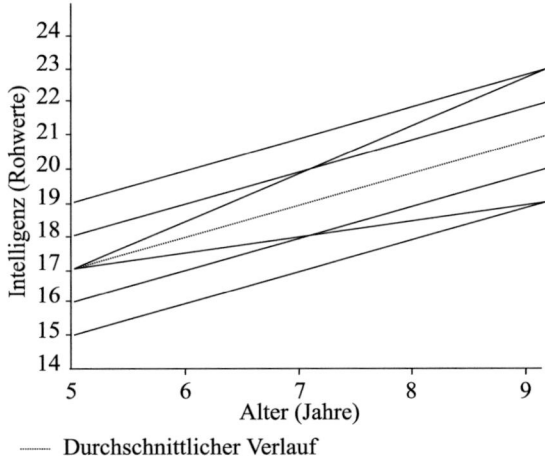

Abbildung 3.9: Verlauf der Intelligenzrohwerte von sechs Kindern (Asendorpf, 1999,
S. 285)

Inzwischen gibt es Dutzende von Längsschnittstudien zur langfristigen Stabilität
einzelner Persönlichkeitseigenschaften. Die Zeiträume der Untersuchungen reichen
bis zu 45 Jahren. Aus den Ergebnissen lassen sich vier Prinzipien zusammenfassen,
die meistens gelten (vgl. Asendorpf, 1999, S. 286):

1. Für Erstmessungen in vergleichbarem Alter sinkt die Stabilität kontinuierlich
   mit wachsendem Re-Testintervall.

2. Für unterschiedliche Persönlichkeitsbereiche sind die Stabilitäten unterschiedlich hoch. Conley (1984, S. 11-25) fand für 23 Studien zur Stabilität der selbst-

beurteilten Extraversion und des selbstbeurteilten Neurotizismus einen Jahreswert von 0,98. Die Stabilität für allgemeine Zufriedenheit und Selbstwertgefühl ergab dagegen einen Wert von 0,93 und fällt schon nach zehn Jahren auf einen Wert unter 0,3. Kein Merkmal ist so stabil, wie der IQ (0,995, nach 45 Jahren noch 0,75).

3. Für viele Eigenschaften sinkt die Stabilität mit zunehmend instabiler Umwelt.

4. Bei Kindern und Jugendlichen sind die Stabilitäten umso geringer, je früher der erste Messpunkt liegt. Für alle bisher empirisch untersuchten Eigenschaften lässt sich im Verlauf der Kindheit eine zunehmende Stabilisierung feststellen. Abgesehen von Messproblemen bei Kindern scheint die zunehmende Stabilität auf einer Stabilisierung des Selbstkonzepts[1] und auf einem zunehmenden Persönlichkeitseinfluss auf die Umwelt zu beruhen.

Besonders interessant sind Betrachtungen der Stabilität bzw. Veränderung von Werten, Einstellungen und Interessen. Sie bestimmen Ziele und Mittel für langfristige Lebensplanung und an ihnen richtet sich das Verhalten aus. Kelly (1955, zit. n. Oerter, 1992, S. 23) untersuchte 227 Paare ein Jahr nach der Eheschließung und zwanzig Jahre später. Am ähnlichsten waren zu beiden Zeitpunkten Werteüberzeugungen und berufliche Interessen (0,5), Einstellungen dagegen zeigten nur einen Stabilitätswert von 0,1.

3.5.2 Entwicklung als lebenslanger Prozess

Baltes (1987, zit. n. Oerter, 1992, S. 19-22) stellt einige theoretische Annahmen zur Entwicklungspsychologie der Lebensspanne auf, die teilweise empirisch gut gesichert sind. Sie bilden aber auch Zielvorstellungen einer menschlichen Entwicklung. Erst durch aktives Bemühen der Person selbst und durch günstige Umweltbedingungen können diese Ziele verwirklicht werden.

1. Menschliche Entwicklung ist ein lebenslanger Prozess. In allen Altersabschnitten laufen kontinuierliche oder diskontinuierliche Prozesse ab. Kontinuierliche Prozesse bauen meistens auf Vergangenem auf, erweitern und festigen es, so

---

[1]Gesamtheit der zeitüberdauernden kognitiven Repräsentationen (Wissensbestände, Überzeugungen, Werte), die eine Person von sich selbst hat (Heyse & Metzler, 1995, S. 84).

z. B. die permanente Erweiterung des Wissens, Professionalisierung im Beruf, aber auch die wachsende Belastung durch Stresserfahrungen und kritische Lebensereignisse.

2. Menschliche Entwicklung ist multidirektional. Entwicklungsbedingte Veränderungen variieren zwischen verschiedenen Personen, aber auch zwischen den Handlungsbereichen derselben Person. Horn (1982, zit. n. Oerter, 1992, S. 20) zeigte, dass Komponenten der Intelligenz, die z. B. kulturelles Wissen, Sprache oder soziale Intelligenz enthalten, im Alter erhalten bleiben, dass dagegen Fähigkeiten, die Prozesse der Informationsverarbeitung, das Gedächtnis oder Problemlösung betreffen, abnehmen.

3. Lebenslange Entwicklung ist gekennzeichnet durch Plastizität. Menschliche Entwicklung ist nicht festgelegt, sondern bis ins hohe Alter formbar. Das Ausmaß der Plastizität hängt von bisherigen Lebenserfahrungen, der Lernvergangenheit und der Lebensgeschichte ab sowie dem Ausmaß günstiger Umweltbedingungen.

4. Persönlichkeitsmerkmale, Werthaltungen und Intelligenzleistungen sind abhängig vom historischen Zusammenhang, in dem der sich entwickelnde Mensch steht. Untersuchungen der Intelligenzleistung von verschiedenen Geburtsjahrgängen hat große Unterschiede ergeben (Schaie, 1983, zit. n. Oerter, 1992, S. 21).

5. Kontextabhängigkeit bezeichnet die Wechselwirkung von chronologischem Alter, historischen Einflüssen und nonnormativen Ereignissen. An das Lebensalter sind normalerweise biologische und Umwelt-Determinanten gekoppelt, z. B. die Pubertät. Historische Ereignisse, welche die Entwicklung beeinflussen, können Kriege, Wirtschaftsdepressionen oder politische Umschwünge sein. Nonnormative Ereignisse betreffen nur den Einzelnen. Sie sind unerwartet und nicht vorhersagbar (z. B. Erkrankungen oder prägende familiäre Erlebnisse).

Craig Barrett, CEO des Chip-Herstellers Intel, antwortete auf die Frage, ob er mit 61 Jahren nicht zu alt für die „New Economy" sei (Spiegel, Nr. 27): „Heute ist es wichtig, dass man nie aufhört zu lernen. Wenn man diesen Grundsatz beherzigt, dann spielt das Alter keine Rolle".

4. Sozialkompetenz und deren Einordnung in ein Kompetenzmodell

Dass die Sozialkompetenz heute, in dieser zunehmend komplexeren und dynamischeren Welt, die immer mehr zusammenrückt, von großer Bedeutung ist, wurde ausführlich in Kapitel 2 erläutert. Weiterhin wurden in Kapitel 3 grundlegende Aspekte des menschlichen Verhaltens besprochen. Erbliche Veranlagungen sowie Triebe und Instinkte haben ebenso Einfluss auf das Handeln der Menschen wie die Erziehung der Eltern und der Umgang mit anderen Menschen. Um einen Einblick in die Zusammenhänge von rationalem Denken und emotionalen Einflüssen zu geben, erläuterte Abschnitt 3.2 die Funktionen des Gehirns. Die Persönlichkeit eines Menschen, die sein Erleben und Verhalten bestimmt, unterscheidet ihn zeit- und situationsüberdauernd von anderen Menschen. Die unterschiedlichen Sichtweisen, wie sich die Persönlichkeit eines Menschen entwickelt bzw. welchen Einfluss genetische Veranlagung und Triebe sowie die Umwelt auf die Merkmale der Persönlichkeit haben, wurden in Abschnitt 3.3 anhand von fünf Persönlichkeitsparadigmen vorgestellt. Besonders das Eigenschafts-, das Informationsverarbeitungs- und das dynamisch-interaktionistische Paradigma sind heute für die Persönlichkeitspsychologie relevant. Einige interessante Aspekte, die im Bezug auf Sozialkompetenz wichtig sind, werden noch einmal herausgegriffen:

1. Eigenschaften sind Merkmale von Personen, die über einen längeren Zeitpunkt stabil sind. Eigenschaften bilden die Grundlage des Verhaltens, also auch des sozial kompetenten Verhaltens.

2. Aus der Umwelt werden Reize aufgenommen. Menschen, die ein feines Gespür für die Reize der Umwelt haben, sind sensibel für andere Menschen und können sich gut in andere hineinversetzen und ihr Verhalten entsprechend anpassen.

3. Reize werden innerlich verarbeitet und in Erleben und Verhalten umgesetzt. Rationale Analyse und Reflexion stehen in ständiger Wechselwirkung mit emotionaler Bewertung. Die Verarbeitung der wahrgenommenen Reize mit Hilfe des bereits gespeicherten Wissens kann zu einem sozial kompetenten Verhalten führen.

4. Das Wissen, das aus situationsüberdauernden Informationen besteht, beeinflusst die Informationsverarbeitung und kann durch Reflexion erweitert werden. Das Selbstkonzept, d. h. die subjektive Wahrnehmung der eigenen Persönlichkeit, hat genauso Auswirkungen auf die Sozialkompetenz wie der individuelle Problemlösestil.

5. Es besteht eine Wechselwirkung zwischen Person und Umwelt. Die Beeinflussung der Umwelt durch die Person hat auch Auswirkung auf die Person selbst. Lässt sich ein Mensch z. B. darauf ein, in einer Gruppe zu arbeiten, so kann er Eigenschaften entwickeln, die seine sozialen Fähigkeiten erweitern.

6. Voraussetzung für die Entwicklung der Persönlichkeit ist mittelfristige Stabilität und langfristige Instabilität der Eigenschaften. Die Entfaltung von Dispositionen, die die Grundlage von sozialen Kompetenzen bilden, kann demnach z. B. durch Schulungsmaßnahmen unterstützt werden.

Es gibt unterschiedliche Ansätze zur Klassifikation der Persönlichkeit. Das Fünf-Faktoren-Modell ist hier besonders bedeutsam, da die fünf Persönlichkeitsdimensionen „Neurotizismus", „Extraversion", „Offenheit", „Liebenswürdigkeit" und „Gewissenhaftigkeit" verschiedene Facetten von sozial kompetentem Verhalten beschreiben können. Die empirische Studie von Riemann & Allgöwer (1993, S. 160-162) zeigt z. B. negative Zusammenhänge zwischen „Neurotizismus" und dem „Initiieren von sozialen Interaktionen und Beziehungen", dem „Durchsetzen und Behaupten persönlicher Rechte" sowie der „Fähigkeit, andere zu kritisieren". „Extraversion" korreliert dagegen erwartungsgemäß hoch mit "Initiieren von sozialen Interaktionen und Beziehungen". Auch „Liebenswürdigkeit" stellt einen Indikator für sozial kompetentes Verhalten dar, insbesondere für Hilfsbereitschaft, Freundlichkeit und Großzügigkeit (vgl. Schuler & Barthelme, 1995, S. 91).

Das Kapitel 4 wird sich mit dem Konstrukt „Sozialkompetenz" befassen, eine einheitliche Definition suchen und das Konstrukt Sozialkompetenz in ein Handlungskompetenzmodell einordnen.

4.1 Begriffliche Einordnung der Sozialkompetenz

Der Begriff der Sozialkompetenz ist theoretisch sehr umstritten. Friede (vgl. 1994, S. 608) unterstellt ihm die „Funktion eines Slogans", der nach außen „einen einheitlichen Konsens unter den Benutzern" herstellt, nach innen aber je nach Belieben gefüllt werden kann. Tatsächlich lässt sich in der Literatur trotz der Vielzahl an Forschungsarbeiten und der intensiven Auseinandersetzung mit dem Begriff keine einheitliche Verwendung oder allgemein akzeptierte Definition finden (vgl. Schuler & Barthelme, 1995, S. 79).

Das Konstrukt „Sozialkompetenz" ist eine Wortverbindung aus „sozial" und „Kompetenz". Der Wortstamm von „sozial" ist das lateinische „socius", das als Adjektiv soviel wie „gemeinsam", „gemeinschaftlich" oder „verbunden" bedeutet (vgl. Langenscheidts Großes Schulwörterbuch, 1977, S. 1063). Langenscheidts Online-Fremdwörterlexikon beschreibt „sozial" unter anderem als „die Gesellschaft, die menschliche Gemeinschaft betreffend", „die Belange des Einzelnen berücksichtigend" und „dem Gemeinwohl dienend". Der Begriff assoziiert also ein gemeinsames Miteinander von zwei oder mehreren Personen, die sich der Verantwortung für die Gemeinschaft bewusst sind.

„Kompetenz" entstammt ebenfalls dem Lateinischen. Das Verb „competere" bedeutet „gemeinsam, zugleich erstreben", „zu etwas fähig sein", „entsprechen" und „zustehen, zukommen". Das Substantiv „competentia" wird im Mittellateinischen übersetzt mit „Eignung" (vgl. Langenscheidts Großes Schulwörterbuch, 1977, S. 214). Der Begriff enthält also sowohl die Qualifikation als auch die Zuständigkeit und Befugnis der Übernahme von Verantwortung. Außerdem ist das Bestreben, ein gemeinsames Ziel zu erreichen, Inhalt des ursprünglichen Wortstammes. Gabler's Wirtschaftslexikon (1997, S. 2176) sieht Kompetenz im engeren Sinne in Bezug auf Organisationen als „Befugnis, Maßnahmen zur Erfüllung von Aufgaben zu ergreifen, für deren Bewältigung der Kompetenzträger die Verantwortung trägt".

Eine etwas andere Definition stellt die Aussage von Frei, Hugentobler, Alioth, Duell
& Ruch (1993, S. 14) dar: „Unter Kompetenz verstehen wir die Möglichkeit eines
Individuums, in Abhängigkeit von seinen Lebensbedingungen seine kognitiven, sozialen und verhältnismäßigen Fähigkeiten so zu ordnen und einzusetzen, dass es
seine Wünsche, Ziele und Interessen verwirklichen kann." Hier werden Kompetenzen
nicht einfach nur als Fähigkeiten verstanden, sondern andere Aspekte wie Ziele, Bedürfnisse, Werte und Einstellungen beeinflussen die Art und Weise, wie der Mensch
seine Ressourcen zur Problemlösung und im Umgang mit Herausforderungen einsetzt. Abbildung 4.1 veranschaulicht Kompetenz als Zusammenspiel verschiedener
Faktoren, die menschliches Verhalten beeinflussen. Ziele und Bedürfnisse motivieren
zu Handlungen, die wiederum zu Erfahrungen führen. Durch das Lernen aus solchen
Erfahrungen entwickelt der Mensch wiederum Wissen, Fähigkeiten und Fertigkeiten.
Andererseits bringt die Erfahrung aber auch Werte und Einstellungen hervor, die
wiederum die Ziele und Interessen mitbestimmen.

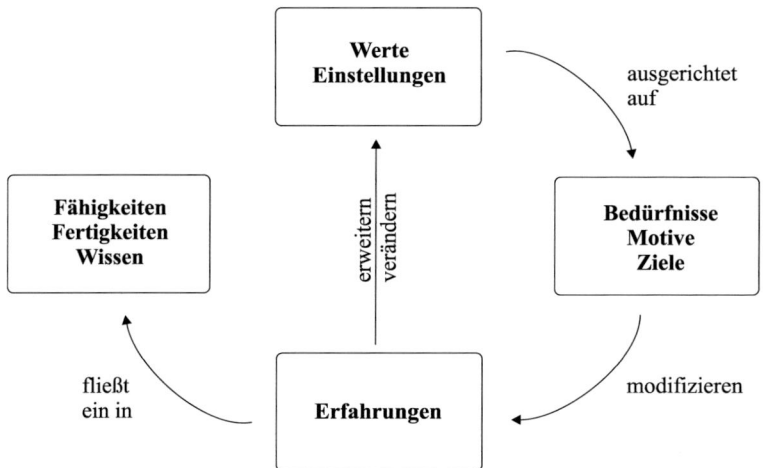

Abbildung 4.1: Kompetenz als Zusammenspiel verschiedener Faktoren, die menschliches Verhalten beeinflussen (vgl. Frei et al., 1993, S. 16)

Sozialkompetenz eindeutig zu definieren ist äußerst schwierig, denn viele unterschiedliche Fachbereiche befassen sich mit diesem Konstrukt und untersuchen jeweils nur
die Teilaspekte, die in ihrem Bereich von Interesse sind. „One would readily com-
pare attempts to define social competence to the proverbial tale about the blind

men who study the elephant, each only having one piece of the elephant's anatomy in hand, but none stepping back to grasp a perspective of the entire pachyderm" (Meichenbaum, Butler & Gruson, 1981, S. 37).

Dennoch wiederholen sich in den unterschiedlichen Definitionen bestimmte Teilaspekte und können als Kernpunkte herausgearbeitet werden. Die kommenden Abschnitte geben einen Überblick über die ersten Forschungsarbeiten zu Sozialkompetenz sowie über die Ansätze der unterschiedlich motivierten Forschungsbereiche. Zum Schluss werden wichtige Aspekte herausgearbeitet und zu einer Definition verdichtet.

4.1.1 Erste Ansätze

Edward Lee Thorndike gab 1920 den Anstoß zu zahlreichen Diskussionen über das Konstrukt der sozialen Kompetenz. In seinem Aufsatz „Intelligence and its uses" nimmt er eine Aufteilung der menschlichen Intelligenz in drei Bereiche vor (vgl. Thorndike, 1920, S. 228):

1. Mechanische Intelligenz als Fähigkeit, Gegenstände und Mechanismen zu begreifen

2. Abstrakte Intelligenz zur Erfassung von Ideen und Symbolen

3. Soziale Intelligenz als „ability to understand and manage men, women, boys and girls — to act wisely in human relations"

Auch andere Wissenschaftler nahmen den von Thorndike geprägten Begriff der „sozialen Intelligenz" mit Begeisterung auf und versuchten, ihn abzugrenzen. „The sociable individual may be defined as the individual who has the ability to get on agreeably with his fellow men, who is inclined or adapted for society, who is friendly and above all easy to talk to. He is companionable and fond on mingling with others; he seems to enjoy people and likes to be with them and talk to them much of the time" (Gilliland & Burke, 1926, S. 315 zit. n. Ptok, 1999, S. 61).

In den ersten Jahrzehnten ging die Intelligenzforschung der Frage nach, ob es Menschen gibt, die über eine universelle Fähigkeit zur Bewältigung von sozialen Situationen verfügen. Bisher konnte die Existenz von sozialer Intelligenz als universelle

Fähigkeit nicht nachgewiesen werden, so dass man heute davon ausgeht, dass soziale Fähigkeiten jeweils nur für spezifische soziale Situationen erworben werden und nicht ohne Weiteres auf andere Situationen übertragbar sind (vgl. Frey & Greif, 1994, S. 312). Viele Autoren sind heute dazu übergegangen, den Begriff der „sozialen Kompetenz" zu verwenden, um die Situationsspezifität und insbesondere die Veränderbarkeit der sozialen Fähigkeiten besser zum Ausdruck zu bringen (vgl. ebd.). Soziale Kompetenzen sind erlernbare Fähigkeiten.

4.1.2 Unterschiedlich motivierte Ansätze

Innerhalb der Forschung und Praxis hat das Konstrukt „Sozialkompetenz" etwa seit Anfang der siebziger Jahre beachtlich an Bedeutung gewonnen. Von 1974 - 1991 waren 1271 Arbeiten in den „Psychological abstracts" aufgeführt, die die Stichworte „social competence", „social skill" und „interpersonal competence" enthielten (vgl. Riemann & Allgöwer, 1993, S. 153).

Zum Begriff der Sozialkompetenz finden sich Ansätze aus den verschiedensten Forschungsbereichen, z.b. der Persönlichkeitspsychologie, der Verhaltenstherapie, der Sozialpsychologie, der Pädagogischen Psychologie und der Organisationsgestaltung.

Im Bereich der Persönlichkeitspsychologie entwickelte Mischel (1973) ein Konzept von Kompetenzen, das beschreibt, in welchem Ausmaß eine Person imstande ist, angemessenes Verhalten zu erzeugen, welches zu günstigen Konsequenzen führt. Analog dazu haben Goldfried und D´Zurilla (1969) ein verhaltensanalytisches Modell zur Diagnostik von Kompetenzen entwickelt. Die Kompetenzen einer Person werden festgestellt, indem man ermittelt, inwieweit sie auf eine bestimmte Anzahl von Alltagssituationen effektiv reagieren kann.

Im Bereich der Verhaltenstherapie definierte Schröder (1984b, S. 34) soziale Kompetenzen als „psychologische Handlungsvoraussetzungen, die zur Bewältigung definierter interpersonaler Kommunikations- und Kooperationsanforderungen notwendig sind und eine bedürfnisgerechte Teilhabe an gesellschaftlicher Realitätskontrolle ermöglichen." Für Fliegel, Groeger, Künzel, Schulte & Sorgatz (1993, S. 94) bestehen soziale Fähigkeiten darin, einen Kompromiss zwischen Selbstverwirklichung und sozialer Anpassung zu finden.

Argyle (1975) betrachtete, aus sozialpsychologischer Perspektive, Sozialkompetenz als ein Profil spezifischer Fähigkeiten, die er in drei Klassen einteilte:

Tabelle 4.1: Dimensionen sozialen Verhaltens (vgl. Argyle, 1975, S. 313)

Motivation	1. Extraversion und Affiliation
	2. Dominanz – Submission
	3. Gelassenheit – soziale Ängstlichkeit
Übersetzung und Fertigkeiten	4. Belohnungsfunktion
	5. Interaktionsfertigkeiten
Wahrnehmung und Rückkopplung	6. Wahrnehmungsmäßige Sensitivität
	7. Fähigkeit, sich in Rollen zu versetzen

Im Bereich der pädagogischen Psychologie wurde ein Zusammenhang zwischen Sozialkompetenz und Selbstsicherheit hergestellt. Sogenannte Selbstsicherheits- oder Assertiveness-Trainings sahen als Therapieziel die Entwicklung von Sozialkompetenz (vgl. Mehl, 1999, S. 25). Zimmer (1978) definiert Sozialkompetenz als „komplexes Gefüge von Wahrnehmungs-, Denk- und Handlungsfertigkeiten, die durch die Notwendigkeiten sozialen Zusammenlebens bestimmt werden". Analog unterscheidet Döpfner (1989, S. 2) zwischen der kognitiven, emotionalen und aktionalen Sozialkompetenz.

Eher praxisorientiert sind dagegen die Definitionsversuche aus dem Bereich der Organisationsgestaltung. Hier werden vielfach lange Listen von Fähigkeiten aufgezählt, die notwendig sind, um sich in der Interaktion mit anderen Personen erfolgreich zu verhalten. Dazu gehören für Münch (1984, S. 139) die Fähigkeit und Bereitschaft zu kritischem Denken, zu reflektiertem und verantwortlichem Handeln, zu Kooperation und Kommunikation, zu Mobilität und Flexibilität und zu dauerndem Lernen. Lang (2000, S. 353) sieht soziale Kompetenz als „die Fähigkeit eines Mannes oder einer Frau, mit anderen Personen beiderlei Geschlechts aus allen gesellschaftlichen Schichten angemessen umgehen zu können." Ein sozial kompetenter Mensch ist für Lang „einfühlungsfähig, verständnisvoll, selbstkritisch, kommunikations-, kontakt- und beziehungsfähig und verhält sich partnerschaftlich, umsichtig, vorurteilsfrei, kompromissfähig, tolerant und fair". Solche Listen können unendlich fortgesetzt werden.

Viele der aufgezählten Fähigkeiten und Eigenschaften fließen ineinander über oder bedingen sich gegenseitig. Beispielsweise setzt die oft geforderte Teamfähigkeit ein gewisses Maß an Kommunikations-, Kooperations- und Koordinationsfähigkeit voraus.

Nach Betrachtung dieser unterschiedlichen Perspektiven ist deutlich geworden, wie vielfältig die Forschungsansätze sind. Eine einheitliche Definition von Sozialkompetenz gibt es nicht. Trotzdem lassen sich einige wichtige Aspekte herausarbeiten.

4.1.3   Wichtige Aspekte der Definition

Anwander (1992, S. 8) versteht soziale Kompetenzen als „Fähigkeiten, die helfen, zwischenmenschliche Beziehungen besser zu gestalten". Auf das Arbeitsleben bezogen ist Sozialkompetenz die Voraussetzung für „Kommunikation und Interaktion mit Kollegen, Vorgesetzten, Untergebenen und Kunden" (Friede, 1993b, S. 11). Als erstes zentrales Definitionselement wird der Interaktionskontext genannt. Soziale Kompetenz zeigt sich in der Interaktion mit anderen Individuen in der Art und Weise ihres Verhaltens ihren Mitmenschen gegenüber (vgl. Schuler & Barthelme, 1995. S. 81).

Soziale Situationen unterscheiden sich durch die Zeit, den Ort und die Interaktionspartner. Sie stellen Anforderungen an die Beteiligten, zu deren Bewältigung gewisse Fähigkeiten vorausgesetzt werden. Sozial kompetentes Verhalten ist also auch die Fähigkeit zur „Produktion von situationsangemessenem Verhalten" (Udris, 1993, S. 102). Das Individuum wählt das angemessene Handeln aus einem Verhaltensrepertoire aus, entsprechend der jeweiligen Situation und ihren Erfordernissen. Grundlagen für die Wahl sind gesellschaftliche Normen und Rollenvorgaben (vgl. Schuler & Barthelme, 1995, S. 81) oder auch die Maßstäbe der Moral (vgl. Kohlberg, 1974, zit. n. Friede, 1993b, S. 40).

Der Definitionsansatz von Rudow & Burger (1999, S. 14) bringt zwei weitere wichtige Elemente ein. Soziale Kompetenzen sind für sie „Fähigkeiten und Fertigkeiten, die in der sozialen Interaktion mit Mitarbeitern, Kollegen und Vorgesetzten zur gemeinsamen Aufgabenerfüllung und Zielerreichung bei Anwendung angemessener Mittel benötigt werden". Ein wichtiger Faktor bei der Auswahl von Verhalten ist der Versuch, Interaktionsprozesse zu optimieren zur erfolgreichen Realisierung von Zielen und Plänen (vgl. Heyse & Erpenbeck, 1997, S. 51). Zur Zielrealisierung sind geeignete Mittel auszuwählen, die „langfristig ein Maximum an positiven und ein Minimum an negativen Konsequenzen für eine an der Interaktion beteiligte Person mit sich bringt" (Riemann & Allgöwer, 1993, S. 153). Neben der Zielrealisierung, stellt Zweckrationalität das vierte wichtige Definitionselement dar und wird häufig auch als „Balanceakt zwischen Selbstverwirklichung und gelungener Anpassung an Normen, Werte und Anforderungen durch Dritte" (Faix & Laier, 1996, S. 64) oder zwischen EGO und ALTER (Abbildung 4.2) gesehen. Zusammengefasst ergeben sich

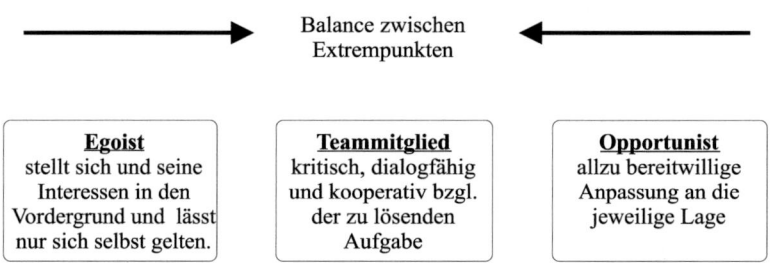

Abbildung 4.2: Balance zwischen EGO und ALTER (Eigene Darstellung)

die vier zentralen Definitionselemente, die den Rahmen des Begriffs „Sozialkompetenz" klarer abstecken und den Bedeutungsgehalt präziser festlegen (vgl. Schuler & Barthelme, 1995, S. 81):

1. Interaktionskontext: Art und Weise des interpersonalen Handelns

2. Situationsspezifität: Beobachtung der Merkmale der konkreten Situation

3. Zielgebundenheit: Auswahl und Steuerung des eigenen Verhaltens anhand von Zielsetzungen

4. Zweckrationalität: Berücksichtigung und Auswahl der zur Zielrealisierung dienlichen Mittel

4.2   Die Handlungskompetenz

Damit der Mensch sich in der natürlichen, technischen, kulturellen und sozialen Umwelt zurecht findet, ist nicht allein die soziale Kompetenz eine Voraussetzung, sondern ein wesentlich umfassenderes Kompetenzgefüge, die sogenannte Handlungskompetenz. Sie umfasst die „Gesamtheit aller internen Repräsentationen (Pläne, Schemata, Programme, psychische Strukturen) [...], die einer Person zur Auseinandersetzung mit sich und seiner Umwelt sowie deren Aneignung zur Verfügung stehen" (Ulrich & Frei, 1980, S. 74). Handlungskompetenz ist zum Leitbegriff der Berufsbildung geworden und wird heute vielfach auch unter dem Begriff „Schlüsselqualifikationen" propagiert. Die ausschließliche Vermittlung fach- und berufstheoretischen Wissens ist heute nicht mehr ausreichend. Um die technologischen Veränderungen bewältigen zu können, sind fächerübergreifende Qualifikationen notwendig, die eine ständige Anpassung vorhandenen Wissens an neue Anforderungen ermöglichen (vgl. Lenzen, 1998, S. 32).

Berufliche Handlungskompetenz geht von einer ganzheitlichen Sichtweise menschlicher Tätigkeit in einem sozialen Kontext aus. Darunter sind sowohl kognitive Aspekte als auch motivationale, emotionale und soziale Aspekte menschlichen Handelns zu verstehen (Sonntag & Schaper, 1992, S. 187). Neben fachlichen, tätigkeitsbezogenen Kenntnissen gehören auch Fähigkeiten wie Lernbereitschaft, Kommunikationsfähigkeit, Kooperationsfähigkeit, Toleranz, Teamfähigkeit, Wissensmanagement, Selbstbewusstsein u. a. m. zu den beruflichen Anforderungen. Berufliche Handlungskompetenz wird in folgende Kompetenzbereiche eingeteilt:

- Fachkompetenz

- Methodenkompetenz

- Personale Kompetenz

- Sozialkompetenz

In den folgenden Abschnitten werden die einzelnen Kompetenzbereiche erläutert und voneinander abgegrenzt.

4.2.1 Fachkompetenz

Fachkompetenz umfasst die Breite und Tiefe der Kenntnisse und Erfahrungen in einem Fachgebiet und an seinen Schnittstellen nach außen sowie die Beherrschung der Fertigkeiten in der Anwendung des Wissens und der Verknüpfung seiner Elemente (vgl. Heyse und Erpenbeck, 1997, S. 57). Theoretische Kenntnisse sowie praktisches Handlungswissen und intellektuelle und handwerkliche Fertigkeiten wurden einmal durch Lernprozesse erworben und können weiter ausgebaut werden (Lang, 2000, S. 33). Einmal erworbene Fachkenntnisse reichen nicht aus, um während des ganzen Berufslebens als Arbeitnehmer attraktiv zu bleiben. Neben dem Grundwissen benötigt der Mitarbeiter die Fähigkeit, seine berufliche Grundqualifikation in seinem fachlichen Bereich ständig zu aktualisieren und zu erweitern (vgl. Lenzen, 1998, S. 43).

Mögliche Bestandteile der Fachkompetenz sind (vgl. ebd.):

- Kenntnis und Beherrschung technischer Regeln, Verfahren und symbolischer Darstellungsformen des Entwurfs.

- Handhabung, Wartung und Instandsetzung technischer Objekte und Systeme sowie ihre Veränderung.

- Fähigkeit zu abstraktem, logischem, analytischem und integrierendem Denken.

- Fähigkeit zum Denken in System- und Prozesszusammenhängen.

- Fähigkeit zum Wissens- und Systemtransfer.

- Formulierung von Anforderungen an ein (Arbeits-)Produkt.

- Dokumentation von Arbeitsschritten, Prozessen und Ergebnissen.

- Kritische Reflexion der eigenen Arbeitsergebnisse.

Mit Fachkompetenz ist also nicht nur spezielles Fachwissen gemeint, sondern vor allem die Fähigkeit, sich lebenslang selbstständig weiterzubilden.

4.2.2 Methodenkompetenz

Die „Methode" wird als ein planmäßiges Verfahren verstanden, das nicht dem Zufall überlassen wird (vgl. Lang, 2000, S. 57). Heyse & Erpenbeck (1997, S. 57) verstehen unter Methodenkompetenz „die Kenntnis und Beherrschung von Techniken, Methoden und Vorgehensweisen zur Strukturierung von individuellen Tätigkeiten wie von Gruppenaktivitäten in den verschiedenen Fachgebieten [...], welche die Durchführung der Tätigkeiten und die Erreichung gemeinsamer Arbeitsziele ermöglichen oder erleichtern." Lenzen (1998, S. 44) versteht unter Methodenkompetenz nicht nur die Fähigkeit zum zielgerichteten, planmäßigen Verfahren, sondern auch die Bereitschaft dazu.

Vor wenigen Jahren noch wurden die zu erledigenden Tätigkeiten vom Vorgesetzten mit eindeutiger Aufgabenstellung, Zeitvorgabe und eindeutigen Handlungsraster an die Mitarbeiter verteilt. Heute dagegen setzen sich selbstständige und selbstgesteuerte Arbeits- und Problemlösungsprozesse im Rahmen von Arbeits- und Projektteams sowie teilautonomen Arbeitsgruppen zunehmend durch. Damit gewinnen methodische Fertigkeiten zur Arbeits- und Aufgabenbewältigung immer mehr an Bedeutung (vgl. Lenzen, 1998, S. 44).

Eine Studie von Rudow & Burger (1999, S. 16-17), die den Bildungsbedarf von Führungskräften in Sachsen-Anhalt untersuchte, kam zu dem Ergebnis, dass im Bereich der Methodenkompetenz der größte Qualifizierungsbedarf besteht. Methodenkompetenz wird hier definiert als „Kenntnis und effektive Anwendbarkeit aller Methoden, Verfahren und Techniken, die für die Bewältigung von Führungsaufgaben und -problemen benötigt werden". Branchen- und berufsübergreifend wurden mit Hilfe eines Fragebogens Führungskräfte kleiner und mittelständischer Unternehmen nach der Notwendigkeit der Qualifizierung im Bereich der Fach-, Methoden-, Sozial- und Persönlichkeitskompetenz befragt.

Einen Überblick über einige Bestandteile der Methodenkompetenz gibt Bunk (1994, S. 11):

- variable Arbeitsverfahren

- situative Lösungsverfahren

- Problemlösungsverfahren

- selbstständiges Denken und Arbeiten

- Planen, Durchführen und Kontrollieren

- Umstellungsfähigkeit

Gerade aufgrund des schnellen technologischen Fortschritts ist die Fähigkeit zum selbstständigen Erschließen von Informationen von besonderer Bedeutung. Dazu gehört die Bereitschaft sich zu informieren, der angemessene Umgang mit Fachliteratur, Datenbanken und Computersystemen sowie die Fähigkeit zur Auswertung von Statistiken und zur Benutzung von Medien.

4.2.3 Personale Kompetenz

Soziale Kompetenz und personale Kompetenz liegen sehr dicht beieinander und fließen teilweise ineinander. So setzt ein sozial kompetenter Umgang mit anderen Menschen die Wahrnehmung und Steuerung der eigenen Persönlichkeit voraus. Einige Autoren trennen diese beiden Kompetenzbereiche nicht, sondern unterscheiden innerhalb der „Sozialkompetenz" zwei Hauptaspekte (vgl. Faix & Laier, 1996, S. 62):

1. Entfaltung der Persönlichkeit

2. Fähigkeit, in der Gemeinschaft zu leben, zu arbeiten und Verantwortung zu übernehmen und aktiv an der gesellschaftlichen Entwicklung mitwirken

Gemäß dem Definitionsaspekt „Interaktionskontext" aus Abschnitt 4.1.3 wird in dieser Arbeit eine Trennung von personaler Kompetenz (zum Umgang mit der eigenen Person) und sozialer Kompetenz (zum Umgang mit anderen Menschen) vorgenommen.

„Unter personaler Kompetenz ist die Gesamtheit der verhaltensrelevanten Persönlichkeitsmerkmale und Verhaltensdispositionen zu verstehen, die in unterschiedlichen
sozialen Situationen den erfolgreichen Einsatz von Kenntnissen und Fähigkeiten er-
lauben oder motivieren und initiieren und der jeweils spezifischen Verhaltensausrich-
tung einer Person zugrunde legen" (Heyse & Erpenbeck, 1997, S. 59). Friede (1993b,
S. 39) sieht personale Kompetenz als Fähigkeit, Anforderungen und Erwartungen
der Umwelt selbstständig zu durchdenken, zu beurteilen und die eigenen Reaktionen
darauf zu reflektieren.

Bestandteile der personalen Kompetenz sind die Gesamtheit der Einstellungen zur
eigenen Person (Selbstkonzept), die Reflexion eigener Einstellungen und Verhaltensweisen (Selbstwahrnehmung) sowie die bewusste Steuerung des eigenen Verhaltens
(Selbstregulierung).

Eine einheitliche Definition des „Selbst" gibt es nicht. Es wird von manchen Autoren
gleichgesetzt mit dem theoretischen Konstrukt der „Persönlichkeit". Andere sehen
das „Selbst" als Prozess, das als dynamische Instanz gewisse Funktionen ausübt,
oder als Potenzial zu Verwirklichung der Erlebnis- und Verhaltensmöglichkeiten.
Außerdem gibt es Konzepte hinsichtlich dem „Selbst" als Inbegriff der vielen sozialen
Rollen sowie „Selbst" als Wahrnehmung und Bewertung einer Person in Bezug auf
sich selbst (vgl. Frey & Greif, 1994, S. 281).

Frey & Greif (1994, S. 281) sehen das „Selbstkonzept" als die Gesamtheit aller selbst-
bezogenen Kognitionen, Evaluationen bzw. Bewertungen und Intentionen. Es umfasst Einstellungen zur eigenen Person, Rollenerwartungen, Urteile und Werthaltungen in Bezug auf das eigene Verhalten, die eigenen Fähigkeiten und Eigenschaften
(vgl. Lang, 2000, S. 212). Das Selbstkonzept ist gegründet auf Selbstbewusstsein,
Selbstvertrauen und Selbstwertgefühl, auf Werte, Interessen, Sinnvorstellungen und
auf ein gesundes Dominanzstreben, z. B. in Form von Entschlossenheit, Initiativfä-
higkeit und Zielorientierung (vgl. Heyse & Erpenbeck, 1997, S. 59).

Fünf Merkmale charakterisieren das Selbstkonzept (vgl. Lang, 2000, S. 213):

1. Es stimmt Verhaltensabläufe aufeinander ab und reguliert sie.

2. Es ist dynamisch – aktiv, kraftvoll und zu Veränderung fähig.

3. Es interpretiert und organisiert Handlungen und Erfahrungen von personaler und sozialer Bedeutung.

4. Durch Anreize, Pläne, Regeln beeinflusst es Motive und Verhalten.

5. Durch Reaktion auf Rückmeldung passt es sich berechtigten Anforderungen der Umwelt an.

Selbstwahrnehmung ist die Fähigkeit, die eigene Person und die Wechselwirkung mit dem sozialen Umfeld zu erkennen und zu reflektieren. Sie beruht auf objektiver Selbstwahrnehmung, der Kenntnis der eigenen Stärken und Schwächen, der Fähigkeit zu konstruktiver Selbstkritik und Selbstentwicklung sowie dem angemessenen Umgang mit den eigenen Unsicherheiten, Ängsten, Wünschen und Emotionen (vgl. Heyse & Erpenbeck, 1997, S. 59).

Unter Selbstregulierung wird der bewusste Umgang mit Emotionen und Begeisterungsfähigkeit sowie die Kontrolle und Steuerung des Verhaltens verstanden. Überlegtheit, Gründlichkeit, geistige Konzentration sowie ein Denken in Gesamtzusammenhängen fördern Realisierung von Zielen und Plänen.

4.2.4 Soziale Kompetenz

Wie in Abschnitt 4.1.3 herausgearbeitet, wird Sozialkompetenz als die Fähigkeit zur Interaktion mit anderen Menschen verstanden, um unter Anwendung angemessener Mittel ein gemeinsames Ziel zu realisieren.

Soziale Kompetenz ist der Erfolgsfaktor für den Einzelnen, die Unternehmen und die Gesellschaft. Sie steht und entsteht immer im Spannungsfeld Individuum – Gemeinschaft (Abbildung 4.3) und bildet die Grundvoraussetzung für das Leben mit anderen, sei es Familie, Freundeskreis, Schule, Betrieb oder Gesellschaft. Sie wird durch alle diese Sozialisationsinstanzen entscheidend beeinflusst (vgl. Faix & Laier, 1996, S. 71).

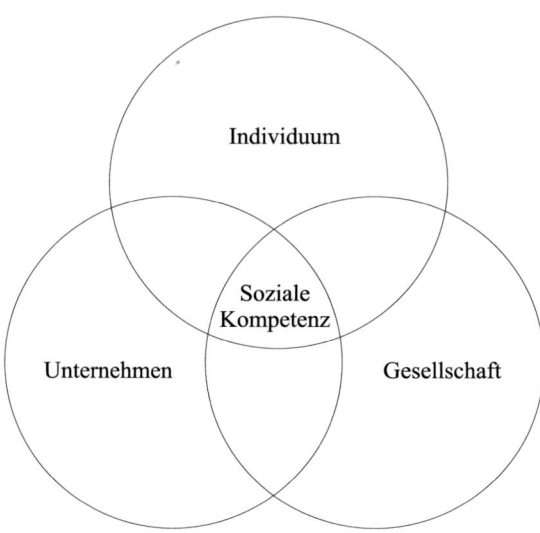

Abbildung 4.3: Soziale Kompetenz im Spannungsfeld von Individuum, Unternehmen, Gesellschaft (Faix & Laier, 1996, S. 71)

Soziale Kompetenz ist kein mechanisches Funktionieren, sondern ein komplexer Prozess aus Wahrnehmungs-, Denk- und Handlungsstrukturen (vgl. ebd.). In seinem Informationsverarbeitungsmodell nimmt McFall (1982, 1990, zit. n. Fydrich & Bürgener, 1999, S. 83) an, dass für sozial kompetentes Verhalten drei Stufen sozialer Fertigkeiten notwendig sind:

1. Dekodierungsfertigkeiten (Wahrnehmen und Erkennen von Hinweisreizen)

2. Entscheidungsfertigkeiten (Auswahl angemessenen Verhaltens)

3. Durchführungsfertigkeiten (konkrete motorische und sprachliche Ausführung und Überwachung von Verhalten)

Aus dieser Einteilung geht bereits hervor, dass es auf der einen Seite verhaltensbezogene, direkt beobachtbare Kompetenzen wie z.B. Kommunikations-, Kooperations- und Koordinationsfähigkeiten gibt, auf der anderen Seite aber auch Fähigkeiten, die soziales Handeln unterstützen bzw. zustande kommen lassen (z.B. Empathie, Sensibilität, interpersonelle Flexibilität) (vgl. Schuler & Barthelme, 1995, S. 85).

Trower (1980, zit. n. Fydrich & Bürgener, 1999, S. 83) unterscheidet zwischen „skill components" und „skill processes". Unter „skill components" versteht er Elemente angemessenen Verhaltens, die gelernt oder beobachtet wurden und im Gedächtnis gespeichert sind. In den entsprechenden Situationen können sie automatisch aktiviert werden. Zu den „skill processes" gehören eine bewusste oder unbewusste, angemessene Wahrnehmung und Interpretation einer sozialen Situation und eine Aktivierung der Elemente angemessenen Verhaltens. Döpfner (1989, S. 2) wählt einen etwas anderen Ansatz. Er unterscheidet zwischen der kognitiven, emotionalen und aktionalen sozialen Kompetenz. Die kognitive Sozialkompetenz beinhaltet eine effektive Informationsverarbeitung sowie eine angemessene Selbst- und Umweltkognition, wohingegen mit emotionaler Sozialkompetenz die Fähigkeit gemeint ist, der Situation angemessene Gefühle zu entwickeln und auszudrücken. Aktionale Sozialkompetenz beinhaltet verbale und nonverbale Fertigkeiten sowie deren angemessene Kombination.

Das Prozessmodell von Hinsch & Pfingsten (Abbildung 4.4), das den Ablauf und die Generierung von sozial kompetentem Verhalten in einfacher Form abbilden soll, greift viele dieser Aspekte und Dimensionen auf und setzt sie anschaulich in Beziehung zueinander. Situationen, die soziales Verhalten erfordern, sind gekennzeichnet durch soziale Aspekte wie Alter, Geschlecht, Rollenverhalten, kultureller und gesellschaftlicher Hintergrund. Sie unterscheiden sich hinsichtlich raumzeitlicher Gegebenheiten (Tageszeit, Ausstattung des Raumes, usw.) und aufgrund von persönlichen Bedingungen, wie z. B. den eigenen Zielen, Intentionen, Interessen oder Stimmungen.

Die aufmerksame Wahrnehmung der Situation und ihrer spezifischen Bedingungen sowie die kognitive Verarbeitung der Situationswahrnehmung verleihen der Situation einen Aufgaben- und Anforderungscharakter. Die Aufgabe wird weiter analysiert und mit früheren Erfahrungen abgeglichen. Ziel des Prozesses ist die Auswahl des zur Bewältigung notwendigen Verhaltens.

Die kognitive Verarbeitung von Situationen bewirkt, dass entsprechende Emotionen und Affekte entstehen. Das könnten beispielsweise Wut, Verunsicherung oder Entschlossenheit sein. Kognitionen bestimmen zwar die Qualität der Emotionen, diese können aber auch wieder auf die Kognitionen zurückwirken. Verunsicherung oder Wut beeinflussen die Auswahl geeigneten Verhaltens ganz erheblich.

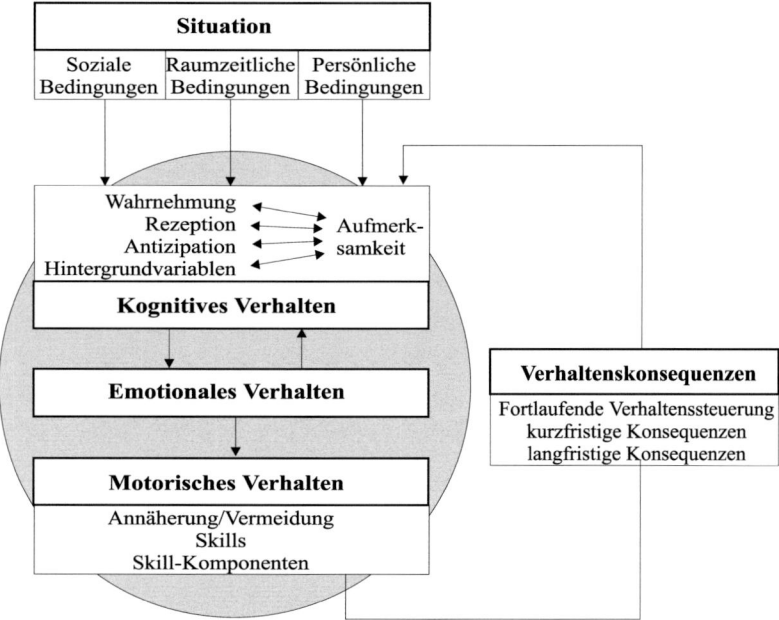

Abbildung 4.4: Prozessmodell sozial kompetenten Verhaltens (Hinsch & Pfingsten, 1998, S. 16)

Die kognitive und emotionale Verarbeitung der Situation mündet in ein bestimmtes, beobachtbares Verhalten, das hier motorisches Verhalten genannt wird. Dieses Verhalten kann sowohl sozial kompetent als auch inkompetent sein. Um sozial kompetent zu handeln, muss eine Aufgabe in Angriff genommen werden. Vermeidungsverhalten steht dem entgegen. Soziale Fertigkeiten (Skills) bestehen aus verschiedenen nonverbalen und verbalen Komponenten. Nonverbale Bestandteile sind z. B. Gesichtsausdruck, Gestik, Blickkontakt, Körperhaltung, Körperkontakt, Intonation und Kleidung. Als verbale Bestandteile finden sich hier die effektive Verwendung von Aufforderungen und Befehlen, Vorschriften, Fragen, Kommentaren, faktischen Informationen, Redewendungen, der Ausdruck eigener Gefühle, Einstellungen und Bedürfnisse. Diese Kombinationen von Reaktionen müssen organisiert und aufeinander abgestimmt sein. Beispielsweise muss ein strenger Tonfall von einem ernsten Gesichtsausdruck begleitet werden, um glaubwürdig zu wirken.

Die objektiven Reize, die durch motorisches Verhalten an die soziale Umwelt ab-
gegeben werden, lösen bestimmte Effekte aus, die auf das Individuum zurückwirken. Aufgrund des Verhaltens der Umwelt wird das motorische Verhalten entsprechend angepasst. Führt das Verhalten zum gewünschten Erfolg, ergeben sich daraus
kurzfristige und langfristige Konsequenzen. Verhaltenseffekte werden erst wirksam,
indem sie kognitiv und emotional verarbeitet und als Erfahrungen abgespeichert
werden.

4.2.5 Handlungskompetenzmodell

Im vorherigen Abschnitt wurden die einzelnen Bereiche der Handlungskompetenz
diskutiert. Nun stellt sich die Frage, wie Fach- und Methodenkompetenz, personale und soziale Kompetenz miteinander in Beziehung gesetzt werden können. Das
Handlungskompetenzmodell von Heyse & Erpenbeck veranschaulicht die Struktur
der Handlungskompetenz.

Das Handlungssubjekt 1, ein Individuum oder ein Unternehmen, steht einer Objektwelt gegenüber, aus der es fachliches Wissen gewinnt. Dadurch erlangt es Wissen, Fähigkeiten und Fertigkeiten, um fachlich kompetente Handlungen auszuführen.
Fachwissen allein reicht aber nicht aus. Das Handlungssubjekt muss auch bestimmte
Methoden beherrschen, um auf der einen Seite sein Fachwissen zu aktualisieren und
zu erweitern und andererseits Problemkonstellationen in der Objektwelt zu erkennen
und Produkte und Prozesse in Beziehung zu setzen. Methodenkompetenz ist erforderlich, um neue Produkte zu schaffen und Prozesse in Gang zu setzen. Fach- und
Methodenkompetenz sind eng miteinander verbunden.

Wissensgewinn und Methodenkompetenz erfordern aber auch stets kommunikative
Prozesse und symbolische Vermittlung. Die Gesamtheit der Fähigkeiten, um mit
anderen Subjekten zu kommunizieren und zu interagieren, wird als Sozialkompetenz
bezeichnet. Sowohl das gegenständlich-instrumentelle Handeln zwischen Subjekt und
Objektwelt, wie auch das kommunikative Handeln zwischen zwei oder mehreren
Subjekten kann nur erfolgreich sein, wenn das Handlungssubjekt 1 seine eigenen
Handlungsvoraussetzungen und Handlungen reflektieren kann. Diese Fähigkeit der
Selbstreflexion kennzeichnet in diesem Modell die personale Kompetenz.

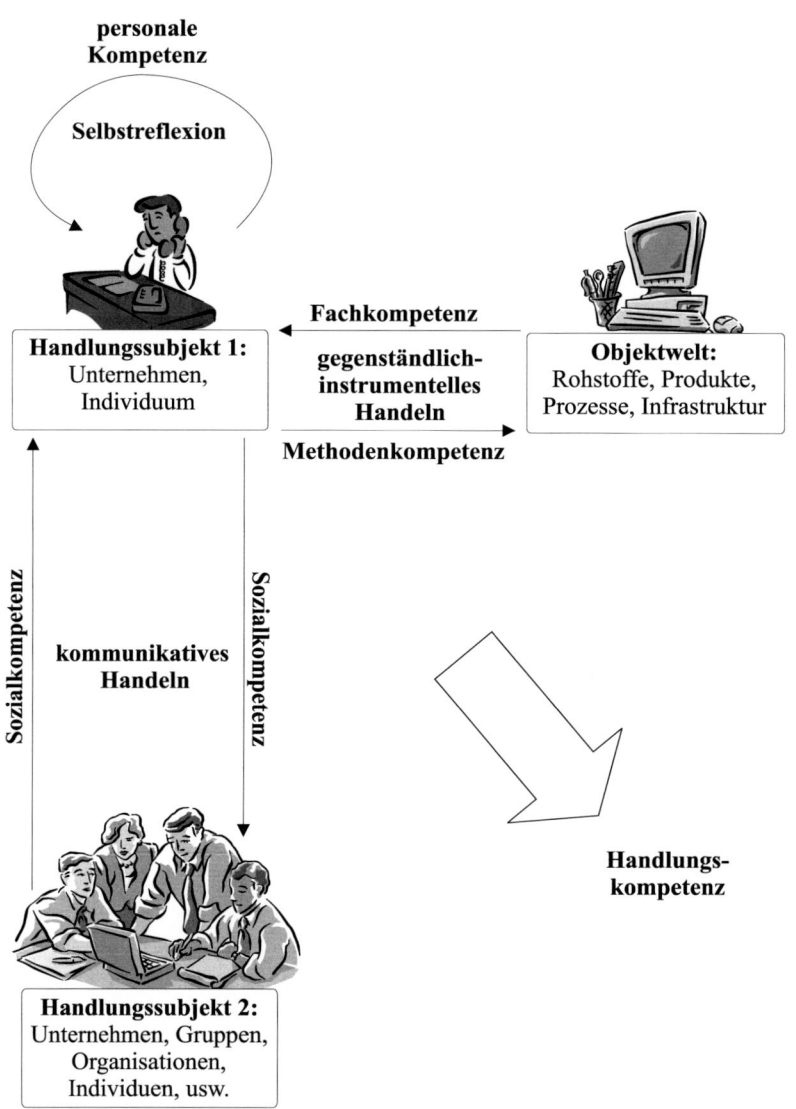

Abbildung 4.5: Handlungskompetenzmodell (vgl. Heyse & Erpenbeck, 1997, S. 75)

Mit diesem Kompetenzmodell werden die Grundkompetenzen (Fach-, Methoden-, personale und soziale Kompetenz) strukturiert dargestellt und die Beziehungen und Verflechtungen beleuchtet. Eine weitere Kompetenz hat sich in den letzten Jahren in diesem Bereich zum Schlagwort entwickelt und soll nun ebenfalls aufgeführt und eingeordnet werden — die emotionale Kompetenz bzw. Intelligenz.

4.3 Emotionale Intelligenz

„Emotionale Intelligenz" beherrscht spätestens seit Daniel Golemans (1996) gleichnamigem Bestseller die Diskussion um die Bedeutung von „soft skills" und „hard facts". Doch in welchem Bezug steht emotionale Intelligenz zu personaler und sozialer Kompetenz? Ist emotionale Intelligenz die Voraussetzung für soziale Kompetenz? Oder gehören soziale Fähigkeiten zur emotionalen Intelligenz?

Der Harvard-Professor David McClelland erforschte seit den 70er Jahren Tausende erfolgreicher Menschen um herauszufinden, was Überflieger anders machen als ihre eher durchschnittlichen Kollegen. Er kam zu dem Ergebnis, dass leistungsstarke Mitarbeiter eine besondere Klugheit auszeichnete, nämlich die emotionale Intelligenz (vgl. Helfrich & Peters, 1999, S. 40).

Daniel Goleman, Schüler von McClelland, durchforstete 500 Competency-Modelle von Unternehmen, die sich an den Eigenschaften der Mitarbeiter orientieren. Er fand heraus, dass die Kompetenzen, die auf emotionalen Fähigkeiten basieren, in der Regel als fast doppelt so wichtig bewertet werden wie kognitive oder technische Fähigkeiten (vgl. Helfrich & Peters, 1999, S. 40). „Je höher wir in der Hierarchie eines Unternehmens kommen, desto wichtiger sind emotional intelligente Fähigkeiten, die ich als E.I.-Fähigkeiten bezeichne. Für Top-Führungskräfte macht ihr Anteil 85 bis 90 Prozent des Anforderungsprofils aus, in manchen Modellen sind es sogar 100 Prozent" (Goleman, 1999a, S. 28).

4.3.1 Was ist emotionale Intelligenz?

„Gefühle werden erlebt. Erleben ist aber kein Erdulden, es sei denn, Sie sind davon überzeugt, dass Sie ihr Leben über sich ergehen lassen. Wenn Sie aber beginnen,

Ihr Leben emotional intelligent zu leben, werden Sie auch Ihr emotionales Erleben steuern" (Scheler, 1999, S. 60).

Unter emotionaler Intelligenz werden Qualitäten wie das Bewusstsein und die Kontrolle der eigenen Gefühle verstanden sowie Einfühlungsvermögen in andere Menschen und die Fähigkeit, seine Emotionen so zu steuern, dass sich die Lebensqualität verbessert (vgl. Steinert, 2002). Emotionale Intelligenz umfasst die Kenntnis der eigenen Emotionen, deren Handhabung, deren Umsetzung in die Tat, Empathie sowie den Umgang mit Beziehungen (vgl. Goleman, 1996, S. 65).

Von der emotionalen Intelligenz zu unterscheiden ist die emotionale Kompetenz. So, wie der IQ die Basis für fachliche Kompetenz bildet, stellt die emotionale Intelligenz die Grundlage für die emotionale Kompetenz dar (vgl. Steiner, 2002). Tabelle 4.2 veranschaulicht emotionale Intelligenz und Kompetenz.

Tabelle 4.2: Emotionale Intelligenz und emotionale Kompetenz (vgl. Goleman, 1999b, S. 25)

Emotionale Intelligenz	Emotionale Kompetenz
Selbstwahrnehmung	Kenntnis sowohl der eigenen Emotionen und ihrer Auswirkungen als auch der eigenen Stärken und Grenzen; ein gesundes Selbstwertgefühl; eine gute Einschätzung der eigenen Fähigkeiten
Selbstregulierung	Kontrolle über Emotionen und Impulse; Orientierung an Aufrichtigkeit und Integrität; Flexibilität und Veränderungsfähigkeit; Offenheit für neue Ideen und Methoden; bereitwillige Aufnahme von Informationen
Motivation	Hoher Leistungsanspruch an sich und andere; Identifikation mit den Zielen des Unternehmens; Bereitschaft zum Ergreifen von Chancen; Positives Denken
Empathie	Die Gefühle und Sichtweisen anderer erfassen und sich in sie hineinversetzen, an ihren Sorgen und Ängsten aktiv Anteil nehmen; Entwicklungsbedürfnisse anderer erfassen und ihre Fähigkeiten fördern; Kundenbedürfnisse erkennen und darauf reagieren
Soziale Fähigkeiten	Sich wirksamer Mittel der Einflussnahme bedienen; unvoreingenommenes Zuhören; überzeugende Botschaften aussenden; einzelne Menschen und Gruppen inspirieren und lenken; Konfliktbewältigung; Aufbau und Pflege nützlicher Kontakte; Gruppensynergien nutzen; Wandel initiieren und steuern

4.3.2   Emotionale Kompetenz in Bezug zur Handlungskompetenz

Wie aber passt die emotionale Kompetenz in unsere Struktur der Grundkompetenzen? Besonders die personale und soziale Kompetenz scheinen Überschneidungen
mit der emotionalen Kompetenz zu besitzen. Selbstwahrnehmung und Selbstregulierung wurden in Abschnitt 4.2.3 der personalen Kompetenz, soziale Fähigkeiten im
folgenden Abschnitt der sozialen Kompetenz zugeordnet. Auch Empathie wird allgemein als soziale Kompetenz betrachtet, da es das Einfühlungsvermögen in andere
Menschen bezeichnet und damit in einer Interaktionssituation zum Erfolg beiträgt.

Aber auch fachliche und methodische Kompetenzen beruhen auf der emotionalen
Kompetenz. Der Umgang mit der Fachkompetenz kann souverän und lernbereit sein
oder auch besserwisserisch oder konkurrenzorientiert. „Oft verbergen sich hinter
„fachlichen" Auseinandersetzungen sowie Rechthabereien latente Selbstvergewisse-
rungs- und Selbstbehauptungsbemühungen" (Arnold, 2001, S. 46). Die emotionale
Erfahrung der Selbstwirksamkeit ist für eigenständiges und selbstgesteuertes Handeln als Basis der Methodenkompetenz grundlegend. Menschen, die früh erfahren
durften, dass sie ihr Leben selbst „in der Hand haben" und gestalten können, verfügen über die emotionale Basis, auf der der Aufbau von Methodenkompetenz erst
möglich ist.

Wie schon im Prozessmodell der Sozialkompetenz in Abschnitt 4.2.4 dargestellt, gibt
es neben der emotionalen Ebene noch zwei weitere, die kognitive und die aktionale
Ebene. Jede der Grundkompetenzen besteht aus diesen drei Dimensionen.

Die kognitive Dimension umfasst die Informationsaufnahme und -verarbeitung von
Reizen innerhalb der eigenen Person und aus der Umwelt. Das können „fachliche"
Reize sein, wie das Wahrnehmen eines störenden Geräusches in einer Maschine.
Anhand des Wissens und der Erfahrung werden, nach kognitiver Verarbeitung des
Reizes, entsprechende Schlüsse zur Lösung des Problems gezogen. Kognition inner-
halb der personalen Kompetenz bezeichnet die Fähigkeit, sich mit Einstellungen und
Werten rational auseinander setzen zu können und diese zu verändern.

Unter der aktionalen Dimension werden Verhaltensfähigkeiten verstanden. Das kann
einerseits nonverbales Verhalten darstellen, z. B. Kommunizieren durch Blickkontakt, Gesichtsausdruck, Tonfall, Körperhaltung usw., andererseits aber auch ver-

bales Verhalten (eine klare Bitte äußern, auf Kritik eingehen, negativen Einflüssen widerstehen, anderen zuhören, helfen usw.). Aktionale Fachkompetenz zeichnet sich z. B. durch handwerkliche Fähigkeiten aus. Kommunikations- und Kooperationsfähigkeit sind Verhaltensbestandteile der Sozialkompetenz. Die Beherrschung von Instrumenten der Methodenkompetenz, wie z. B. Brainstorming, Mindmapping und Moderationstechniken, zeigen ebenso aktionale Kompetenz wie kreatives und selbstkritisches Verhalten im personalen Bereich. Abbildung 4.6 stellt die verschiedenen Kompetenzen dar. Emotionale, kognitive und aktionale Kompetenz bauen nicht aufeinander auf, sondern sind miteinander verflochten und aufeinander angewiesen.

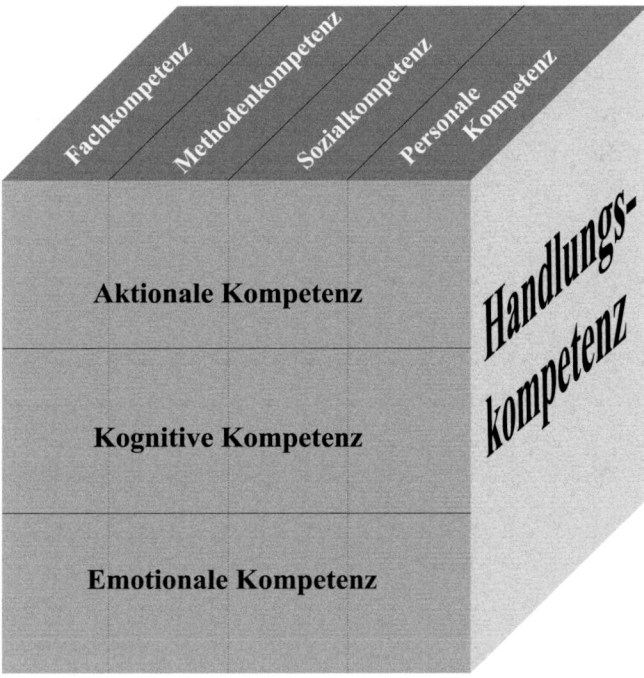

Abbildung 4.6: Emotionale, kognitive und aktionale Kompetenz (Eigene Darstellung)

5. Die wichtigsten Fähigkeiten der sozialen Kompetenz

Nachdem in Kapitel 4 die Sozialkompetenz definiert und, zusammen mit den anderen Grundkompetenzen, in ein Kompetenzmodell eingeordnet wurde, werden nun allgemein einige Elemente des Sozialverhaltens beschrieben. Anschließend wird auf die wichtigsten Fähigkeiten der sozialen Kompetenz eingegangen, die den Erfolg einer Interaktion wesentlich beeinflussen.

5.1 Grundlegende Elemente des Sozialverhaltens

Wenn zwei oder mehr Personen miteinander interagieren, sendet jede bewusst oder unbewusst unterschiedliche hörbare oder sichtbare Signale aus. Die Sprache spielt bei menschlicher Interaktion eine wichtige Rolle, aber auch nonverbale Schlüsselreize können für den Ablauf der Interaktion entscheidend sein. Argyle (vgl. 1975, S. 91-121) stellt die Elemente des Sozialverhaltens anschaulich dar. Er unterscheidet zwischen taktilen und visuellen Reizen, nonverbalen Aspekten des Sprechens sowie verbalem Verhalten. Außerdem misst er der Kombination aus verbalem und nonverbalem Verhalten große Bedeutung bei.

5.1.1 Taktile und visuelle Reize

Taktile und visuelle Reize stellen nonverbales Verhalten in Form von Körperkontakt, räumlicher Nähe, Körperhaltung, Körpererscheinung, Mimik und Gestik sowie Blickrichtung dar.

Körperkontakt

Der Kontakt eines eigenen Körperteils mit dem einer anderen Person ist die ursprünglichste Art sozialen Verhaltens. Die Beziehungen zwischen einem Säugling und anderen Menschen bestehen am Anfang weitgehend aus körperlichen Kontakten, bevor sie mehr durch visuelle (Mimik, Gestik) und auditive Schlüsselreize ersetzt werden. Verschiedene Arten von Körperkontakten sind möglich. Streicheln, Liebkosen, Festhalten, Händeschütteln und Küssen zur Begrüßung gehören ebenso zu Körperkontakten wie das Schlagen eines Menschen. Das Ausmaß an körperlichem Kontakt zwischen Menschen hängt sehr stark vom Alter und der Beziehung zwischen ihnen ab. Außerdem bestehen unterschiedlich große interkulturelle Unterschiede, z. B. in verschiedenen Begrüßungsformen. Deutsche geben die Hand, Franzosen küssen einander auf die Wange und Copper-Eskimos begrüßen Fremde durch einen Faustschlag auf die Schulter. Schmerzloser körperlicher Kontakt zeigt Vertrauen, rauere Arten dagegen treten im Zusammenhang mit Aggression und Gewalt auf (vgl. Argyle, 1975, S. 91-92).

Räumliche Nähe

Wenn zwei Menschen in soziale Beziehung treten, müssen sie entscheiden, wie nahe sie sich kommen wollen. Vier Stufen räumlicher Nähe können unterschieden werden, von „intim" über „zwanglos-persönlich" und „sozial-konsultativ" bis „öffentlich". Unterscheidungsmerkmale sind die angesprochenen Sinne sowie der Abstand zwischen den Personen. Im Bereich des „zwanglos-persönlichen" Abstands von ca. 1,5 Metern ist das Sehen und Hören wichtig, wohingegen in der „intimen" Interaktion der Geruch, die Gefühle und der Geschmack eine Rolle spielen (vgl. Argyle, 1975, S. 94). Jeder Mensch hat einen persönlichen Schutzraum um sich herum, in den er nur unter bestimmten Umständen einen Gesprächspartner hinein lässt. Das Eindringen in diesen persönlichen Raum durch Fremde wird als ausgesprochen unangenehm empfunden (vgl. Gehm, 1999, S. 44).

Körperhaltung

Die Körperhaltung wird ebenfalls von verschiedenen Faktoren beeinflusst. Kulturelle Konventionen, Statusunterschiede sowie gewisse Situationen bestimmen ebenso die Haltung des Körpers wie die Einstellung eines Menschen gegenüber dem Interaktionspartner (vgl. Argyle, 1975, S. 97). In einer Geschichte von Bertolt Brecht kommt die Bedeutung, welche die Körperhaltung bei der Deutung einer Aussage spielt, sehr schön zum Ausdruck:

Zu Herrn K. kam ein Philosophieprofessor und erzählte ihm von seiner Weisheit.
Nach einer Weile sagte Herr K. zu ihm: „Du sitzt unbequem, du redest unbequem,
du denkst unbequem." Der Philosophieprofessor wurde zornig und sagte: „Nicht über
mich wollte ich etwas wissen, sondern über den Inhalt dessen, was ich sagte." „Es
ist kein Inhalt", sagte Herr K. „Ich sehe dich täppisch gehen, es ist kein Ziel, das
du, während ich dich gehen sehe, erreichst. Du redest dunkel, und es ist keine Helle,
die du während des Redens schaffst. Sehend deine Haltung, interessiert mich dein
Ziel nicht" (Brecht, 1977, S. 165).

Die äußere Erscheinung

Die Wirkung auf andere Menschen hängt sehr stark von der äußeren Erscheinung
ab. Die Komponenten, aus denen sich die Attraktivität ergibt, sind Kleidung, Kör-
perbau, Gesicht, Haare und Hände. Aspekte der äußeren Erscheinung sind zum Teil
biologisch vorgegeben, zum Teil können sie aber auch manipuliert werden, um einer
sozialen Norm zu entsprechen oder sich einer bestimmten Gruppe zuzuordnen (vgl
Argyle, 1975, S. 98).

Goldman & Lewis (vgl. 1977, S. 129, zit. n. Ptok, 1999, S. 94) untersuchten den Einfluss eines attraktiven Äußeren auf kompetentes Sozialverhalten. In ihrem Versuch
führten Studenten Telefongespräche mit ihnen unbekannten Frauen und Männern
und wurden von diesen nach dem Gespräch bezüglich „social skill", „anxitiy", „liking"
und „desirability for future interaction" beurteilt. Gleichzeitig wurden die Studenten
durch Dritte bezüglich ihres Aussehens beurteilt. Attraktive Probanden erwiesen sich
dabei in der Interaktion als erfolgreicher. Goldman & Lewis begründen die Ergebnisse damit, dass attraktive Menschen im allgemeinen positivere Interaktions-Erlebnisse
haben und generell mehr Selbstvertrauen und soziale Kompetenz entwickeln.

Mimik und Gestik

Die Mimik ist eine in der Menschheitsgeschichte sehr alte Form des Ausdrucks. Sie
kann als Spiegel angesehen werden, der den inneren Zustand des Interaktionspart-
ners wiedergibt. Über 4000 verschiedene Kombinationen von Bewegungen einzelner
Muskelgruppen im Gesicht sind möglich. Das stellten Ekman & Frieden (1975, zit.
n. Gehm, 1999, S. 38) mit Hilfe von Videostudien fest. In manchen Kulturen ist

es unerwünscht, bestimmte Gefühle zu zeigen. Das führt zu einer „Maskierung" des
Gesichts.

Zur Gestik gehören die Bewegungen der Arme und Hände, die bewusst oder unbewusst das Gesagte untermalen. Sie dienen der Illustration und begleiten und bereichern verbale Äußerungen. Handbewegungen zeigen Gefühlszustände, etwa das
nervöse Spiel mit den Händen in Stresssituationen (vgl. Argyle, 1975, S. 102). Einige statistische Regelmäßigkeiten konnte Krout (1954, zit. n. Argyle, 1975, S. 103)
während der Beobachtung von 100 Versuchspersonen feststellen, z. B. Furcht – Hand
zur Nase, Aggression – geballte Faust, Scham – Finger an die Lippen, Frustration –
offene oder zwischen den Beinen baumelnde Hände.

Blickrichtung

Eine Interaktion beginnt oft mit einem längeren Blickkontakt, der anzeigt, dass jeder
bereit ist, mit dem anderen zu interagieren (vgl. Argyle, 1975, S. 104). Blickkontakt
signalisiert Offenheit und Interesse und wird häufig als Aufforderung zum Sprechen
erlebt. Ein intensiver Blickkontakt kann einen Sprechenden aber auch verstummen
lassen (vgl. Gehm, 1999, S. 36). Auch das Bedürfnis nach Rückmeldung über die
Reaktionen anderer beeinflusst die Blickrichtung. Im Gespräch schaut der Sprecher
den Zuhörer an um zu sehen, ob dieser zuhört und ob das Gesagte verstanden wurde.
Zu viel Augenkontakt wird als unangenehm und störend empfunden, z. B. wenden
Tiere ihren Blick vor Angreifern ab (vgl. Argyle, 1975. S. 108).

5.1.2 Nonverbale Aspekte des Sprechens

Nonverbale Aspekte des Sprechens sind Merkmale der Stimme, die sich in der Laut-
stärke, der Stimmlage, der Modulation, dem Sprechtempo oder im Setzen von Pausen
unterscheiden können. Die Intonation der Stimme beeinflusst ebenfalls, wie auch die
visuellen und taktilen Reize, die soziale Interaktion mit anderen Menschen.

Die zeitliche Abstimmung des Sprechens

Die Länge, Häufigkeit und Anzahl von Äußerungen und Pausen, die Länge der Pausen vor einer Antwort sowie die Häufigkeit von Unterbrechungen, die Reaktion auf
Unterbrechungen und die Reibungslosigkeit der zeitlichen Abstimmung kennzeich-

nen soziales Verhalten. Manche Menschen reden viel, andere wenig oder machen vor jeder Antwort lange Pausen (vgl. Argyle, 1975, S. 109). Lange Pausen zwischen den Worten lassen die Aussage gewichtiger und überlegter erscheinen. Wenn statt einer wichtigen Aussage etwas Unwichtiges gesagt wird, dann entsteht beim Zuhörer ein Widerspruch zwischen dem Inhalt und der Form der Botschaft (vgl. Gehm, 1999, S. 43).

Der emotionale Tonfall von Äußerungen

In manchen Sprachen werden Bedeutungsvariationen durch Veränderung der Tonhöhe signalisiert. In den europäischen Sprachen ist das zwar nicht der Fall, aber auch hier werden Emotionen, wie z. B. Begeisterung oder Widerstreben, über den Tonfall mitgeteilt. Eldred & Price verglichen Reaktionen mit physikalischen Messungen und versuchten damit einige Emotionen in verbale Schlüsselreize zu übersetzen (Eldred & Price, 1958, zit. n. Argyle, 1975, S. 110):

- unterdrückte Wut: hohe und laute Stimme, schnelles Sprechen, Abbrechen

- offene Wut: hohe und laute Stimme, schnelles Sprechen, kaum Abbrechen

- offene Depression: tiefe und schwache Stimme, langsames Sprechen, verstärktes Abbrechen

- Angst: verstärktes Abbrechen in schneller Folge

Sprechfehler

Sprechfehler verschiedener Art kommen ständig vor. Das können Zwischenlaute wie „äh" oder „emm", Satzveränderungen, Wiederholungen, Stottern, Auslassungen, unvollendete Sätze, Versprechen oder die Einführung eines unpassenden Lautes sein. Bis auf die Zwischenlaute scheinen die Sprechfehler zuzunehmen, wenn der Sprecher Angst hat. Die Zwischenlaute treten dagegen vermehrt auf, wenn die Sprechaufgabe schwieriger wird. Sie haben die Funktion, Sprechpausen zu überbrücken und das Wort zu behalten (vgl. Argyle, 1975, S. 112).

5.1.3   Verbales Verhalten

Das nonverbale Verhalten des Menschen zur Anzeige von Emotionen oder interpersonalen Einstellungen ähnelt dem von Primaten in vielerlei Hinsicht. Der große
Unterschied zum Primaten liegt darin, dass der Mensch sprechen kann. Verbale Kommunikation ist eine der Hauptformen sozialen Verhaltens (vgl. Argyle, 1975, S. 113).

Verschiedene Arten der Äußerung

Äußerungen können verschiedenen Zwecken dienen, z. B. dem Informationsgewinn,
der Beeinflussung des Verhaltens anderer, der Informationsvermittlung sowie der
Herstellung und Aufrechterhaltung von Beziehungen. Äußerungen haben bestimmte Auswirkungen auf die weitere Interaktion: Fragen führen zu Antworten, Befehle
möglicherweise zu Handlungen. Äußerungen können belohnend und bestrafend wirken. Das Thema eines Gesprächs hat ebenfalls Auswirkungen auf die Interaktion. Es
kann unpersönlich und abstrakt sein oder persönlich und damit Intimität hervorrufen
(vgl. Argyle, 1975, S. 117).

Formelles und informelles Sprechen

Auch in der Struktur der Äußerungen gibt es Unterschiede. Die formelle Sprache ist
dem Schreibstil ähnlich. Mitteilungen enthalten mehr Adjektive und Substantive.
Der formelle Stil wird angewendet, wenn auf Arbeitseffektivität und formelle Organisation Wert gelegt wird. Je entspannter und privater die Situation ist, umso in-
formeller ist auch der Sprachstil. Er ist reich an Wiederholungen, Slang-Ausdrücken
und privaten Abkürzungen.

5.1.4   Kombination aus verbalem und nonverbalem Verhalten

Verbales Verhalten wird immer von nonverbalem begleitet und ist sogar darauf angewiesen. Jeder Interaktionspartner signalisiert ständig seine Aufmerksamkeit, es muss
geregelt sein, wer spricht und wer zuhört, die Interagierenden müssen ihre Absichten
und Einstellungen dem Anderen mitteilen, außerdem begleiten Gesten die Sprache
und illustrieren sie. Im Allgemeinen sollten die nonverbalen die verbalen Elemente'
unterstützen. Da sich verbale Elemente aber leichter beherrschen lassen, entsprechen
beide einander nicht immer. „Ein Redner, der sehr nervös ist, kann vielleicht lächeln

und mit ruhiger Stimme sprechen, aber von Kopf bis Fuß zittern und schwitzen"
(Argyle, 1975, S. 118). Während die rationale Vernunft sich durch Worte ausdrückt,
ist die Sprache der Emotionen nonverbal. Wenn die Worte eines Menschen nicht mit
der Körperhaltung, dem Klang der Stimme oder anderen nonverbalen Verhaltensweisen übereinstimmen, so liegt die Wahrheit darin, „wie" er es sagt, anstatt in dem
„was" er sagt (vgl. Goleman, 1996, S. 129).

5.2 Wichtige Komponenten der Sozialkompetenz

Lange Listen von Fähigkeiten, die nach Meinung der Autoren zu den sozialen Kompetenzen gehören, wurden aufgestellt. Eigenschaften und Fähigkeiten werden dort
aufgezählt, die teilweise sehr unterschiedlich sind, sich teilweise aber auch überschneiden. Tabelle 5.1 gibt einen weiteren Überblick über einige solcher Listen.

Tabelle 5.1: Aufzählungen sozialer Fähigkeiten von verschiedenen Autoren

Hugo-Becker & Becker, 1992	Schuler & Barthelme, 1995	Kastner, 1996
Kommunikationsfähigkeit	kommunikative Fähig-	gutes Kommunizieren
Kooperationsfähigkeit	keiten	Umgang mit Konflikten
Motivation	Kooperations- und	und Widerständen
Menschenkenntnis	Koordinationsfähigkeit	binden, integrieren, soziale
Konfliktfähigkeit	Konfliktfähigkeit	Kontakte knüpfen
	Teamfähigkeit	Visionen, Ziele und Grund-
	Empathie	sätze vermitteln
	Durchsetzungskraft	Teamfähigkeit
	Sensibilität	Verantwortung übernehmen
		Empathie

Die Online-Wirtschaftswoche rät z. B. Bewerbern, sich in den folgenden sozialen Kompetenzen zu üben, um ihre Chancen im Bewerbungsprozess zu erhöhen:

- Etikette und Stil

- Menschenkenntnis

- Höflichkeit

- Kontaktstärke

- Einfühlungsvermögen

- Überzeugungskraft

- Durchsetzungsvermögen

- Kooperationsbereitschaft

- Teamverhalten

- Konfliktfähigkeit

Innerhalb dieser Aufzählungslisten kristallisieren sich dennoch einige Fähigkeiten heraus, die sehr oft genannt werden und dementsprechend als sehr wichtig erachtet werden. Dazu gehören Kommunikations- und Kooperationsfähigkeit, Empathie oder Einfühlungsvermögen, Konfliktfähigkeit und Teamfähigkeit. Ein Schaubild von Preiser (Abbildung 5.1) bringt diese Fähigkeiten in Zusammenhang und stellt sie als grundlegende Voraussetzung für Sozialkompetenz dar. Für Preiser hat die soziale Kompetenz ihren Ausgangspunkt in Selbstvertrauen und Lebensbejahung. Während die Wahrnehmungsfähigkeit und die Fähigkeit zur Selbsteinschätzung Grundlagen von Empathie sind, entwickelt sich im Zusammenhang mit sprachlicher und nonverbaler Ausdrucksfähigkeit und Selbstkontrolle die Kommunikationsfähigkeit. Empathie und Kommunikationsfähigkeit stellen wiederum die Basis für Kooperations- und Konfliktfähigkeit dar, die schließlich kompetentes Sozialverhalten ausmachen.

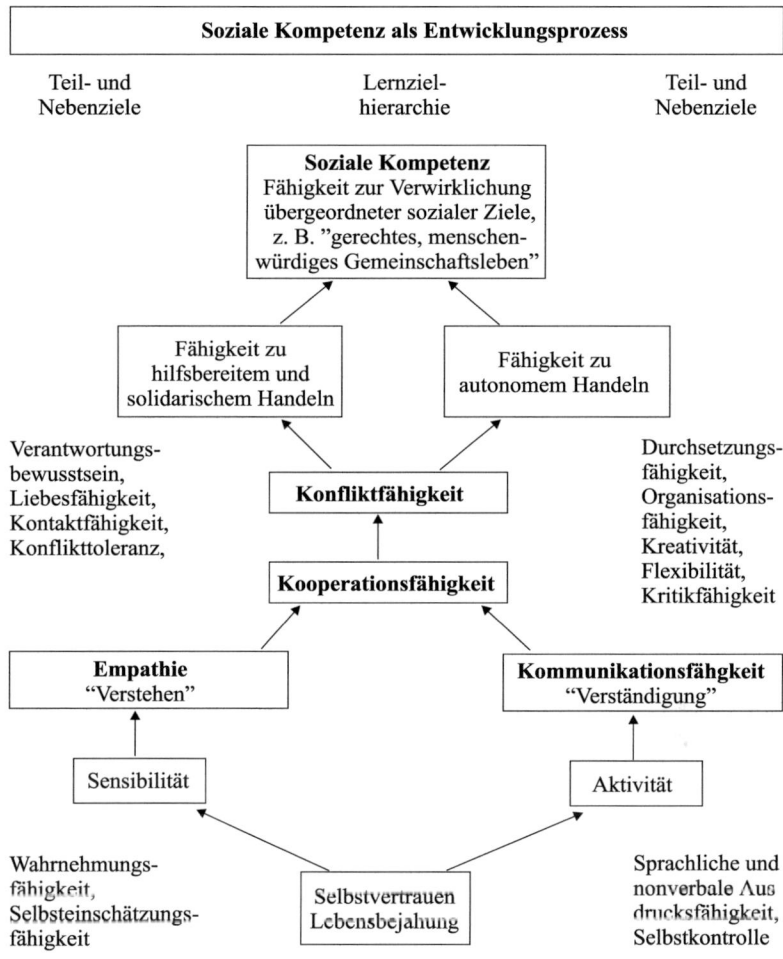

Abbildung 5.1: Soziale Kompetenz als Entwicklung (vgl. Preiser, 1980, S. 191)

Eine andere Darstellung verdeutlicht die Zusammenhänge der Grundkompetenzen. In Abbildung 5.2 ist die Kommunikationsfähigkeit als Basiskompetenz eingetragen, denn auf ihr baut die Kooperations- und Koordinationsfähigkeit auf. Nur wer in der Lage ist zu kommunizieren, kann Kooperationen mit anderen eingehen. Zudem steht hier schon das gemeinsame Handeln im Vordergrund. Kommunikations- und Kooperationsfähigkeit sind wiederum die Voraussetzungen für Teamfähigkeit. Auf jeder der beschriebenen Ebenen ist Konfliktfähigkeit und Empathie erforderlich, wobei mit jeder neuen Stufe die Anforderungen an die Kompetenz der Konfliktfahigkeit steigen. Schon bei einfachen Kommunikationssituationen können Probleme entstehen, die mit zunehmender Teilnehmerzahl und komplexer werdenden Aufgaben zunehmen.

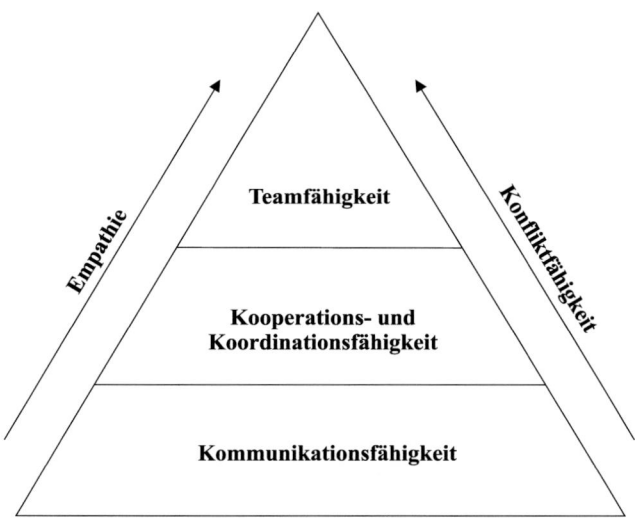

Abbildung 5.2: Stufenmodell der Grundkompetenzen (Eigene Darstellung)

Auch die Ergebnisse der Umfrage heben die besondere Bedeutung der Kommunikations- und Konfliktfähigkeit hervor. Abbildung 5.3 zeigt die wichtigsten sozialen Kompetenzen, die von den Befragten genannt wurden und die Häufigkeiten der Nennungen. Die Begriffe in Klammern enthalten die Fähigkeiten, die dem Oberbegriff zugeordnet wurden, um die Anzahl der Begriffe in der Wertung zu verringern.

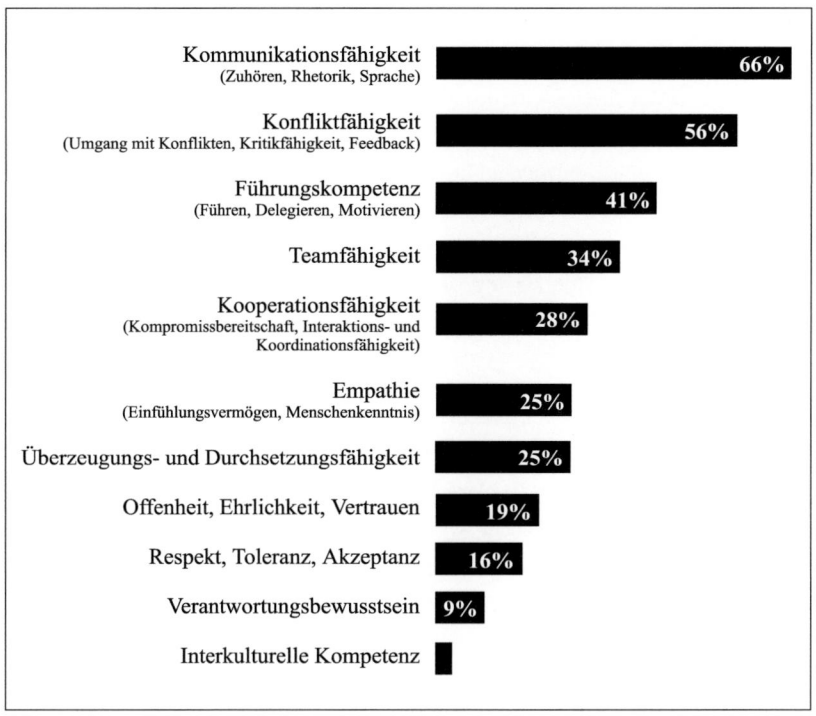

Abbildung 5.3: Die wichtigsten sozialen Kompetenzen

5.3 Empathie

Grundlage der Empathie ist die Selbstwahrnehmung. Je offener mit den eigenen Emotionen umgegangen wird, umso eher können die Gefühle anderer gedeutet werden (vgl. Goleman, 1996, S. 127). Das Erkennen der Emotionen anderer Menschen anhand der Signale nonverbalen Verhaltens ist Voraussetzung für das emotionale Einstellen auf den Gegenüber. Empathie ist die Fähigkeit, sich in Denken, Handeln, Lage und Rolle des Anderen hineinzuversetzen und dessen Reaktionen, Gefühle und Verhaltensweisen zu antizipieren (vgl. Schuler & Barthelme, 1995, S. 87).

Harvard-Psychologe Robert Rosenthal entwickelte den Empathie-Test PONS (Profile Of Nonverbal Sensitivity). Videoaufnahmen zeigen eine junge Frau, die verschiedene

Gefühle von Ekel bis Mutterliebe zum Ausdruck bringt. In jeder Darstellung wurden ein oder mehrere Kanäle nonverbalen Verhaltens systematisch ausgeblendet, z. B. zeigen einige Szenen nur den Gesichtsausdruck, andere wiederum nur Körperbewegungen. Der Test wurde mit 7000 Menschen aus Amerika und weiteren 18 Ländern durchgeführt, die anhand der reduzierten nonverbalen Kanäle die Emotionen der Frau entschlüsseln mussten. Die Tests ergaben, dass diejenigen, welche die Fähigkeit besitzen, Gefühle aus nonverbalen Signalen zu entschlüsseln, emotional besser angepasst, beliebter, extrovertierter und sensibler sind. Frauen sind Männern in empathischen Fähigkeiten überlegen (vgl. Rosenthal, 1977, zit. n. Goleman, 1996, S. 128).

Untersuchungen zufolge lassen sich die Wurzeln von Empathie bis in das Kleinkindalter zurückverfolgen. Für eine Studie wurden Mütter angeleitet, Fälle von empathischem Verhalten bei ihren Kindern festzuhalten. So erzählt eine Geschichte, dass der fünfzehn Monate alte Michael seinen eigenen Teddybär für seinen Freund Paul holte, der laut weinte. Kleinkinder erregen sich praktisch vom ersten Tag, wenn sie ein anderes Kind weinen hören. Marianne Radke-Yarrow und Caroly Zahn-Waxler vom National Institute of Mental Health haben in dieser und in einer Reihe anderer Untersuchungen gezeigt, dass Unterschiede in der empathischen Anteilnahme stark von der Erziehung des Kindes abhängen. Kinder entwickeln mehr Empathie, wenn die Eltern ihre Kinder dazu anhalten, den Kummer zu beachten, den sie anderen Kindern zufügten, anstatt sie deswegen zu schelten (vgl. Goleman, 1996, S. 131).

Nach neuesten neurologischen Befunden beruht Empathie auf dem Mandelkern und seinen Verbindungen zum Assoziationsbereich der Sehrinde. Patienten mit Läsionen im rechten temporoparietalen Bereich der Frontallappen waren plötzlich außerstande, die emotionale Botschaft im Tonfall einer Stimme zu verstehen, obwohl sie die Worte sehr gut verstanden. Patienten mit Schädigungen in anderen Teilen der rechten Hemisphäre konnten ihre eigenen Emotionen nicht mehr durch Stimme oder Gesten ausdrücken. Die betreffenden Bereiche des Kortex hatten starke Verbindungen zum limbischen System (vgl. Goleman, 1996, S. 135).

Gestützt wird die Hypothese durch vergleichende Untersuchungen an Tieren (vgl. Goleman, 1996, S. 135). „Man brachte Rhesusaffen bei, einen bestimmten Ton zu fürchten, indem man ihnen einen Elektroschock versetzte, wenn dieser Ton erklang.

Anschließend brachte man ihnen bei, den Stromstoß dadurch zu vermeiden, dass sie einen Hebel betätigten, sobald der Ton erklang. Schließlich setzte man je einen Affen in zwei getrennte Käfige, zwischen denen nur eine Fernsehverbindung bestand, so dass die Affen das Gesicht des jeweils anderen sehen konnten. Dem ersten Affen, nicht aber dem zweiten, wurde dann der gefürchtete Ton vorgespielt, worauf ein Ausdruck der Furcht in sein Gesicht trat. Im selben Augenblick betätigte der zweite Affe, der die Furcht im Gesicht des ersten sah, den Hebel, der den Elektroschock verhinderte – ein Akt der Empathie" (Goleman, 1996, S. 135).

Im Rahmen einer anderen Untersuchung fing man frei lebende Affen ein, durchtrennte die Verbindung zwischen Mandelkern und Kortex und lies sie wieder frei. Die Affen kamen zurück zu ihrer Horde und konnten die gewöhnlichen Tätigkeiten wie Nahrungsbeschaffung und Klettern auf Bäumen gut ausführen. Sie hatten aber kein Gespür mehr dafür, wie sie emotional auf andere Affen reagieren sollten. Bei jeder freundlichen Annäherung ergriffen sie die Flucht und entwickelten sich schließlich zu Einzelgängern (vgl. ebd.).

Empathie, das emotionale Einstellen auf den Anderen, ist die Grundvoraussetzung für soziale Kompetenz. Nur wer die Emotionen anderer Menschen wahrnehmen und sich emotional anpassen kann, ist fähig, erfolgreich zu kommunizieren, zu kooperieren, Beziehungen aufzubauen, Konflikte zu lösen und erfolgreich ein Gruppenziel zu erreichen.

5.4   Kommunikationsfähigkeit

Spätestens seit Watzlawicks bekanntem Ausspruch „Man kann nicht nicht kommunizieren" ist deutlich geworden, welche wichtige Rolle die Kommunikation spielt. In zahlreichen Büchern, Aufsätzen und Artikeln wurde das Thema ausführlich behandelt und auf die große Bedeutung der Kommunikation im zwischenmenschlichen Bereich hingewiesen. Ohne Kommunikation könnte ein Unternehmen nicht funktionieren. Sie wird dazu verwendet, um Produkte herzustellen und zu vermarkten, Konflikte zu regeln, Mitarbeiter einzustellen und weiterzubilden sowie Unternehmensvisionen und -ziele zu vermitteln. Untersuchungen haben ergeben, dass Führungskräfte im Mittel 69 % ihrer Zeit verbal kommunizieren (vgl. Wahren, 1987, S. 50). „Ein zielorientiertes Handeln eines realen Systems ohne Kommunikation zwischen seinen Elementen und mit der Umwelt (ist) nicht denkbar" (Ulrich, 1970, S. 257). Kommunikation im Unternehmen darf aber nicht nur zweck- und leistungsbezogen gesehen werden, sie erfüllt auch wichtige soziale und emotionale Funktionen. So führt mangelhafte Kommunikation zu „Erfahrungen der Vereinzelung, der Bedeutungs- und Sinnlosigkeit, der Desorientierung" (Neuberger, 1982, S. 8).

Eine einheitliche Definition für den Begriff Kommunikation gibt es nicht, zu sehr hat sich der Begriff in den letzten Jahren mit der Entwicklung der neuen Medien verändert. Merten (1977, S. 42-85) führt in einer Arbeit 160 unterschiedliche Definitionen auf und vergleicht sie miteinander. Der Ursprung des Begriffs Kommunikation liegt im lateinischen Begriff „communicare", d. h. „vereinigen" oder auch „mit jemandem gemeinsam" (vgl. Langenscheidt, 1977, S. 211). Kommunikation führt also zusammen und ist nur in der Gemeinschaft und durch Teilnehmer möglich.

Während eines Kommunikationsprozesses spielen verschiedene Komponenten eine Rolle. Lasswell hat zur Beschreibung des Kommunikationsvorgangs eine Frageformel entwickelt, welche die wichtigsten Kommunikationselemente beinhaltet (vgl. Lasswell, 1948, zit. n. Frey & Greif, 1994, S. 196):

1. **Wer** (Kommunikator, Sender)

2. **sagt was** (Nachricht, Kommunikation, Botschaft, Mitteilung, Information)

3. **zu wem** (Kommunikant, Empfänger, Adressat)

4. **womit** (Zeichen, Signale, verbale und nonverbale Verhaltensweisen)

5. **durch welches Medium** (Kanal, Modalität)

6. **mit welcher Absicht** (Intention, Motivation, Ziel)

7. **mit welchem Effekt**

Um erfolgreich kommunizieren zu können, ist es wichtig, Kenntnisse in Kommunikationsprozessen zu haben und den Ablauf analysieren zu können. Im Folgenden werden einige Kommunikationsmodelle dargestellt, die den Prozess beschreiben und mögliche Probleme aufzeigen. Abschließend werden wichtige Regeln zur Verbesserung der Kommunikation aufgeführt.

5.4.1 Modelle zur Abbildung des Kommunikationsprozesses

Das bekannteste Kommunikationsmodell (Abbildung 5.4) geht zurück auf Shannon & Weaver und hat seine Grundlage im nachrichtentechnischen Bereich. In einer sehr einfachen und allgemeinen Form wird hier Kommunikation als Übertragung einer Nachricht von einem Sender zu einem Empfänger bezeichnet. Wenn die Nachricht, die aus Worten, Sätzen, Tönen, Bildern oder Gebärden bestehen kann, durch den Kanal übertragen wird, besteht die Gefahr, dass Störungen eine Veränderung oder einen Verlust der Nachricht verursachen.

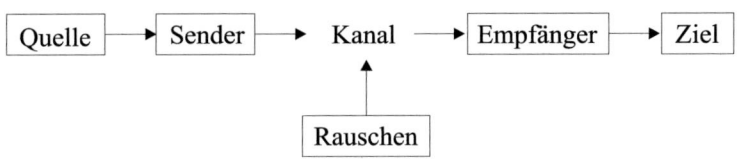

Abbildung 5.4: Das Kommunikationsmodell von Shannon/Weaver (Crott, 1979, S. 17)

Das Modell von Gehm (Abbildung 5.5) unterscheidet unterschiedliche Prozesse, die zur Veränderung der Nachricht beitragen. Zunächst ist das, was gemeint ist, noch lange nicht gesagt. Beim Aussprechen geht meist etwas von den Gedanken verloren. Das hängt damit zusammen, dass bei der Formulierung von gesprochenen Sätzen Gedanken und Gefühle übersetzt werden müssen. Der Sender kodiert sein Anliegen in Sprache, die wiederum bestimmten Grammatiken entsprechen muss (vgl. LeMar, 1997, S. 94). Da die Vorstellungswelt eines Menschen meist aus Bildern besteht und bei der Umsetzung in Sprache nie das gesamte Bild umschrieben werden kann, geht zwangsläufig etwas verloren (vgl. Gehm, 1999, S. 34).

Während des Transports im „Sagen" und „Hören" gehen ebenfalls Informationen verloren. Leises Sprechen, Umgebungslärm oder das gleichzeitige Zuhören verschiedenen Personen können Störungsquellen darstellen, die den Informationsfluss beeinträchtigen. Menschen können zwar diese Störungen erstaunlich gut auffangen, trotzdem gehen zwischen „Sagen" und „Hören" sehr viele Informationen verloren (vgl. Gehm, 1999, S. 34).

Bei der Umsetzung des Gehörten in das, was der Hörer versteht, muss das aufgenommene Sprachsignal in einzelne Wörter aufgegliedert und diese Wörter bestimmten Bedeutungsinhalten zugeordnet werden. Dabei können ähnliche Tonfolgen ganz unterschiedliche Bedeutung haben. Der Empfänger bekommt also als „Eingabesignal" eine Tonfolge und versucht aktiv, aus dieser Information einen Sinnzusammenhang herzustellen (vgl. Gehm, 1999, S. 35). Dabei werden neben der rein akustischen Information auch weitere Informationen aus der Umwelt, vorhandenes Wissen und Erfahrungen miteinbezogen.

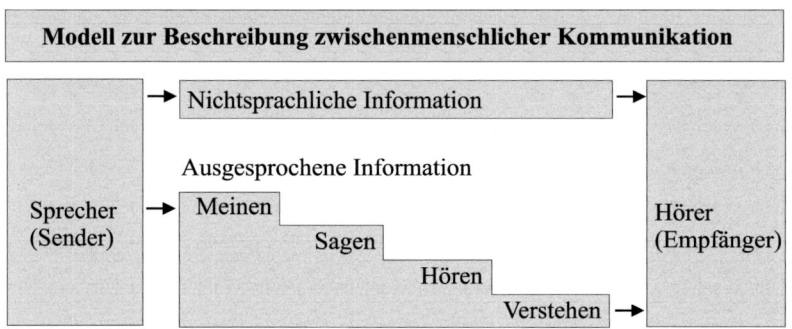

Abbildung 5.5: Informationsverlusttreppe (Gehm, 1999, S. 33)

Die Informationsverlusttreppe verdeutlicht, dass das Gemeinte noch lange nicht dem Gesagten, das Gesagte nicht dem Gehörten und das Gehörte nicht dem Verstandenen entsprechen muss. Nonverbale Informationen werden im gesamten Verlauf ebenfalls zur Interpretation mit einbezogen. Der Gesichtsausdruck, den jemand beim Sprechen macht und die Stimme, mit der die Aussage getroffen wird, werden beobachtet und gedeutet.

Jeder Kommunikationsprozess beinhaltet sowohl eine sachliche, inhaltliche als auch eine persönliche, emotionale Ebene. Auf der Inhaltsebene informieren sich die Menschen mittels Sprache über die Sache. Auf der Beziehungsebene verlaufen Botschaften dagegen in der Regel sprachfrei über Mimik, Gestik, Körperhaltung, Sprachrhythmus und vieles mehr. Die Beziehungsebene zeigt, wie die Beziehung zum Gesprächspartner gesehen wird und wie das Gesagte zu verstehen ist (vgl. Lenzen, 1998, S. 51). Eine Frage ist nicht nur ein Ersuchen um Information über ein Objekt, sondern es wird gleichzeitig die Beziehung zwischen den Gesprächspartnern definiert (vgl. LeMar, 1997, S. 25).

Die Zielsetzungen der Kommunikationspartner, die im günstigsten Fall gleich, häufig jedoch entgegengesetzt verlaufen, gestalten die zwischenmenschliche Kommunikation kompliziert und vielschichtig. Ein Gespräch kann sich abwechselnd auf der Inhalts- und Beziehungsebene abspielen. Das gezielte Wechseln der Ebenen kann die Kommunikation aber auch beleben und Konflikte entschärfen. Erscheint das Gespräch trotz sachlichem Hintergrund unbefriedigend und schwierig, kann das an der Beziehungsebene liegen. Um dem Gespräch bewusst eine neue Wendung zu geben, kann die Beziehungsebene angesprochen werden. Wenn eine Person sich öffnet, initiiert das meistens auch ein Öffnen des Gegenübers. Dieses „sich selbst Einbringen" kann die Kommunikation ganzheitlich gestalten und die Beziehung verbessern (vgl. ebd.).

In der Kommunikationsforschung werden ergänzende Modelle mit weiteren Ebenen besprochen. Bühler (1982) unterscheidet zwischen der Darstellungs-, der Appell- und der Ausdrucksdimension. Cohn (1991) entwickelte ein Modell zur dynamischen Balance zwischen Ich, Wir und Es. Ein sehr bekanntes Modell, das vier Ebenen unterscheidet, ist das Vier-Ohren-Modell von Schultz von Thun (Abbildung 5.6). Auch Neuberger (1982) und Lay (1981) entwickelten Modelle, die vier Aspekte einer Nachricht unterscheiden (vgl. Wahren, 1987, S. 95).

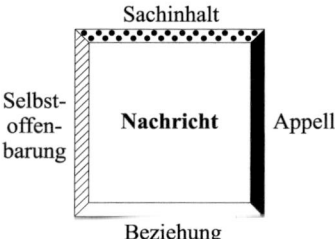

Abbildung 5.6: Vier Seiten einer Nachricht (Schultz von Thun, 1981, S. 14)

Das Modell von Schultz von Thun (Abbildung 5.6) veranschaulicht vier unterschiedliche Botschaften, die in einer Nachricht enthalten sein können:

1. **Sachinhalt**

   Worüber informiert der Sender?

   Wie ist der Sachverhalt für den Empfänger zu verstehen?

2. **Selbstoffenbarung**

   Was sagt der Sender über sich selbst?

   Wie sieht der Empfänger den Sender?

3. **Beziehung**

   Wie steht der Sender zum Empfänger?

   Wie fühlt sich der Empfänger angesprochen?

4. **Appell**

   Wozu will der Sender den Empfänger veranlassen?

   Wozu fühlt sich der Empfänger aufgerufen?

Die Nachricht wird aber nicht nur auf vier Kanälen gesendet, sondern auch auf vier Kanälen empfangen. Das, was der Empfänger hört, ist immer eine subjektive Empfangsleistung. Jeder Empfänger hat gleichsam „vier Ohren", entsprechend den vier Botschaften. Während der Sender seinen Schwerpunkt z. B. auf die Sachebene legt, hört der Empfänger womöglich vor allem einen Appell heraus und fühlt sich zu einer Handlung aufgerufen. Viele Missverständnisse beruhen darauf, dass ein Zuhörer auf einen ganz bestimmten Aspekt achtet und dabei den, den der Sender ausdrücken will, überhört. Eine Aussage kann völlig unterschiedliche Bedeutungen haben, wie Abbildung 5.7 anhand eines Beispiels verdeutlicht.

5.4.2   Kommunikationsregeln

Was aber bedeutet nun Kommunikationsfähigkeit und wie kann man die Kommunikation verbessern?

Kommunikationsfähige Mitarbeiter und Vorgesetzte können sich gut miteinander verständigen, so dass bei der Zusammenarbeit möglichst keine Fehler und Missverständnisse auftreten. Sie verstehen es, die Beziehungsebene zu einem angenehmen

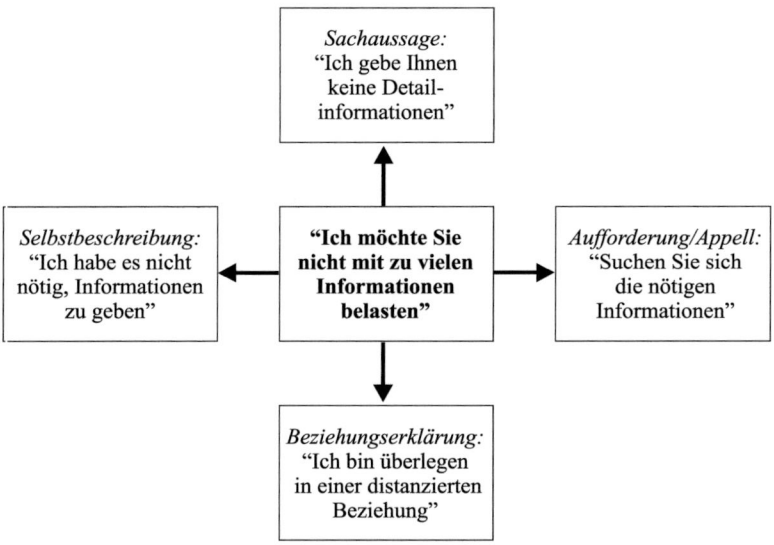

Abbildung 5.7: Beispiel für die vier Botschaften einer Nachricht (Gehm, 1999, S. 32)

Gesprächsverlauf zu nutzen. Sie halten sich an Regeln, die sie miteinander verein-
bart haben. Das Wissen um die verschiedenen Kommunikationsebenen hilft ihnen,
die Signale der subjektiven, emotionalen Ebene zu deuten und die Auswirkungen auf
die Beziehung, auf das Teamverhalten und die Problem- und Konfliktbewältigung zu
erkennen. Personen mit kommunikativer Kompetenz versuchen ihre Partner in ihrer
Andersartigkeit zu verstehen und so zu akzeptieren, wie sie sind. Sie hören einander
aufmerksam zu und überzeugen durch Argumente.

Die Beachtung einiger wichtiger Kommunikationsregeln kann einem Gespräch einen
angenehmen und befriedigenden Verlauf geben:

- Ich-Botschaften vermitteln
  In schwierigen Gesprächssituationen können Ich-Aussagen hilfreich sein. Sie
  rücken das eigene Erleben in den Mittelpunkt und können nicht so einfach

abgestritten werden. Es ist ein Unterschied zu sagen „Ich bin da anderer Meinung" oder „Sie haben unrecht" (vgl. Gehm, 1999, S. 118). Das ist aber nicht nur eine bloße Formulierungsfrage, sondern zeigt eine andere Einstellung: „Eine Ich-Aussage zieht nicht die Absichten Ihres Gegenübers in Zweifel, sondern offeriert ihm einfach eine andere Perspektive. Er hat ein Recht auf seine Meinung und Sie haben ein Recht auf Ihre. Sie sagen ihm nicht, was er tun soll, oder wie er zu denken oder zu fühlen hat" (Ury, 1991, S. 88).

- Gezielter Einsatz von Frageformen
  In Fragestellungen verstecken sich oft Aussagen, die zu Konflikten führen können. Z. B. steckt in der Frage „Meinen Sie nicht, dass wir dieses Problem so lösen sollten" eine Aussage, deren Bandbreite von „Ich möchte, dass Sie das Problem so lösen" bis zu „Das Problem ist nicht dringend und das Problem kann warten" (vgl. LeMar, 1997, S. 141). Solche Fragen sollten vermieden werden. Andere dagegen sind in einem Gespräch besonders für das Verständnis hilfreich und zielführend. Die sogenannten offenen Fragen fordern den Gesprächspartner auf, seine Überlegungen ausführlicher darzustellen (vgl. Gehm, 1999, S. 109). Zu den offenen Fragen gehören Fragen, die mit Wie, Wann und Wer beginnen. Fragen mit dem Fragewort Warum lösen oft Rechtfertigungen aus. Manipulative und suggestive Fragen sind zu vermeiden. Geschlossene Fragen, die z. B. nur mit Ja oder Nein beantwortet werden können, stellen ein Mittel dar, um konkrete und verbindliche Informationen festzuhalten. Sie sind aber nicht praktikabel, um die Gedankenwelt des Gesprächspartners kennen zu lernen (vgl. Gehm, 1999, S. 111).

- Aktives Zuhören
  Zuhören kann verschiedene Formen haben. Gleichgültigkeit, Desinteresse oder Blockaden des Zuhörers können jemandem das Gefühl geben, gegen eine Wand zu reden. Manchmal kommt das Gesagte zwar an, der Zuhörer reagiert aber nicht. Aktives Zuhören ist das einfühlsame Aufnehmen von Aussagen des Gesprächspartners sowie das Einhaken und Nachfragen, wenn Unklarheiten entstehen. Der Zuhörer lässt den Gesprächspartner ausreden und bemüht sich, sein Anliegen zu verstehen. Während des Zuhörens gibt er möglichst keine Wertungen ab (vgl. Gehm, 1999, S. 135).

- Rückmeldung geben und empfangen

  Wie erläutert, ist der Kommunikationsprozess ein äußerst störanfälliger Vorgang, bei dem vieles vom Empfänger im Gesprächszusammenhang erschlossen wird. Daher sollte Feedback ein elementarer Bestandteil aller Kommunikationsprozesse sein. Zum einen ist damit die Rückmeldung gemeint, die der Empfänger an den Sender gibt, z. B. durch Kopfnicken, andererseits bittet der Empfänger durch Rückfragen um Zusatzinformationen zu unverständlichen Informationen (vgl. Wahren, 1987, S. 137). Einige Grundregeln zum Geben und Empfangen von Feedback sollen als nützliche Hilfsmittel dienen (vgl. LeMar, 1997, S. 142):

  - Feedback sollte beschreibend und konkret erfolgen.

  - Die Aussagen sollten in „Ich-Form" formuliert werden und nicht als „Man-Sätze".

  - Bei kritischen Punkten sollte keine Bewertung vorgenommen werden.

  - Feedback sollte angemessen sein, d. h. keine Übertreibung von Kleinigkeiten enthalten.

  - Es sollte möglichst unmittelbar erfolgen, solange die Situation noch vor Augen ist, nicht erst Tage später.

  - Feedback darf keinen Zwang zur Veränderung ausüben; die Freiheit des Anderen ist unverletzlich.

Wer sich in seine Interaktionspartner einfühlen kann, ihre Gefühle und Emotionen wahrnimmt, sich ihnen emotional anpasst und durch den Einsatz kommunikativer Mittel eine Beziehung aufzubauen versteht, der verfügt über alle Voraussetzungen, um Kooperationen mit Anderen durchzuführen.

5.5   Kooperationsfähigkeit

Kooperation kann aus dem Lateinischen mit „Zusammenarbeit" übersetzt werden und ist in diesem Sinn das Gegenteil von kompetitivem Verhalten (vgl. Sarges, 1990, S. 317). Piepenburg definiert Kooperation als Tätigsein von zwei oder mehr Individuen, das bewusst und planvoll aufeinander abgestimmt ist und die Zielerreichung eines jeden beteiligten Individuums in gleichem Maße gewährleistet (vgl. Piepenburg, 1991, zit. n. Schuler & Barthelme, 1995, S. 83). Auch in dieser Definition sind die vier Grunddimensionen der sozialen Kompetenz erkennbar. Kooperation findet in der Interaktion zwischen zwei und mehr Individuen statt. Das Verhalten wird situationsspezifisch anhand von Abstimmungen, Anpassungen und Vergleichen auf die Kooperationssituation abgestimmt. Die Erreichung eines gemeinsamen Ziels soll mit Mitteln angestrebt werden, die alle Kooperationspartner zufrieden stellen.

Vor dem Hintergrund „schlanker Unternehmen", zunehmender Rationalisierung und eines auf Konkurrenzdenken und -handeln aufgebauten Gesellschaftssystems scheint die Kooperation aber nicht mehr gefragt zu sein. Rücksichtslosigkeit und Egoismus erscheinen geradezu als Tugenden (vgl. Lenzen, 1998, S. 54). In der traditionell wettbewerbsorientierten Vorgehensweise kann jeder Einzelne nur auf Kosten der Anderen gewinnen. Der Konkurrenzkampf unter Kollegen kostet allerdings sehr viel Energie und trägt nicht zur Lösung der Probleme bei, die auf Komplexität beruhen und nur mit Kreativität und der Zusammenführung unterschiedlicher Erkenntnisse und Meinungen zu lösen sind. Bei einer Auswertung der bis Ende der 70er Jahre vorliegenden Effizienzanalysen konnte Johnson (1981) die Bilanz ziehen, dass im Vergleich zu individualistisch- und konkurrenzbestimmten Gruppen die kooperativen Teams meistens die besseren Resultate erzielten (vgl. Sarges, 1990, S. 318). Der gemeinsame Entscheidungsprozess in einem kooperierenden Team fördert zudem die Akzeptanz dieser Entscheidungen in der nachfolgenden Umsetzungsphase und erhöht die Qualität der Ausführungen (vgl. Redel, 1987, S. 546).

Der Balanceakt zwischen Anpassung und Egoismus ist, wie in Kapitel 4.1.3 beschrieben, eine Grunddimension von sozialer Kompetenz und gerade in Bezug auf Kooperationsfähigkeit von besonderer Bedeutung. Die Frage, ob das Gruppenziel höher bewertet wird oder der persönliche Vorteil, stellt eine Konfliktsituation dar. In der Spieltheorie, einem Forschungsbereich der VWL, wird diese Problematik meist unter

dem Begriff des „Gefangenen-Dilemmas" untersucht. Hierbei beinhaltet das kooperative Verhalten das Streben nach einem guten Ergebnis für beide Spieler und nicht
das Streben nach einem optimalen eigenen Gewinn. Voraussetzung für kooperatives
Verhalten ist das Vertrauen in den Gegenüber, dass dieser sich ebenfalls kooperativ
verhält. Ist das nicht der Fall, so erzielt man selbst das schlechteste Ergebnis (vgl.
Lenzen, 1998, S. 55).

Kooperationsfähigkeit beruht zum großen Teil auf einem gesunden Selbstbewusstsein, denn nur der kann nach außen kooperieren, der sich nicht ständig in Konkurrenz
zu anderen neu beweisen muss (vgl. Hugo-Becker & Becker, 1992, S. 58).

Als weitere Voraussetzungen für eine kooperative Zusammenarbeit führen Hugo-
Becker & Becker die folgenden Punkte auf (vgl. ebd.):

- Die Interaktionspartner achten und akzeptieren sich gegenseitig.

- Menschen, die eine abweichende Meinung vertreten, werden toleriert und als
  bereichernd in die Zusammenarbeit integriert.

- Mit Unzulänglichkeiten der Interaktionspartner wird geduldig umgegangen.

- Vertrauen ist in dreierlei Hinsicht grundlegende Voraussetzung für Kooperation:

  1. Anderen gegenüber Offenheit zeigen und damit das Risiko eingehen, ver-
     letzt zu werden.

  2. Entgegengebrachtes Vertrauen durch einen behutsamen Umgang mit In-
     formationen rechtfertigen.

  3. Vertrauen in das Vermögen und die Leistungsfähigkeit der Anderen ha-
     ben, so dass Verantwortung delegiert werden kann.

- Der jeweils Kompetentere unterstützt den weniger Kompetenten, indem er ihm
  hilft und manche Aufgaben übernimmt, die ihm leichter fallen. Im Idealfall
  wechseln die Kompetenzen, so dass die Zusammenarbeit aus einem ständigen
  „Geben" und „Nehmen" besteht.

5.6 Konfliktfähigkeit

Wenn zwei oder mehr Individuen miteinander interagieren, können unterschwellige oder offene Konflikte auftreten und die Interaktion beeinflussen. Das ist verständlich, denn jedes Individuum hat unterschiedliche Wünsche, Erwartungen und Ziele. Der Einfluss kann sich negativ auswirken, wenn der Konflikt nicht ausgetragen und gelöst wird und damit z. B. die Kommunikation eingestellt wird. Ein bewusster und konstruktiver Umgang mit Konflikten kann auf der anderen Seite aber auch eine Bereicherung darstellen, wenn Konflikte eine Veränderung bewirken.

„Ein Konflikt liegt dann vor, wenn sich (mindestens) zwei Parteien beim Verfolgen ihrer Ziele gegenseitig behindern, stören oder anderweitig im Weg stehen" (Berkel, 1990a, S. 329). Hier wird ein Vorteil von Organisationen, dass nämlich Mitarbeiter mit unterschiedlichem Wissen und verschiedenen Aufgaben gemeinsam an einem Problem arbeiten und deshalb unterschiedliche Sachverhalte sehen können, zu einem Nachteil. Gerade die Vielfalt der möglichen Sichtweisen kann dazu führen, dass keine Einigung möglich erscheint (vgl. Gehm, 1999, S. 180). Konflikte, mit denen nicht angemessen umgegangen wird, können das Arbeitsklima und die Arbeitszufriedenheit der Mitarbeiter sowie ihre Arbeitsqualität und -leistung mindern.

Wie entstehen Konflikte?
Für die Entstehung von Konflikten gibt es viele Gründe, die nur zum Teil rational erfassbar sind, denn häufig spielen auch subjektiv emotionale Hintergründe eine Rolle. Die Interessen, Zielsetzungen, Normen und Wertmaßstäbe der Konfliktpartner können sich unterscheiden, womit die gleichen Tatbestände unterschiedlich bewertet werden. Bei der Verteilung von Mitteln, Zuständigkeiten und Positionen fühlt sich der Eine oder Andere benachteiligt. Aus unzureichenden Informationen können Missverständnisse entstehen. Führungsfehler stören möglicherweise die Kommunikation innerhalb einer Gruppe oder zwischen Abteilungen. Außerdem können starke Spannungen zwischen Personen verschiedener Hierarchiestufen bestehen. Besonders viele Konflikte entstehen auf der subjektiven emotionalen Ebene. Beispielsweise wird das Selbstwertgefühl verletzt, wenn sich die Partner gegenseitig nicht anerkennen. Sie sind sich unsympathisch, ohne den Grund nennen zu können und haben sogar Angst voreinander. Emotionale Anteile eines Konflikts sollten immer zuerst geklärt werden (vgl. Lang, 2000, S. 450).

Konfliktfähigkeit äußert sich im Umgang und Bewältigen von Konflikten. Ein konfliktfähiger Mensch erkennt Konflikte frühzeitig, prüft, wie sie reguliert werden können, geht die Möglichkeiten der Konfliktlösung aktiv an und setzt diese durch (Schuler & Barthelme, 1995, S. 85). Voraussetzung dafür sind eine realistische Fremdwahrnehmung, ein positives Selbstbewusstsein, ein einfühlendes Verständnis für die Beweggründe des Konfliktpartners sowie ein gesundes Maß an Selbstbehauptung (Hugo-Becker & Becker, 1992, S. 79).

In den folgenden Abschnitten werden unterschiedliche Konfliktarten sowie der konstruktive Umgang zur Bewältigung von Konflikten behandelt.

5.6.1 Konfliktarten

Es gibt äußere und innere Konflikte. Innere Konflikte spiegeln sich innerhalb eines Menschen wider. Solche Konflikte können sein (vgl. Lang, 2000, S. 443):

- **Appetenz-Appetenz-Konflikte**

  Die Entscheidung muss zwischen zwei positiven Möglichkeiten fallen, die sich gegenseitig ausschließen. Beispielsweise zieht ein Mitarbeiter eine vielseitige, interessante Tätigkeit einer besser bezahlten, aber schematischen Arbeit vor.

- **Aversions-Aversions-Konflikte**

  Zwei negative Gegebenheiten stehen zur Auswahl. Beide sind unangenehm, bedrohlich oder sogar Angst auslösend. Eine von beiden, das „kleinere Übel", muss gewählt werden. Beispielsweise trennt sich ein Vorgesetzter von einem besonders tüchtigen, aber streitsüchtigen Mitarbeiter, damit die Spannungen in der Gruppe aufhören, in welcher der Mitarbeiter bisher gearbeitet hat.

- **Appetenz-Aversions-Konflikte**

  Zwischen zwei Alternativen, die jede für sich positive und negative Aspekte hat, muss entschieden werden. Angenehmes und Unangenehmes sind in einem schwer durchschaubaren Verhältnis miteinander vermischt, und die Konsequenzen für die Zukunft sind schwer abzuschätzen. Beispielsweise lehnt ein Mitarbeiter das sehr lukrative Angebot seiner Firma ab, im Außendienst als technischer Berater zu arbeiten, da er dann von seiner Familie oft getrennt wäre.

Innere Konflikte bringen Menschen in eine belastende und angespannte Gefühlslage gegenüber der jeweiligen Situation. Sie lösen Verunsicherung und Ungewissheit aus, führen zum Ausmalen der alternativen Handlungsabläufe („was geschieht, wenn") und erzeugen einen Druck, die Störung zu überwinden (vgl. Hugo-Becker & Becker, 1992, S. 65).

Äußere Konflikte entstehen durch Personen und Sachen, widersprüchliche Rollen, unklare Kompetenzen, nichterfüllte Aufgaben und ungelöste Probleme. Sie können die Entstehung innerer Konflikte begünstigen, z. B. bei einem Zwiespalt zwischen Einstellungen und Verhaltensweisen (vgl. Lang, 2000, S. 442).

Neben den Konflikten zwischen Mensch und Organisation sind soziale Konflikte für diese Arbeit von besonderer Bedeutung. „Ein sozialer Konflikt ist eine soziale Beziehung, in der zwei oder mehr Beteiligte, die voneinander abhängig sind, mit Nachdruck versuchen, gegensätzliche Handlungspläne zu verwirklichen und sich dabei ihrer Gegnerschaft bewusst sind" (Hugo-Becker & Becker, 1992, S. 67).

Merkmale eines solchen zwischenmenschlichen Konflikts sind eine verzerrte, irreführende Kommunikation mit bewussten Täuschungen, eine scharfe Wahrnehmung von trennenden und verbindenden Elementen, Misstrauen, Argwohn, offene Feindseligkeit sowie eine Abwendung von der Teamarbeit zur individuellen Arbeit (siehe Abbildung 5.8). Diese vier Merkmale ergänzen sich zum Konfliktsyndrom, d. h., wenn in einer Gruppe ein Merkmal auftritt, zieht es über kurz oder lang auch die anderen Symptome nach sich (Hugo-Becker & Becker, 1992, S. 69).

Merkmale eines zwischenmenschlichen Konflikts			
Kommunikation	**Wahrnehmung**	**Einstellung**	**Aufgabenbezug**
Ist nicht offen und aufrichtig.\n\nInformation ist unzureichend oder bewusst irreführend.\n\nGeheimniskrämerei und Unaufrichtigkeit nehmen zu.\n\nDrohungen und Druck treten an die Stelle von offener Diskussion und Überzeugung.	Unterschiede und Differenzen in Interessen, Meinungen und Wertüberzeugungen treten hervor.\n\nDas Trennende wird deutlicher gesehen als das Verbindende.\n\nVersöhnliche Gesten des Anderen werden als Täuschungsversuche gedeutet, seine Absichten als feindselig und bösartig beurteilt, er selbst und sein Verhalten einseitig und verzerrt wahrgenommen.	Vertrauen nimmt ab und Misstrauen zu.\n\nVerdeckte und offene Feindseligkeit entwickeln sich.\n\nDie Bereitschaft nimmt ab, dem Anderen mit Rat und Tat zur Seite zu stehen.\n\nDie Bereitschaft nimmt zu, den Anderen auszunutzen, bloßzustellen, herabzusetzen.	Die Aufgabe wird nicht mehr als gemeinsame Anforderung wahrgenommen, die am zweckmäßigsten durch Arbeitsteilung bewältigt wird, in der jeder nach seinen Kräften und Fähigkeiten zum gemeinsamen Ziel beiträgt.\n\nJeder versucht, alles alleine zu machen. Er braucht sich so auf den Anderen nicht zu verlassen, ist von ihm nicht abhängig und entgeht damit der Gefahr, ausgenutzt und ausgebeutet zu werden.

Abbildung 5.8: Merkmale zwischenmenschlicher Konflikte (Berkel, 1990b, S. 22)

5.6.2 Konfliktbewältigung

Um mit Konflikten konstruktiv umzugehen, ist es sinnvoll, sich die unterschiedlichen Möglichkeiten bewusst zu machen und daraufhin je nach Situation eine eigene Strategie zur Konfliktbewältigung zu entwickeln. Prinzipiell gibt es vier Formen der Konfliktregelung, die im Alltag angewendet werden und jeweils Vor- und Nachteile haben (vgl. Gehm, 1999, S. 199-202):

1. **Konfliktunterdrückung**

   Das Totschweigen oder das bewusste und unbewusste Unterdrücken der eigenen Interessen in einem Konflikt haben zunächst den Vorteil, dass das Tagesgeschäft weitergehen kann. Besonders bei kleineren Konflikten kann es sinnvoller sein, eine Ungerechtigkeit auszuhalten als sie anzusprechen. Es ist sehr viel bequemer, so zu tun als wäre alles in Ordnung, und manchmal verschwindet der Konflikt von ganz alleine. Doch langfristig ist eine solche Art der Konfliktbewältigung sehr unbefriedigend. Zumal der Körper auf unausgesprochene Konflikte reagiert. Wer „immer alles schlucken muss", dessen Magen rebelliert irgendwann.

2. **Zufallsentscheidungen oder Regelung durch Dritte**

   „Eine Münze werfen" gehört zu den Verfahren, die sehr schnell angewendet werden können und zu einer klaren Entscheidung führen. Auch die Regelung durch eine dritte Partei hat den Vorteil, dass sich keine der Konfliktparteien Gedanken machen muss, warum sie sich nicht durchsetzen konnte. Besonders bei kleinen Interessenskonflikten, wo der Zeitaufwand für Diskussionen zu hoch wäre, ist diese Art von Entscheidungen geeignet. Trotzdem gibt es bei dieser Art der Konfliktregelung immer Gewinner und Verlierer, Zufriedene und Unzufriedene. Dadurch können neue Konflikte entstehen. Zudem werden die Ursachen der Konflikte nicht geklärt.

3. **Kompromisse und Zugeständnisse**

   Kompromisse haben den Vorteil, dass jede Partei einen Teil seiner Forderungen durchsetzt. Allerdings hat auch keiner ganz gewonnen und dieser Nachteil kann eventuell den Vorteil wieder aufwiegen und zu Unzufriedenheit führen. Zudem gewinnt meistens eine Seite mehr als die andere, d.h. es entsteht eine kleine Ungerechtigkeit für eine Seite.

4. **Gemeinsame kooperative Lösung**

Das Problem wird so lange gemeinsam behandelt, bis eine echte neue Lösung gefunden wird, mit der beide Seiten zufrieden sind. Entscheidend dafür ist die Bereitschaft, über den Rand des aktuellen Problems hinauszuschauen und weitere Alternativen mit einzubeziehen. Allerdings ist der Zeitaufwand für diese Art der Konfliktbewältigung extrem hoch. Außerdem ist eine Lösung nicht garantiert.

Konfliktfähigkeit äußert sich also darin, wie Konflikte wahrgenommen, analysiert und bewältigt werden. Die Kenntnis der Hintergründe und Konfliktstrukturen erleichtert es, über die eigenen Ziele nachzudenken, negative Anteile zurückzudrängen und positive Anteile wirksamer werden zu lassen. Wer sich seiner eigenen Stärken und Schwächen bewusst ist, wird Konflikte konstruktiver ausleben können.

5.7 Teamfähigkeit

Teamfähigkeit ist ein Schlagwort, das inzwischen in nahezu jedem Anforderungsprofil aufgeführt ist. Neue empirische Ergebnisse aus dem Bereich Handel und Dienstleistung zeigen, dass Teamfähigkeit, insbesondere aber auch die Vermittlung von Teamkompetenz, als besonders wichtige Eigenschaften der Führungskräfte von morgen hervorgehoben werden (vgl. Mühlemeyer, 1996, zit. n. Mühlemeyer, 1998, S. 633).

Auch für den Begriff der Teamfähigkeit gibt es keine einheitliche Definition. Manche Autoren zählen Eigenschaften und Verhaltensweisen auf, die Teamfähigkeit beschreiben sollen, z.B. Toleranz, aktives Zuhören, sich transparent machen, Konfliktfähigkeit, demokratisches Grundverständnis, bestimmtes Basiswissen über andere Fachgebiete, nicht in Schwarz-Weiß-Kategorien denken, Bewusstsein der eigenen Schwächen und Stärken sowie gruppendynamische Prozesse erkennen können und die Bereitschaft, sich auf diese einzulassen (vgl. LeMar, 1997, S. 221) oder Diskussionsfähigkeit, Konflikt- und Kritikfähigkeit sowie Fähigkeit zur Zusammenarbeit (vgl. Lenzen, 1998, S. 58). Als für Teamarbeit wenig zuträgliche Eigenschaften oder Verhaltensweisen gelten dagegen Arroganz, Intoleranz, Rechthaberei, keine Kritik ertragen können, sich nicht in andere hineindenken und -fühlen können, fehlende gedankliche Beweglichkeit und fehlende kommunikative Fähigkeiten (vgl. LeMar,

1997, S. 221). Bürger (1978) definiert Teamfähigkeit als „komplexes Fertigkeitenge-
füge, das aus einer Reihe aufeinander bezogener Teilfertigkeiten wie z. B. Fertigkeiten
des Konfliktregelns, Diskutierens, Kritisierens besteht, welche die Gruppenangehö-
rigen zur Erreichung des Handlungsziels Gruppenerfolg bei Gruppenzufriedenheit
einsetzen können".

Teamfähigkeit setzt sich demnach aus Fähigkeiten der Sozialkompetenz zusammen,
die speziell die Interaktion innerhalb eines Teams betreffen. Dazu gehören auch die
Fähigkeit des Wahrnehmens von Gruppenprozessen und die Wahl geeigneter Verhaltensweisen. Teamfähigkeit geht einher mit Kooperationsbereitschaft und -fähigkeit
sowie offener Kommunikation und ist Voraussetzung dafür, unvermeidbare Konflikt-
situationen zu bestehen und Konflikte erfolgreich zu regeln. Sie beinhaltet Vertrauen
und Akzeptanz zwischen den Teammitgliedern und ist die Basis für gute Zusammenarbeit (Schuler & Barthelme, 1995, S. 83). Teamarbeit lebt von Kommunikation: Unterschiedliche Wissensstände werden mitgeteilt, verschiedene Arbeits- und
Denkweisen werden zur Übereinstimmung gebracht, die Rollen und Beziehungen der
Teammitglieder werden untereinander besprochen, zudem wird auf der Suche nach
Konsens hinsichtlich einer Lösung der Aufgabenstellung kommuniziert (LeMar, 1997,
S. 218). Kooperation im Team und „das Ziehen an einem Strang" unterstützen die
Leistungsfähigkeit eines Teams (Seyfried, 1995b, S. 23). Das Einbringen unterschied-
licher Meinungen ist zwangsläufig mit Konflikten verbunden. Unterschiedliche Er-
fahrungen, Erwartungen und Bedürfnisse, Sympathie und Antipathie, Werte, Ziele,
Ansprüche, Ängste u. a. m. werden von den einzelnen Teammitgliedern in das Team
eingebracht. Konflikte können aber auch als Lernchance betrachtet werden, welche die Auseinandersetzung mit gegensätzlichen Denk- und Beziehungssystemen bie-
tet. Konflikte können Antriebskräfte von Veränderungen sein (vgl. Seyfried, 1995b,
S. 26).

Teamarbeit ist immer dann sinnvoll, wenn ein Projekt von mehreren Personen verwirklicht wird, da immer gegenseitige Information, Abstimmung und Unterstützung
notwendig ist. Teamarbeit setzt Teamfähigkeit voraus, denn ohne diese kommunikativen und anderen sozialen Fähigkeiten kann der Schaden größer sein als der Nutzen.
Doch nicht allein die Teamfähigkeit einzelner Teammitglieder beeinflusst die Leistungsfähigkeit eines Teams, sondern auch die Teamgröße und -zusammensetzung
sind ein entscheidender Erfolgsfaktor.

5.7.1 Teambildung

Bei der Teambildung sind sowohl die Teamgröße als auch die Zusammensetzung zu beachten. Ein Team sollte groß genug sein, um eine produktive Vielfalt von Erfahrungen, Wissen und Fertigkeiten zu repräsentieren; es sollte aber auch klein genug sein, um rein praktisch den Austausch von Informationen und Argumenten zwischen allen Beteiligten reibungslos zu ermöglichen. Gruppen mit weniger als fünf Mitgliedern haben ein deutlich geringeres Potenzial, durch Synergien Spitzenleistungen zu erbringen. Teammeetings mit mehr als elf Mitgliedern werden entweder zu Vortragsveranstaltungen oder zerfallen in Untergruppen. Der Informationsaustausch und die Dynamik des gesamten Geschehens werden unüberschaubar. Entsprechend rapide nimmt die Produktivität ab (vgl. Redmark, 2002).

Wichtige Voraussetzung für die Entwicklung eines Teams zur Spitzenleistung ist die richtige Zusammensetzung. Gruppen können hinsichtlich zahlreicher Dimensionen homogen oder heterogen zusammengesetzt sein, etwa im Hinblick auf allgemeine und aufgabenbezogene Fähigkeiten, allgemeine Merkmale der Person (z. B. Alter, Nationalität) und grundlegende Persönlichkeitsmerkmale (vgl. Wegge, 2001, S. 489). Einige Studien weisen darauf hin, dass die Leistungen von heterogen zusammengesetzten Arbeitsgruppen bei Entscheidungsaufgaben und Kreativitätsaufgaben besser ausfallen als die Leistungen homogen zusammengesetzter Gruppen (vgl. Jackson, 1996, zit. n. Wegge, 2001, S. 490). Besonders bei Gruppenaufgaben, welche die Mitglieder in Teilaufgaben erledigen können, erweist sich eine heterogene Verteilung von individuellen Fähigkeiten und Fertigkeiten als leistungsfördernd (vgl. ebd.). Um eine effektive Arbeitsleistung des Teams zu erreichen, kann es sinnvoll sein, unterschiedliche Charaktere in einem Team zu integrieren. Zu solchen Persönlichkeitsprofilen gehören z. B. (vgl. Redmark, 2002):

- stark außenorientierte und personenbezogene „Botschafter", die es verstehen, schnell Kontakt aufzunehmen und Dinge zu verkaufen.

- stark außenorientierte und sachbezogene „Macher", die vorausschauend denken und planen und Risiko und Wettbewerb nicht scheuen.

- eher innenorientierte und personenbezogene „Moderatoren", die reflektiert und einfühlsam Entwicklungen voranbringen können.

- eher innenorientierte und sachbezogene „Experten", die auch projektbezogen und kenntnisreich im Detail innovativ nach Lösungen und Ergebnissen suchen.

Eine heterogene Gruppenzusammensetzung kann sich im Hinblick auf andere Ergebnisvariablen auch negativ auswirken. Heterogen zusammengesetzte Gruppen weisen z. B. höhere Fluktuationsraten auf. Zudem wirkt sich die geringere Gruppenkohärenz von heterogenen Teams negativ auf die Kommunikationshäufigkeit aus (vgl. Jackson, 1996, zit. n. Wegge, 2001, S. 490). Nachdem ein Team gebildet wurde und die Bearbeitung der Aufgabenstellung begonnen hat, durchläuft das Team verschiedene Gruppenprozesse.

5.7.2 Phasen eines Teams

Kenntnisse der Phasen, die ein Team durchläuft, helfen dabei, die komplexen Prozesse in Teams leichter zu verstehen und das Bewusstsein frühzeitig auf mögliche Probleme zu lenken. Der Prozess einer Teamentwicklung verläuft über vier Stufen (vgl. LeMar, 1997, S. 225):

1. **Forming-Phase**

   Diese Phase ist häufig durch Unsicherheit der Teammitglieder gekennzeichnet, sie müssen sich und die Aufgabenstellung erst kennen lernen und sich einen Überblick über die Gegebenheiten verschaffen. Es herrscht Distanz und höfliche Unverbindlichkeit. Die Teammitglieder stellen sich vor und definieren ihre Rollen im Team. Damit kommen ihre Interessen und Erwartungen zur Sprache und welchen Beitrag sie leisten wollen. Aktivitäten, die das gegenseitige Kennen lernen fördern, helfen, erstes Vertrauen aufzubauen und Strukturen zu bilden.

2. **Storming-Phase**

   Hier tritt oft eine erste Ernüchterung ein, eine erste Frustration wird erlebt, da man nicht so vorankommt, wie man es wünschen würde. Wenn Spannungen auftreten, wird eher ein Schuldiger gesucht als die Ursache analysiert. Die unterschiedliche Herangehensweise der einzelnen Teammitglieder an die verschiedenen Aufgabenstellungen wird als störend erlebt. Diese Phase ist üblich und notwendig, sie führt den Teammitgliedern vor Augen, dass sie Regeln und

Normen vereinbaren müssen, um eine konstruktive Zusammenarbeit zu ermöglichen.

3. **Norming-Phase**

   Die Teammitglieder beginnen, ihre Unterschiedliche zu respektieren. Auf der Basis der Wertschätzung der Andersartigkeit können Vereinbarungen über den Umgang miteinander getroffen werden, um dadurch produktiv miteinander anstatt gegeneinander zu arbeiten. Ein Teamgeist entwickelt sich, wobei die Gefahr besteht, zugunsten der erzielten Harmonie auf sinnvollen Widerspruch zu verzichten. Der Teamleiter kann jetzt das Team allmählich wieder von der Prozessorientierung zur Aufgabenorientierung hin lenken, indem er die vereinbarten „Spielregeln" als Mittel zum Zweck der Zielerreichung definiert.

4. **Performing-Phase**

   Jetzt erlebt das Team seine volle Leistungsfähigkeit, die Teammitglieder identifizieren sich voll mit der Gruppe und der Aufgabe, empfinden ein starkes Wir-Gefühl und gehen offen und freundschaftlich miteinander um. Die Informationswege sind kurz und informell, gegenseitige Toleranz und Wertschätzung prägen das Klima. Die jeweiligen Bedürfnisse werden artikuliert bzw. von den Anderen wahrgenommen, es herrscht Hilfsbereitschaft und gegenseitige Achtung.

Obwohl in den meisten Aufgabenprofilen Teamfähigkeit gefordert wird, sieht die Realität in den meisten Unternehmen anders aus. Die individuellen Interessen und das Konkurrenzverhalten der Mitarbeiter werden gefördert, indem die individuelle Leistungsbeurteilung die Grundlage für die weitere Karriereentwicklung darstellt und die Entlohnung weitgehend individuell ausgerichtet ist. Die Qualifizierung läuft weitgehend individuell ab, anstatt zusätzlich die gesamte Arbeitsgruppe miteinzubeziehen (vgl. Mühlemeyer, 1998, S. 633) und das Verhalten des Einzelnen im Team zu bewerten. Solange sich das bisher erfolgreich angewandte Einzelkämpferverhalten weiterhin lohnt und der Merksatz gilt „Wenn Du Karriere machen willst, musst Du Dich als Einzelner hervorheben", werden die Mitarbeiter nicht zu einem Teamverhalten motiviert.

6. Methoden zur Bewertung von Sozialkompetenz

Mit Hilfe welcher Methoden können Komponenten der Sozialkompetenz bewertet werden? Welche Vorteile bieten die verschiedenen Methoden? Welche Probleme müssen bei der Anwendung der Methoden berücksichtigt werden?

Diese Fragen werden in den folgenden Abschnitten behandelt. Anhand des Buches „Forschungsmethoden und Evaluation" von Bortz & Döring (2002, S. 5-326) werden die Grundbegriffe der empirischen Datenerhebung und die wichtigsten Methoden erläutert. Zudem werden Beispiele der jeweiligen Methoden aufgeführt, die eine Bewertung der Sozialkompetenz vornehmen. Die Eignung der Methode schließt den jeweiligen Abschnitt ab.

6.1 Grundbegriffe der empirischen Datenerhebung

Der Begriff „empirisch" kommt aus dem Griechischen und bedeutet „auf Erfahrung beruhend". Die empirische Forschung sucht nach Erkenntnissen durch systematische Auswertung von Erfahrungen. In den folgenden Unterabschnitten werden einige wichtige Grundbegriffe der empirischen Datenerhebung dargestellt.

6.1.1 Merkmale und Variablen

Objekte werden auf ausgewählte Merkmale hin untersucht. Die Beschreibung eines Merkmals ermöglicht es festzustellen, bei welchen Objekten das Merkmal identisch bzw. unterschiedlich ausgeprägt ist.

Um Merkmalsunterschiede bei einer Gruppe von Objekten genau beschreiben zu können, wurde der Begriff Variable eingeführt. Eine Variable ist ein Symbol für die Menge der Ausprägungen eines Merkmals. Ordnet man jeder Merkmalsausprägung eine Zahl zu, resultiert eine Merkmalsmessung. Die Menge aller Merkmalsmessungen bezeichnet man als Daten einer Untersuchung.

Unter Operationalisierung versteht man Maßnahmen, die verwendet werden, um in einer Untersuchung von Merkmalen zu Daten zu kommen. Grundsätzlich kann jedes Merkmal auf unterschiedliche Weise operationalisiert werden. Die Art der Untersuchung hängt vom inhaltlichen Interesse, vom Forschungsstand sowie von forschungsökonomischen Rahmenbedingungen (Zeit, Geld, Arbeitsaufwand) ab. Während manifeste Merkmale, wie z. B. das Alter einer Person eindeutig definiert und auch formal registriert (Geburtsurkunde) sind, können latente Merkmale nicht unmittelbar beobachtet werden, erscheinen „schwammig" und müssen im Zuge der Operationalisierung konkretisiert werden. Zu diesen latenten Merkmalen gehört auch die Sozialkompetenz. Sie ist nicht quantitativ messbar und kann nur über bestimmte Verhaltensweisen beobachtet und beurteilt werden.

Unter Störvariablen versteht man alle Einflussgrößen auf die unabhängige Variable, die in einer Untersuchung nicht erfasst werden. Dabei kann es sich um vergessene Einflussgrößen handeln, die als unabhängige Variablen in die Untersuchung aufzunehmen wären, um Merkmalsunterschiede vollständig zu erklären.

6.1.2 Feld- oder Laboruntersuchung

Der Ort, an dem die Untersuchung stattfindet, beeinflusst das Ergebnis in bestimmter Weise. Laboruntersuchungen werden in Umgebungen durchgeführt, die eine weitgehende Ausschaltung oder Kontrolle von Störgrößen ermöglichen. Felduntersuchungen dagegen finden in einer vom Untersucher möglichst unbeeinflussten Umgebung statt. Der Vorteil liegt darin, dass die Ergebnisse ein Stück unverfälschter Realität widerspiegeln. Allerdings lässt die nur bedingte Kontrolle störender Einflussgrößen häufig mehrere gleichwertige Erklärungsalternativen zu.

6.1.3 Quantitative Methoden

Die Methoden der empirischen Datenerhebung haben die Funktion, Ausschnitte der Realität, die in einer Untersuchung interessieren, möglichst genau zu beschreiben oder abzubilden. Quantitative Methoden beschäftigen sich mit der Frage, wie die zu erhebenden Merkmale operationalisiert bzw. quantifiziert werden sollen. Zu den

Erhebungsarten gehören das Zählen, das Beurteilen, das Testen, das Befragen und das Beobachten. In der Regel erfordert eine Untersuchung Kombinationen dieser Erhebungsarten. Beispielsweise wird anhand eines Fragebogens ein Objekt befragt und bezüglich eines Merkmals getestet.

Die Beschreibung von Untersuchungsobjekten durch quantitative Merkmale wie z. B. Körpergröße, Reaktionszeit, Pulsfrequenz usw. beginnt mit einer Auflistung aller individuellen Merkmalsausprägungen. Um sich ein Bild der Verteilungsform des Merkmals zu verschaffen, ist es erforderlich, das Merkmal in Kategorien einzuteilen. Die Häufigkeiten in diesen Kategorien sind dann die Grundlage einer tabellarischen und grafischen Darstellung des Datenmaterials.

6.1.4 Qualitative Methoden

Qualitative Methoden verbalisieren die Erfahrungswirklichkeit und werten sie interpretativ aus. Nichtnumerisches Material wie z. B. Texte, Filme, Kleidung oder Fotografien werden zur Interpretation der Beobachtungsrealität herangezogen. Die wichtigsten Grundtechniken zur Erhebung qualitativer Daten sind nicht- oder teilstandardisierte Befragungen, Beobachtungen und non-reaktive Verfahren. Letztere sind Verfahren, die keinen Einfluss auf die untersuchten Personen ausüben, weil sie entweder nicht bemerkt werden oder weil nur Verhaltensspuren betrachtet werden. Offene Befragungen geben den Befragten die Möglichkeit, individuell zu artikulieren und lassen das gewonnene Material wesentlich reichhaltiger erscheinen als ein Messwert. Allerdings sind qualitative Befragungen sehr zeitaufwändig und die individuellen Antworten schwerer vergleichbar.

Qualitative Merkmale sind nominalskalierte Merkmale. Sie können zwei Abstufungen (hilfsbreit – nicht hilfsbereit, männlich – weiblich) oder mehrere Abstufungen (Blutgruppe A, B, AB und Null) aufweisen. Die Merkmalsabstufungen sind entweder von Natur aus gegeben oder werden künstlich erzeugt. Folgende Bedingungen müssen die Kategorien qualitativer Merkmale erfüllen:

- Genauigkeits-Kriterium

  Die Kategorien müssen exakt definiert sein. Erforderlich sind hierfür präzise definierte, operationale Indikatoren für die einzelnen Kategorien des Merkmals, deren Vorhandensein oder Nichtvorhandensein über die Zugehörigkeit der Untersuchungsobjekte zu den einzelnen Merkmalskategorien entscheidet.

- Exklusivitäts-Kriterium

  Die Kategorien müssen sich gegenseitig ausschließen. Damit wird verhindert, dass ein Objekt gleichzeitig mehreren Kategorien eines Merkmals zugeordnet werden kann.

- Exhaustivitäts-Kriterium

  Die Kategorien müssen das Merkmal erschöpfend beschreiben. Jedes Untersuchungsobjekt muss einer Merkmalskategorie zugeordnet werden können. Die Kategorie „Sonstige" kann Objekte aufnehmen, die keiner Kategorie zugeordnet werden können. Sie ist allerdings für wissenschaftliche Zwecke nicht brauchbar, da sich unterschiedliche Merkmalsausprägungen darin befinden.

6.1.5 Wahl der Erhebungsart

Welche Erhebungsart ist die beste?

Diese Frage kann nicht generell beantwortet werden, sondern muss für jede konkrete Untersuchung neu gestellt werden. Die Art des Untersuchungsgegenstandes und der Untersuchungsteilnehmer sowie finanzielle und zeitliche Rahmenbedingungen sind Kriterien, die bei der Auswahl der Methode zu beachten sind. Qualitative Daten können zum besseren Vergleich in quantitative Daten transformiert werden. Durch Beurteilung der individuellen Antworten hinsichtlich bestimmter Merkmale werden beispielsweise die Äußerungen bestimmten Werten auf einer Rating-Skala zugeordnet.

6.1.6 Rating-Skalen

Bei der Messung von Sozialkompetenz ist der Mensch das wichtigste Erhebungsinstrument. Die Eigenschaften und Fähigkeiten sozialer Kompetenz können nicht in physikalischen Einheiten gemessen werden, sondern machen die Nutzung der menschlichen Urteilsfähigkeiten und -möglichkeiten erforderlich. Das menschliche Urteilsvermögen erweist sich bei Erfassung komplexer Eigenschaften als Messinstrument, das allen anderen Messtechniken überlegen ist. Es hat aber auch den gravierenden Nachteil, dass menschliche Urteile subjektiv und damit in höchstem Maße störanfällig sind. Ein zentrales Problem aller auf menschlichen Urteilen basierenden Messverfahren betrifft deshalb die Frage, wie Unsicherheiten im menschlichen Urteil minimiert werden oder zumindest kalkulierbar gemacht werden können.

Merkmale von Rating-Skalen

Rating-Skalen zählen zu den am häufigsten verwendeten Erhebungsinstrumenten, da auf unkomplizierte Weise Urteile erzeugt werden, die intervallskaliert interpretiert werden können.

Rating-Skalen geben durch Zahlen, verbale Beschreibungen oder ähnliches markierte Abschnitte eines Merkmalkontinuums vor. Die Urteilenden kreuzen diejenige Stufe der Rating-Skala an, die ihrem subjektiven Empfinden von der Merkmalsausprägung bei dem in Frage stehenden Objekt entsprechen. Verschiedene methodische Varianten für Rating-Skalen können eingesetzt werden.

Uni- und bipolare Rating-Skalen

Bipolare Rating-Skalen werden in ihren Extremen durch zwei gegensätzliche Begriffe markiert. Zwischen diesen Extremen gibt es eine bestimmte Anzahl von Abstufungen, die mit Skalenwerten besetzt sind und zur Beschreibung der Merkmalsausprägung ausgewählt werden können. Fällt es schwer, zu einem Begriff einen passenden Gegenbegriff zu finden, verwendet man statt bipolarer Skalen unipolare Rating-Skalen. Abbildung 6.1 veranschaulicht unterschiedliche Arten der Skalenbezeichnungen.

Numerische Marken sind knapp und eindeutig. Als Skalenwerte werden z. B. die Zahlen 1-5 vorgegeben, deren Bedeutungen in der Instruktion erklärt werden. Um die Gegensätzlichkeit der Begriffe zu betonen, werden gelegentlich positive und negative Zahlen einschließlich neutraler Mitte verwendet.

Beispiel: gespannt $\boxed{-2}$ $\boxed{-1}$ $\boxed{0}$ $\boxed{1}$ $\boxed{2}$ gelöst

Verbale Charakterisierung von Abstufungen ist anschaulicher. Dabei ist aber darauf zu achten, dass die verwendeten Ausprägungen annähernd gleich große Stufen des Merkmalkontinuums bilden.

Beispiel: ☐ stimmt gar nicht   ☐ stimmt ziemlich
             ☐ stimmt wenig   ☐ stimmt völlig
             ☐ stimmt teils-teils

Symbolische Marken, z. B. Strichgesichter, werden insbesondere bei Kindern gern verwendet, da sie nicht erst gelesen werden müssen, sondern auf einen Blick erfassbar sind. Bei längeren Listen von Urteilsaufgaben wirken symbolische Marken auflockernd.

Beispiel: ☺   😐   ☹

Grafisches Rating besteht aus einer Strecke zwischen zwei Extremen, auf der der Urteiler ein Kreuz setzen muss. Die Länge der Strecke zwischen einem Extrem und dem Kreuz ergeben die Ähnlichkeit oder Unähnlichkeit. Hier werden keine diskreten Abstufungen verwendet, sondern eine exakte kontinuierliche Einschätzung ist möglich.

Beispiel: extrem ähnlich ├───────**x**─┤ extrem unähnlich

Beispielhafte Skalenverankerung in Form von Extrempositionen können sehr gezielt Informationen abfragen. Gelegentlich erfolgt die Skalenverankerung auch durch typische Zeichnungen, Testreaktion oder Fotografien.

Abbildung 6.1: Arten von Skalenbezeichnungen (vgl. Bortz & Döring, 2002, S. 178)

Anzahl der Skalenstufen

Ein häufig diskutiertes Thema stellt die Anzahl der Skalenstufen dar. Ungeradzahlige Rating-Skalen enthalten eine neutrale Mittelkategorie und erleichtern bei unsicheren Urteilen das Ausweichen auf die Mitte. Geradzahlige Skalen erzwingen vom Urteiler zumindest eine tendenzielle Richtung des Urteils. Mit zunehmender Anzahl der Skalenstufen nimmt die Differenzierungsfähigkeit einer Skala zu. Irgendwann jedoch ist die Differenzierungsfähigkeit der Urteiler erschöpft. Aufgrund praktischer Erfahrungen kommt Rohrmann (1978) zu dem Schluss, dass 5-stufige Skalen am häufigsten präferiert werden. Widersprüchliche Eindrücke von der Ausprägung des Merkmals können dazu führen, dass die Beurteilung gänzlich verweigert wird. In diesem Fall sollte die Rating-Skala bzw. die Instruktion überarbeitet werden.

Anwendungsbeispiel: Rating-Skalen von sozialer Kompetenz (RSK)

Das Rating-System von Fydrich & Bürgener (1999) wurde für die Beurteilung eher nonverbaler Indikatoren für soziale Kompetenz auf der Basis diagnostischer Rollenspiele entwickelt. Als Beurteilungskriterien wurden der Blickkontakt, die Stimme und Sprache, die Sprechdauer, die körperliche Unruhe und Nervosität sowie der Konversationsfluss in das Ratingsystem aufgenommen. In zahlreichen Forschungsarbeiten konnte mit diesen Kategorien sozial angemessenes und sozial unangemessenes Verhalten im sozialen Kontext unterschieden werden (vgl. u. a. Trower, 1980; Dow, 1985; Monti et al., 1984).

Das entwickelte Rating-System wurde zur Beurteilung von Interaktion und Konversation zwischen zwei Personen entwickelt. Dabei spielt es keine Rolle, ob diese Personen Rollenspielpartner sind oder auf reale Interaktionen eingeschätzt werden. Zur Veranschaulichung der Beschreibung für die Kategorien wird beispielhaft die Beschreibung von „Blickkontakt" aufgeführt:

Tabelle 6.1: Beschreibung von Rating-Skalen zur sozialen Kompetenz (RSK) (Fydrich & Bürgener, 1999, S. 89)

Blickkontakt

Skala	*Beschreibung*
	Die Person...
(1) sehr gut:	hält während des Gesprächs Augenkontakt mit dem Partner. Sie starrt zu keiner Zeit. Sie fokussiert ihren Blick auf das Gesicht des Partners, wenn dieser spricht; während eigener Sprachsequenzen ist der Blick nur gelegentlich auf den Partner gerichtet und ihr Blickkontakt korrespondiert sehr gut mit den Phasen des Sprechens bzw. Zuhörens.
(2) gut:	hält die meiste Zeit des Gesprächs Augenkontakt mit dem Partner. Sie starrt bzw. vermeidet den Blickkontakt fast nie und ihr Blickkontakt korrespondiert gut mit den Phasen des Sprechens bzw. Zuhörens.
(3) mittelmäßig:	vermeidet gelegentlich Augenkontakt oder starrt gelegentlich, während der Partner spricht. Ihr Blickkontakt korrespondiert nur manchmal mit Phasen des Sprechens bzw. Zuhörens.
(4) schlecht:	vermeidet oft Augenkontakt mit dem Partner oder starrt gelegentlich, während der Partner spricht. Ihr Blickkontakt korrespondiert kaum mit Phasen des Sprechens bzw. Zuhörens. Die Person schaut sich gelegentlich um.
(5) sehr schlecht:	vermeidet es völlig, den Partner anzusehen oder starrt ihn ununterbrochen an. Ihr Blickkontakt korrespondiert in keiner Weise mit Phasen des Sprechens bzw. Zuhörens. Die Person nimmt häufig Blickkontakte auf (z. B. zum Versuchsleiter).

Dieses Instrument wurde im klinischen Bereich entwickelt, insbesondere zur Diagnostik von sozialer Phobie als Ausprägung sozialer Inkompetenz. Die Reliabilität und Validität der Rating-Skala für soziale Kompetenz (RSK) werden aufgrund von Untersuchungen im klinischen Bereich als hinreichend beschrieben. Ob das Instrument auch in anderen sozialen Bereichen einsetzbar ist, wurde bisher nicht überprüft. Möglicherweise ist die Varianz in diesen Gruppen zu gering (vgl. Fydrich et al., 1999, S. 96).

Da das menschliche Urteilsvermögen die Basis darstellt für die Bewertung von Sozialkompetenz anhand von Rating-Skalen, sollten mögliche Urteilsfehler beachtet und durch entsprechende Genauigkeit bei der Ausarbeitung des Instruments und deren Anleitung sowie durch ein Training der Beurteiler möglichst ausgeschlossen werden. Mögliche Fehler könnten sein:

- Ein Pauschalurteil beeinflusst die Beurteilung der Ausprägungen mehrerer Merkmale eines Objekts. Dieser Fehler wird Halo-Effekt genannt und tritt besonders häufig auf, wenn das zu beurteilende Merkmal besonders schwer zu beobachten oder schlecht definiert ist. Er kann reduziert werden, wenn die Urteiler vor der Beurteilung gründliche Informationen über die Bedeutung der einzustufenden Merkmale erhalten.

- Die zu beurteilenden Personen werden entweder zu positiv oder zu negativ eingestuft (Milde-Härte-Fehler). Die Beurteiler sollten im Vorfeld über diese Gefahr aufgeklärt werden und die Wertigkeit der einzustufenden Merkmale diskutieren.

- Eine zur Mitte der Skala entsteht, wenn die Untersuchungsobjekte den Beurteilern nur wenig bekannt sind, oder wenn versäumt wurde, die Skalen an Extrembeispielen zu verankern. Der Beurteiler reserviert die Extremkategorien für noch auftauchende Objekte mit extremer Merkmalsausprägung. In diesem Fall sollte die Skalenverankerung überarbeitet werden.

- Fehler bei Personenbeurteilungen entstehen, wenn Urteiler mit extremer Merkmalsausprägung die Merkmalsausprägung anderer in Richtung der eigenen Merkmalsausprägung oder in Richtung auf das gegensätzliche Extrem verschätzen (Rater-Ratee-Interaktion).

- Werden Objekte mit extremer Merkmalsausprägung am Anfang beurteilt, können nachfolgende Beurteilungen von der ersten Beurteilung abhängen. Um diese Reihenfolgeeffekte zu vermeiden, werden Urteilsreihenfolgen zwischen den Versuchspersonen systematisch variiert, um damit diesen Verzerrungsfaktor im Gesamtergebnis zu mitteln.

Trotz all dieser Verzerrungsmöglichkeiten hat sich die Beurteilung von sozialer Kompetenz in der Praxis als relativ zuverlässig gezeigt. Die Berliner Verwaltung verwendet zur Bewerberauswahl einen Beurteilungsbogen der u. a. auch Beurteilungsskalen zum Thema Gesprächsbereitschaft und Sozial- und Kontaktverhalten enthält. Die Bewerber können sich bei unterschiedlichen Behörden bewerben. Eventuell werden sie zu verschiedenen Vorstellungsgesprächen unterschiedlicher Behörden eingeladen. In unterschiedlichen Gesprächen erfolgen anhand eines einheitlichen Beurteilungsbogens mehrere Bewerberbeurteilungen. Bemerkenswert ist dabei, dass sich die Beurteilungen bei aller Subjektivität und dem Fehlen einer standardisierten Gesprächssituation als reliabel und ansatzweise auch valide erwiesen. So kamen die Beurteiler bei 70 % der Urteile zu einer Bewertung, die maximal um einen Punkt auf der siebenstufigen Skala voneinander abwich (Schmidt, 1995, S. 131).

In den folgenden Abschnitten werden wesentliche Methoden der empirischen Datenerhebung beschrieben und anhand eines Beispiels auf die Eignung zur Messung von sozialer Kompetenz untersucht (vgl. Bortz et al., 2001, S. 188-326).

6.2   Quantitative Inhaltsanalyse

Quantitative Inhaltsanalysen verfolgen das Ziel, Wortmaterial hinsichtlich bestimmter Aspekte zu quantifizieren. Dazu gehören stilistische, grammatische, inhaltliche oder pragmatische Merkmale. Das Wortmaterial besteht aus vorgefundenen Textquellen oder wird im Verlauf von Beobachtungen und Befragungen erzeugt. Beobachtungsprotokolle, Tagebuchnotizen, Interviewmitschriften oder Aufsätze stellen die Grundlage für eine quantitative Inhaltsanalyse dar.

Textteile werden in Kategorien eingeordnet, welche die Operationalisierung der interessierenden Merkmale darstellten. Die Häufigkeiten der einzelnen Kategorien geben Auskunft über die Merkmalsausprägung des untersuchten Textes.

6.2.1 Merkmale einer quantitativen Inhaltsanalyse

Kern jeder quantitativen Inhaltsanalyse ist das Kategoriensystem, das festlegt, welche Texteigenschaften durch Auszählen gemessen werden sollen. Dieses Kategoriensystem kann entweder auf der Theorie basierend im Vorfeld ausgearbeitet werden oder nach Sichtung der Texte. Dabei werden im konkreten Textmaterial nach zusammenfassenden Bedeutungseinheiten gesucht. In der Praxis werden häufig vorbereitete Kategoriensysteme im Zuge der Auswertung weiter angepasst, wenn sich herausstellt, dass bestimmte Kategorien vergessen wurden oder einige Kategorien weiter differenziert werden sollten.

Die Zuordnung von Textteilen zu Kategorien nennt man Kodierung. Eine Kodierung ist dann nachvollziehbar, wenn die Kategorien eindeutig definiert, klar voneinander abgegrenzt und erschöpfend sind, so dass jeder Kodierer Textelemente ohne Probleme zuordnen kann.

6.2.2 Beispiel: Kasseler-Kompetenz-Raster

Das Kasseler-Kompetenz-Raster stellt eine Instrument zur Kompetenzmessung dar, mit dem anhand objektiver Verhaltensdaten Kompetenzen untersucht und unternehmensweit verglichen werden können. Kompetenz lässt sich bei der Bewältigung konkreter Handlungssituationen beobachten und vergleichend analysieren. Dazu werden Gruppendiskussionen von jeweils fünf bis sieben Mitarbeitern eines Unternehmens auf Video aufgezeichnet. Die Mitarbeiter sind über Arbeitszusammenhänge miteinander verbunden und bearbeiten eine aktuelle, unternehmens- und mitarbeiterrelevante Optimierungsaufgabe (vgl. Kauffeld & Grote, 2002, S. 43).

Sämtliche Aussagen der Mitarbeiter im Rahmen der etwa eineinhalbstündigen Diskussionen werden transkribiert und einzeln als „Sinneinheit" anhand der insgesamt 50 Kriterien des Kasseler-Kompetenz-Rasters ausgewertet. Die Aspekte und Kriterien sind in Abbildung 6.2 und 6.3 dargestellt.

Fachkompetenz

Differenziertheit Probleme
Problem
(Teil-)Problem benennen
Problemerläuterung
Problem veranschaulichen

Vernetztheit Probleme
Verknüpfung bei der Problemanalyse
z. B. Ursachen und Folgen aufzeigen

Differenziertheit Lösungen
Sollentwurf
Visionen, Anforderungen beschreiben
Lösungsvorschlag
(Teil-)Lösungen benennen
Lösungserläuterung
Lösung veranschaulichen

Vernetztheit Lösungen
Problem zur Lösung
Einwände gegen Lösung
Verknüpfung mit Lösung
z. B. Vorteile einer Lösung benennen

Äußerungen zur Organisation
Organisationales Wissen
Wissen über Organisation und Abläufe

Äußerungen zum Wissensmanagement
Wissen wer
Verweis auf Spezialisten
Frage
Frage nach Meinung, Inhalt, Erfahrung

Methodenkompetenz

Positive Äußerungen zur Strukturierung
Zielorientierung
auf Thema verweisen bzw. rückführen
Klärung/Konkretisierung
Beitrag auf den Punkt bringen, klären
Verfahrensvorschlag
Vorschlagen des weiteren Vorgehens
Verfahrensfrage
Frage zum weiteren Vorgehen
Priorisierung
Schwerpunkte setzen
Zeitmanagement
auf Zeit verweisen
Aufgabenverteilung
Aufgaben in der Diskussion delegieren/
übernehmen
Visualisierung
Benutzen von Flipchart, Metaplan usw.
Kosten-Nutzen-Abwägung
wirtschaftliches Denken
Zusammenfassung
Ergebnisse zusammenfassen

Negative Äußerungen zur Strukturierung
Themen springen
neues Thema ohne Bezug zu Vorange-
gangenem beginnen
Verlieren in Details und Beispielen

Abbildung 6.2: Kriterien des Kasseler-Kompetenz-Rasters (Fach- und Methodenkompetenz) (Kauffeld & Grote, 2002, S. 46)

Sozialkompetenz

Positive Äußererung gegenüber Personen und Handlungen
Ermunternde Ansprache
z.B. Stillere ansprechen
Unterstützung
Vorschlägen, Ideen etc. zustimmen
Aktives Zuhören
Interesse signalisieren
Ablehnung
sachlich widersprechen
Rückmeldung
z. B. signalisieren, ob etwas angekommen, neu, bekannt ist
Atmosphärische Auflockerung
z. B. Späße
Trennung von Meinung und Tatsache
eigene Meinung als solche kennzeichnen
Gefühle
Gefühle wie Ärger, Freude ansprechen
Lob
z. B. positive Äußerungen über andere Personen

Negative Äußererung gegenüber Personen und Handlungen
Tadel/Abwertung
Abwertung von anderen, "kleine Spitzen"
Unterbrechung
Wort abschneiden
Seitengespräch
Seitengespräche beginnen oder sich darin verwickeln lassen
Reputation
Verweis auf Diensterfahrung, Betriebszugehörigkeit usw.

Selbstkompetenz

Positive Äußerungen zur Mitwirkung
Interesse an Veränderung
Interesse signalisieren
Eigenverantwortung
Verantwortung übernehmen
Maßnahmenplanung
Aufgaben zur Umsetzung planen

Negative Äußerungen zur Mitwirkung
Kein Interesse an Veränderungen
z. B. Leugnen von Optimierungsmöglichkeiten
Jammern
Betonung des negativen Ist-Zustandes, Schwarzmalerei
Allgemeinplatz
inhaltsloses Gerede, Worthülse
Schuldigensuche
Probleme personalisieren
Betonung autoritärer Elemente
auf Hierarchien und Zuständigkeiten verweisen
Abbruch
Diskussion vorzeitig beenden wollen

Abbildung 6.3: Kriterien des Kasseler-Kompetenz-Rasters (Sozial- und Selbstkompetenz) (Kauffeld & Grote, 2002, S. 47)

Das Kasseler-Kompetenz-Raster ist entwickelt worden, um die Bedeutung und die Zusammenhänge von Fach-, Methoden-,Sozial-, und Selbstkompetenz zu untersuchen. Einzelne Äußerungen werden dazu als „Sinneinheit" einer Kategorie zugeteilt und gezählt. Damit können Gruppen verglichen werden, die gute und weniger gute Ergebnisse der Optimierungsaufgabe zustande bringen. Anhand dieser Analyse der Ergebnisse können Maßnahmen zu weiteren Kompetenzentwicklung abgeleitet werden.

6.2.3 Eignung

Der Kernpunkt der quantitativen Inhaltsanalyse besteht aus dem Kategoriensystem, dem die Textteile zugeordnet werden. Das Kategoriensystem muss sorgfältig erstellt werden, damit die Ergebnisse nicht verzerrt oder verfälscht werden. Da es sich bei Sozialkompetenz um ein qualitatives Merkmal handelt, müssen die drei Kriterien der Genauigkeit, Exklusivität und Exhaustivität erfüllt sein. Die Kategorien müssen exakt definiert werden, sie müssen sich gegenseitig ausschließen sowie das Merkmal erschöpfend beschreiben.

Im Gegensatz zu anderen Instrumenten, die sich an der Selbstbeschreibung von Mitarbeitern orientieren, stellt das Kasseler-Kompetenz-Raster ein objektiveres Verfahren dar. Kriterien, die auf Verhaltensdaten beruhen, werden zu Kompetenzmessung herangezogen. Die Ergebnisse der Analyse einer Gruppenbeobachtung können aber nur Aussagen über eine Situation machen, in der die berufliche Handlungskompetenz der Mitarbeiter gefordert wird. Die Befunde sind nicht direkt übertragbar auf andere betriebliche Situationen, wie z. B. das Beratungs- oder Verkaufsgespräch, Führungssituationen oder ähnliche.

6.3   Leistungs- und Persönlichkeitstest

Ein Test ist ein wissenschaftliches Routineverfahren zur Untersuchung eines oder mehrerer empirisch abgrenzbarer Persönlichkeitsmerkmale mit dem Ziel einer möglichst quantitativen Aussage über den relativen Grad der individuellen Merkmalsausprägung. Leistungstests unterscheiden sich von Persönlichkeitstests darin, dass Aufgaben vorgegeben sind, deren Lösungen als richtig oder falsch bewertet werden und ein Gesamtwert für die Leistungsfähigkeit ermittelt wird.

Zur Ermittlung der Leistungsfähigkeit im Umgang mit sozialen Problemen wurden sogenannte Soziale-Intelligenz-Tests entwickelt. Der George Washington University Series Social Intelligence Test wurde 1927 von Moss et al. vorgelegt und wird nach mehrfacher Überarbeitung auch heute noch angewendet. Der Test umfasst folgende Subtests:

- Urteile in sozialen Situationen: soziale Problemsituationen werden beschrieben, von vier Möglichkeiten zur Lösung des Problems ist die richtige auszuwählen.

- Gedächtnis für Namen und Gesichter: zuvor eingeprägte Zuordnungen von Namen und Gesichtern sind zu reproduzieren.

- Beobachtung menschlichen Verhaltens: verbal geschilderte menschliche Verhaltensweisen sind als richtig oder falsch zu bewerten.

- Erkennen verbaler Zustände aus Worten: aus vier möglichen Bezeichnungen eines mentalen Zustands (z. B. Zorn, Hoffnung) ist diejenige auszuwählen, die am besten zu einer dargebotenen sprachlichen Äußerung passt.

- Sinn für Humor: Witze werden vorgegeben, die jeweils passendste Pointe ist aus mehreren Vorgaben zu wählen.

In den meisten empirischen Untersuchungen ergaben sich hohe Korrelationen zwischen dem Test und dem Grad der akademischen Intelligenz, insbesondere bei Subtests, welche die sprachlichen Fähigkeiten messen. Es liegt daher die Vermutung nahe, dass der Test primär nicht die Fähigkeit erfasst, andere zu verstehen, sondern eher eine sprachliche Kompetenz (vgl. Schmidt, 1995, S. 118).

Ein zweiter bekannter SI-Test besteht aus einer sprachgebundenen und fünf nonverbalen Aufgaben. Er hat als Six Factor Tests of Social Intelligence große Verbreitung gefunden. Dieser Test arbeitet überwiegend mit Bildern. So ist aus drei Cartoon-Zeichnungen diejenige auszuwählen, welche die Situation, die in einer Zeichnung dargestellt wird, am besten fortsetzt. Damit soll die Fähigkeit gemessen werden, die Fortentwicklung einer sozialen Situation vorherzusagen. Eine andere Aufgabe misst die Fähigkeit, die Ähnlichkeit von Verhaltensinformationen in verschiedenen Ausdrucksmodi zu erkennen. Einer Gruppe von drei Zeichnungen, in denen durch Mimik, Gestik oder Körperhaltung ein emotionaler Gemütszustand ausgedrückt wird, ist eine weitere Zeichnung eines ähnlichen Gemütszustandes zuzuordnen. Die Validität dieses Verfahrens ist ebenfalls unzureichend. Zudem ist eine situationsabhängige Messung mit diesen Tests nicht möglich (vgl. Schmidt, 1995, S. 119-121).

Tabelle 6.2 zeigt die Ergebnisse einer Untersuchung zur Anwendung von Auswahlverfahren in Deutschland, Frankreich, Spanien, den Benelux-Ländern sowie Großbritannien. Persönlichkeitstests werden demnach zwar in Deutschland sehr wenig angewendet, erfreuen sich aber in Spanien, den Benelux-Ländern und Großbritannien großer Beliebtheit.

Tabelle 6.2: Anwendung verschiedener Auswahlverfahren für Führungskräfte im europäischen Vergleich (Angaben in Prozent der befragten Unternehmen (Hossiep, 1996, S. 55)

Auswahlverfahren	D	F	E	NL	GB
Strukturiertes Interview	55	76	70	91	90
Persönlichkeitstests	7	42	74	71	69
Leistungstests	3	35	38	6	3
Intelligenztests	2	30	55	54	35
Biografischer Fragebogen	15	40	63	44	18
Assessment Center	14	7	10	15	33
Grafologische Gutachten	7	89	17	19	4

6.3.1 Merkmale eines Persönlichkeitstests

Im Zusammenhang mit Persönlichkeitstests werden alle biologisch-physiologischen Daten sowie der Intelligenz- und Leistungsbereich ausgeklammert und man konzentriert sich auf Merkmale des Charakters, z. B. auf Eigenschaften, Motive, Interessen, Einstellungen und Werthaltungen sowie die psychische Gesundheit. Bei objektiven Persönlichkeitstests bleibt der Testperson die Messintention verborgen, während subjektive Tests die Testperson sich selbst einschätzen lassen und daher eher verfälschbar sind.

Testgütekriterien

Die Qualität eines Tests oder eines Fragebogens lässt sich an drei zentralen Testgütekriterien festmachen:

1. Die **Objektivität** eines Tests gibt an, in welchem Ausmaß die Testergebnisse vom Testanwender unabhängig sind. Die numerische Bestimmung der Objektivität eines Tests erfolgt über die durchschnittliche Korrelation der Ergebnisse verschiedener Testanwender.

2. Die **Reliabilität** eines Tests kennzeichnet den Grad der Genauigkeit, mit dem das geprüfte Merkmal gemessen wird. Demnach müssten nach wiederholter Anwendung bei denselben Personen die gleichen Ergebnisse erzielt werden, sofern der wahre Wert unverändert ist.

3. Die **Validität** eines Tests gibt an, wie gut der Test in der Lage ist, genau das zu messen, was er zu messen vorgibt. Mit dem Einsatz mehrerer unterschiedlicher Methoden zur Messung des gleichen Merkmals kann die Validität überprüft werden.

Itemformulierung

Es gibt verschiedene Möglichkeiten der Itemformulierung, die jeweils Vor- und Nachteile aufweisen. Items mit offener Beantwortung überlassen die Art und Weise der Aufgabenlösung vollständig dem Untersuchungsteilnehmer. Dies kann in verbaler, aber auch in spielerischer oder bildnerischer Form geschehen. Diese Art der Beantwortung macht die objektive Auswertung aufwändig und schwierig. Sie sind jedoch für Erkundungsstudien geeignet, welche die Materialbasis für später zu konstruierende Tests darstellen.

Auch halboffene Items überlassen die Beantwortung dem Untersuchungsteilnehmer, allerdings ist die gestellte Aufgabe im Unterschied zu offenen Items so präzise gestellt, dass nur eine Antwort richtig ist. Halboffene Items machen zwar eine relativ objektive Auswertung möglich, jedoch sind manche Antworten aufgrund von Formulierungsnuancen nicht vollständig der richtigen Lösung zuzuordnen. Mit unterschiedlichen Punktbewertungen versucht man, auch halb richtigen Antworten gerecht zu werden.

Bei Aufgabentypen, die auch unter dem Begriff Multiple Choice bekannt sind, muss sich der Untersuchungsteilnehmer für eine der vorgegebenen Antwortalternativen entscheiden. Diese Tests können eindeutig und ohne großen Zeitaufwand ausgewertet werden. Die Alternativantworten müssen so geartet sein, dass ein unwissender Teilnehmer sämtliche Alternativen für gleich wahrscheinlich hält. Allerdings wird vom Teilnehmer keine Reproduktionsleistung, sondern eine schlichte Wiedererkennungsleistung gefordert. Zudem können die Ergebnisse durch Raten verfälscht werden.

Itemanalyse

Die Qualität eines Fragebogens ist abhängig von der Art und Zusammensetzung der Items, aus denen er besteht. Die Itemanalyse ist deshalb ein zentrales Element der Testkonstruktion und Testbewertung.

Die Rohwerteverteilung, d. h. die Häufigkeitsverteilung der Testwerte, vermittelt einen ersten Überblick über das Antwortverhalten. Nutzen sie den gesamten Wertebereich oder konzentrieren sich die Antworten um einen bestimmten Wert? Eventuell muss die Itemzusammensetzung überarbeitet werden.

Die Itemschwierigkeit wird durch den Index gekennzeichnet, der dem Anteil derjenigen Personen entspricht, die das Item richtig lösen oder bejahen. Extrem schwierige oder leichte Items sind wenig informativ, da sie keine Personenunterschiede sichtbar machen. Allgemein wird eine mittlere Itemschwierigkeit von 0,2 bis 0,8 auf einer Skala zwischen 0 und 1 angestrebt.

Der Trennschärfe eines Items ist zu entnehmen, wie gut das gesamte Testergebnis aufgrund der Beantwortung eines einzelnen Items vorhersagbar ist.

Die Homogenität gibt an, wie hoch die einzelnen Items eines Tests im Durchschnitt miteinander korrelieren. Bei hoher Homogenität erfassen die Items ähnliche Informationen. Bei eindimensionalen Instrumenten sind hohe Homogenitätsraten erstrebenswert.

Die Dimensionalität eines Tests gibt an, ob er nur ein Merkmal bzw. Konstrukt erfasst (eindimensionaler Test), oder ob mit den Testitems mehrere Konstrukte bzw. Teil-Konstrukte operationalisiert werden (mehrdimensionaler Test).

6.3.2   Beispiel: Bochumer Inventar zur berufsbezogenen Persönlichkeitsbeschreibung (BIP)

Das Bochumer Inventar zur berufsbezogenen Persönlichkeitsbeschreibung ist ein sehr junger Test. Er wurde 1998 von Hossiep & Paschen veröffentlicht und umfasst 210 Testfragen, die anhand von 14 Dimensionen zusammengefasst werden. Die Items sind von den Teilnehmern auf einer sechsstufigen Antwortskala zu bewerten. Die Dimensionen sind nach vier Bereichen geordnet. Abbildung 6.4 stellt diese Aufteilung dar.

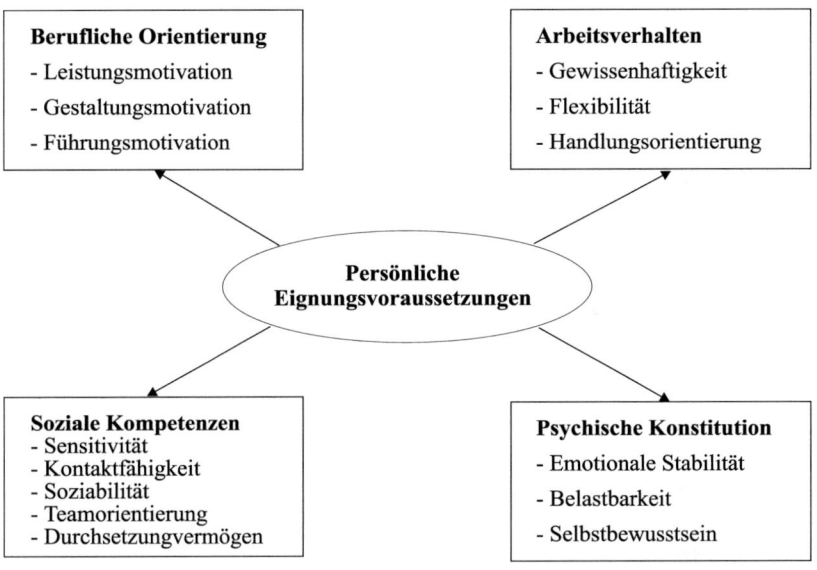

Abbildung 6.4: Die Dimensionen des BIP (Hossiep & Paschen, 1998, S. 17)

Ziel des BIP ist die standardisierte Erfassung des Selbstbildes eines Testkandidaten im Hinblick auf relevante Beschreibungsdimensionen aus dem Berufsleben. Seine Einsatzgebiete liegen in der unterstützenden Durchführung bei Personalauswahlprozessen, im Einsatz von Personalentwicklungsvorhaben sowie im Einsatz bei Berufs- und Karriereberatungen. Zum BIP liegt auch ein Fragebogen vor, der die gleichen Dimensionen umfasst, aber wesentlich kürzer gestaltet ist (vgl. Hossiep, Paschen & Mühlhaus 1999, S. 160).

Das BIP ist nicht auf der Basis einer einzigen, spezifischen theoretischen Konzeption entstanden. Ziele waren stets sowohl die theoretische Fundierung der ausgewählten Skalen als auch eine möglichst gute Abdeckung der Anforderungen der diagnostischen Praxis. Einige abgesicherte und konstruktvalidierte Dimensionen wie z. B. Gewissenhaftigkeit und emotionale Stabilität stehen daher praxeologen Skalen wie Teamorientierung gegenüber, die in der Wirtschaft Gegenstand intensiver Diskussion, wissenschaftlich aber noch nicht ausreichend erforscht sind (vgl. Hossiep et al., 1999, S. 162). Die Tabelle 6.3 zeigt die Beschreibung der Dimensionen aus dem Bereich der Sozialkompetenz.

Die Testdurchführung dauert zwischen 45 und 60 Minuten. Für die Auswertung der Papierversion können ca. 20 Minuten veranschlagt werden. Zur Durchführung und Auswertung des BIP kann darüber hinaus auch ein Computer eingesetzt werden.

Die Untersuchung der Gütekriterien ergab ermutigende Ergebnisse. Die Reliabilitätswerte sprechen dafür, dass die Dimensionen des BIP inhaltsmäßig recht homogen sind und die Verhaltensdispositionen mit zufriedenstellender Genauigkeit messen. Die Validität konnte aufgrund der kurzen Zeit seit der Entwicklung des Verfahrens noch nicht ausreichend untersucht werden, es finden sich aber aufgrund der Testdaten, die während der Entwicklung erhoben wurden, vielversprechende Hinweise auf die Gültigkeit der erfassten Dimensionen. Zudem genießt das Verfahren bei sachgerechter Anwendung hohe Akzeptanz bei den Testteilnehmern.

Tabelle 6.3: Die Definitionen der mit BIP erfassten Konstrukte der Sozialkompetenz (vgl. Hossiep & Paschen, 1998, S. 18)

Dimension	Beschreibung (Bedeutung einer hohen Skalenausprägung)
Sensitivität	Gutes Gespür auch für schwache Signale in sozialen Situationen; großes Einfühlungsvermögen; sichere Interpretation und Zuordnung der Verhaltensweisen anderer.
Kontaktfähigkeit	Ausgeprägte Fähigkeit und Präferenz des Zugehens auf bekannte und unbekannte Menschen und des Aufbaus sowie der Pflege von Beziehungen; aktiver Aufbau und Pflege von beruflichen wie privaten Netzwerken.
Soziabilität	Ausgeprägte Präferenz für Sozialverhalten, welches von Freundlichkeit und Rücksichtnahme geprägt ist; Großzügigkeit in Bezug auf Schwächen der Interaktionspartner; ausgeprägter Wunsch nach einem harmonischen Miteinander.
Teamorientierung	hohe Wertschätzung von Teamarbeit und Kooperation; Bereitschaft zur aktiven Unterstützung von Teamprozessen; bereitwillige Zurücknahme eigener Profilierungsmöglichkeiten zugunsten der Arbeitsgruppe.
Durchsetzungsstärke	Tendenz zur Dominanz in sozialen Situationen; Bestreben, die eigenen Ziele auch gegen Widerstände nachhaltig zu verfolgen; hohe Konfliktbereitschft.
Emotionale Stabilität	Ausgeglichene und wenig sprunghafte emotionale Reaktionen; rasche Überwindung von Rückschlägen und Misserfolgen; ausgeprägte Fähigkeit zur Kontrolle eigener emotionaler Reaktionen.

6.3.3 Eignung

Da die Persönlichkeit anhand von Eigenschaften, Motiven, Interessen, Einstellungen und Werthaltungen entscheidend zur Sozialen Kompetenz beiträgt, kann eine Messung der Persönlichkeit interessante Aspekte zur Beurteilung beitragen.

Mit dem Bochumer Inventar für berufsbezogene Persönlichkeitsbeschreibung wurde ein Instrument entwickelt, das sowohl auf wissenschaftlicher Basis beruht als auch Ansichten von in der Personalarbeit tätigen Psychologen bezüglich relevanter Verhaltensdispositionen berücksichtigt. Der Aufbau des Tests erlaubt auch Laien, diesen anzuwenden und auszuwerten, ohne von psychologischen Fachbegriffen überhäuft zu werden. Die Dauer der Testbearbeitung und Auswertung von eineinhalb Stunden macht den Einsatz des BIP bei der Personalauswahl und Personalentwicklung möglich. Wird die Validität des Tests in den nächsten Jahren durch weitere Untersuchungen bestätigt, stellt das Bochumer Inventar für berufsbezogene Persönlichkeitsbeschreibung eine sinnvolle Ergänzung zu anderen Diagnostikinstrumenten wie z. B. dem Interview dar.

Die Anwendung von psychologischen Tests ist ein heikles Thema, da der Messbarkeit der Persönlichkeit Misstrauen entgegengebracht wird. Daher ist eine sachgemäße Auswahl des Verfahrens äußerst wichtig. Nur bei seriösen, leistungsfähigen und sozial akzeptablen Verfahren können Tests objektive Hinweise geben.

Als größtes Problem von Persönlichkeitstests wird häufig der Effekt der „sozialen Erwünschtheit" genannt. Testergebnisse haben oft für die getestete Person ernste Konsequenzen. Sie entscheiden über Ausbildungs- und Arbeitsplatz sowie über die Karriere. Verständlicherweise bemühen sich die getesteten Personen, ihre Testergebnisse in einer für sie möglichst günstigen Weise zu korrigieren. Sind die Fragen relativ transparent formuliert, erkennt der Testanwender leicht, was die Frage erfassen will und kann seine Antwort in die gewünschte Richtung manipulieren. Auch typische Reaktionen auf die Präsentation und Anordnung der Testaufgaben verzerren unter Umständen das Ergebnis. Maßnahmen zur Reduzierung der Manipulation könnten beispielsweise sein (vgl. Hossiep, Paschen & Mühlhaus 1999, S. 60):

- Es werden Items entwickelt, bei denen die Wahlalternativen die gleiche soziale Erwünschtheit aufweisen.

- Die Items werden möglichst subtil formuliert, so dass die Testanwender nicht gleich auf den Hintergrund schließen können.

- Testanwender werden vor unwahrheitsgemäßer Beantwortung gewarnt oder es wird ihnen mitgeteilt, dass Falschantworten als solche identifiziert werden.

- Den Testverfahren werden spezielle Skalen hinzugefügt, welche die soziale Erwünschtheit oder Tendenzen zur Lüge erfassen sollen.

Die Nachteile eines Tests liegen demnach in der schwierigen Überprüfung der Validität und den vielfältigen Einflussmöglichkeiten auf das Ergebnis. Zudem sagen Testverfahren, die sehr viele Items zur Erfassung der Merkmalsausprägungen enthalten, zwar wesentlich mehr aus, sind in ihrer Anwendung aber sehr viel aufwendiger und benötigen viel Zeit. Kurze Fragebögen zur Erfassung sozialer Kompetenz sind in der Praxis gut einzusetzen, können aber die vielen Facetten der Sozialkompetenz nur ungenau überprüfen. Es empfiehlt sich, Testverfahren immer in Kombination mit anderen Diagnoseverfahren einzusetzen, um ein möglichst objektives und vollständiges Bild zu erhalten.

6.4 Befragung

Anhand der Befragung werden in der empirischen Sozialforschung etwa 90 % aller Daten erhoben. Die Befragung enthält Elemente, die bisher schon beschrieben wurden, wie z. B. die Verankerung der Antworten als Rating-Skalen oder die Formulierung von Items. Es wird zwischen der schriftlichen Befragung in Form eines Fragebogens und der mündlichen Befragung als Interview unterschieden. Welche der Befragungstechniken gewählt wird, hängt vom konkreten Forschungsproblem ab. Die Entwicklung eines guten Fragebogens erfordert mehr Vorkenntnisse und Vorarbeit als die Vorbereitung eines Interviews. Im Rahmen von schriftlichen Befragungen bleiben die Befragten dagegen anonymer, was sich günstig auf die Bereitschaft auswirkt, offen und ehrlich zu antworten. Beide Verfahren haben ihre Schwächen und Stärken, die in den folgenden Abschnitten diskutiert werden.

6.4.1 Merkmale eines Interviews

Standardisierung

Bei einem standardisierten oder vollständig strukturierten Interview sind Wortlaut und Abfolge der Fragen eindeutig vorgegeben und für den Interviewer verbindlich. Im Idealfall enthält der Interviewbogen vorgegebene Alternativantworten, von denen der Interviewer nur die entsprechende Antwort des Befragten ankreuzen muss. Wenn eine spontane, an der Frage orientierte Antwort erwartet wird, sollten die Alternativantworten nicht vorgegeben werden.

Bei nichtstandardisierten Interviews ist lediglich ein thematischer Rahmen vorgegeben. Der Interviewer setzt das Gespräch in Gang und protokolliert die Äußerungen der Befragten stichwortartig oder mit einem Tonbandgerät mit. Die Persönlichkeit des Interviewers ist von ausschlaggebender Bedeutung für den Erfolg des Interviews. Seine Art, das Gespräch zu führen, bestimmte Äußerungen zu provozieren sowie seine individuellen Präferenzen, Sympathien und Antipathien für bestimmte Menschen und Werte beeinflussen das Interviewresultat.

Das halb- oder teil-standardisierte Interview besteht aus Interviewformen mit teils offenen und teils geschlossenen Fragen und mit unterschiedlicher Standardisierung. Grundlage ist ein Interview-Leitfaden, der dem Interviewer mehr oder weniger verbindlich die Art und die Inhalte des Gesprächs vorschreibt.

Aufbau eines Interviews

Nach der Festlegung des Themas wird die Abfolge der einzelnen thematischen Teilbereiche derart festgelegt, dass der Befragte weder unter- noch überfordert wird. Anschließend werden die Inhalte spezifiziert, die zu den einzelnen Themenbereichen erfragt werden sollen und die Fragen entsprechend formuliert. Die sorgfältige Gestaltung der Intervieweröffnung unterstützt die Erweckung von Interesse und Aufmerksamkeit des Gesprächspartners. Zudem werden durch sogenannte „Eisbrecherfragen" Hemmungen abgebaut und die Gesprächsbereitschaft erhöht. Übergangsfragen erleichtern den Themenwechsel im Gesprächsverlauf. Der Aufbau und die Formulierung der Interviewfragen begrenzen Quantität und Qualität möglicher Antworten und damit letztendlich die durch das Interview zu erzielenden Erkenntnisse.

Der Interviewer

Es ist unstrittig, dass die Person, die ein Interview durchführt, das Ergebnis entscheidend beeinflussen kann. Um diese Interviewer-Effekte auf ein möglichst geringes Maß zu reduzieren, sollte der Interviewer die folgenden Anforderungen erfüllen (vgl. Fowler & Mangione, 1990, zit. n. Bortz & Döring, 2002, S. 247):

- Der Interviewer muss das Verhalten anderer aufmerksam beobachten und verstehen können, was Interesse am Menschen und an der untersuchten Problematik voraussetzt.

- Der Interviewer muss psychisch belastbar sein, um auch bei unangemessenen Reaktionen des Interviewpartners oder organisatorischen Problemen seine Aufgabe verantwortungsvoll erledigen zu können.

- Der Interviewer muss über eine hohe Anpassungsfähigkeit verfügen, um mit verschiedenartigen Personen eine gelöste Gesprächsatmosphäre herstellen und aufrechterhalten zu können.

- Der Interviewer muss über eine gute Allgemeinbildung verfügen und über das Befragungsthema ausreichend informiert sein, um auch auf unerwartete Antworten kompetent reagieren zu können.

- Der Interviewer muss sein eigenes verbales und nonverbales Verhalten unter strenger Kontrolle halten können, um die Antworten des Befragten durch eigene Urteile und Bewertungen nicht zu beeinflussen.

- Der Interviewer muss selbstkritisch sein, um Gefährdungen der Interviewresultate durch die Art seines Auftretens, seiner äußeren Erscheinung, seiner Persönlichkeit, seiner Einstellungen usw. erkennen und gegebenenfalls vermeiden zu können.

6.4.2   Beispiel: Situatives Interview

Für die Personalauswahl eignet sich ein situatives Interview zur schnellen und unkomplizierten Erfassung von Komponenten der Sozialkompetenz. Mit Hilfe von situativen Fragen können zukünftige Verhaltensweisen und Orientierungen des Bewerbers aus seiner Reaktion auf kurz skizzierte, erfolgsrelevante Situationen abgeleitet werden. Kernelement einer situativen Frage ist eine knapp, aber präzise skizzierte Situation aus dem späteren beruflichen Alltag. Der Bewerber versetzt sich gedanklich in diese konkrete Situation und kann daher sehr exakt bestimmte eigene Verhaltensweisen beschreiben. Die Antworten der Bewerber werden mit vorgegebenen Skalenverankerungen verglichen und eingestuft. Als Grundlage der Skalenverankerungen werden Erfolg versprechende und nicht Erfolg versprechende Verhaltensweisen beschrieben, die als Vergleichsmaßstab für die Antwort des Bewerbers herangezogen werden können (vgl. Schuler et al., 1995, S. 101).

Beispielsweise soll die Kritikfähigkeit als Teil der Sozialkompetenz untersucht werden. Folgende Situation könnte beschrieben sein:

Sie kommen als Auszubildender/Trainee in einen neuen Bereich. Der Bereichsleiter ist gerade nicht da. Sein Kollege, der sonst vertretungsweise die Auszubildenden/Trainees betreut, hat keine Zeit für Sie und kann Ihnen keine Arbeit geben. Sie setzen sich an einen freien Schreibtisch und lesen eine dort liegende Zeitschrift. Plötzlich erscheint der Bereichsleiter und kritisiert Sie. Was tun Sie in dieser Situation?

Bewertung	Ankerantwort
2	Ich bleibe ruhig, erkläre, wie die Situation zustande gekommen ist und erwähne, dass ich bereit war und bereit bin, zu arbeiten.
1	
0	Ich sage ihm, dass ich mich sinnvoll beschäftigen wollte, weil nichts zu tun war.
-1	
-2	Ich sage, dass ich doch nicht schuld daran bin, wenn mir keiner einen Auftrag gibt.
	Antwort des Bewerbers
?	„Ich stelle mich vor, sage, dass ich gerne etwas machen würde und frage, welche Arbeit der Bereichsleiter für mich hat."

6.4.3   Merkmale eines Fragebogens

Für die Befragung homogener Gruppen eignet sich die kostengünstigere Fragebo-
gentechnik. Sie erfordert eine hohe Strukturierbarkeit der Befragungsinhalte und
verzichtet auf steuernde Eingriffe durch den Interviewer.

Bei der Konstruktion eines Fragebogens sind sowohl Prinzipien der Entwicklung
eines Tests als auch Regeln des mündlichen Interviews zu beachten. Vor der Erstellung eines Fragebogens zu einem Untersuchungsgegenstand sollte geprüft werden,
ob bereits entwickelte Fragebögen anderer Autoren geeignet sind. Eine Bestandsauf-
nahme über die Inhalte, die durch Fragen abgedeckt werden sollen, ermöglicht eine
möglichst vollständige Erfassung des zu untersuchenden Gegenstandsbereichs.

Fragen mit Antwortvorgaben sind bei schriftlichen Befragungen der offenen Frage-
form vorzuziehen, da die Auswertung erleichtert wird. Es entfallen zeitaufwändige
und kostspielige Kategorisierungs- und Kodierarbeiten. Die Formulierung der Fra-
gebogenitems als Frage oder Behauptung sind abhängig von den zu untersuchenden
Inhalten. Während Behauptungen zur Erkundung von Positionen, Meinungen und
Einstellungen geeignet sind, werden Fragen eher zur Erkundung von Sachverhalten
verwendet. Wie auch bei der Entwicklung eines Tests tragen Items mit extremer
Schwierigkeit nicht zur Differenzierung der Befragten bei. Zudem sind Formulierungen, in denen die Begriffe „immer", „alle", „keiner" und „niemals" vorkommen, zu
vermeiden, weil diese absoluten Formulierungen für unrealistisch gehalten werden.

Eine verständliche Instruktion zur eindeutigen Handhabung des Fragebogens ist sehr
wichtig. Die Abfrage persönlicher Daten wird an den Anfang gestellt. Der letzte Teil
des Fragebogens sollte einfach gehalten sein und überwiegend kurze und leicht zu
beantwortende Fragen enthalten.

6.4.4   Beispiel: Deutsche Fassung des Interpersonal Competence Ques-
tionnaire (ICQ)

Riemann und Allgöwer (1993, S. 154) übersetzten die englische Fassung des ICQ (vgl.
Buhrmester, Fuhrman, Wittenberg & Reiss, 1988), dessen psychometrische Eigenschaften bereits als gut beurteilt wurden. Die Items wurden zunächst unabhängig
und möglichst wortgetreu übersetzt, was sich aufgrund des konkreten Verhaltens-
bezugs als unproblematisch erwies. Die Soziale Kompetenz wurde in fünf Aufga-

benbereiche untergliedert, die möglichst breit und umfassend sind, eine theoretische Bedeutung für wichtige psychologische Phänomene haben und sich konzeptionell und empirisch voneinander abgrenzen lassen (vgl. Riemann & Allgöwer, 1993, S. 154):

1. Initiierung von Interaktionen und Beziehungen

2. Behauptung persönlicher Rechte und die Fähigkeit, andere zu kritisieren

3. Preisgabe persönlicher Informationen

4. Emotionale Unterstützung anderer

5. Effektive Handhabung interpersonaler Konflikte

Zur Erfassung der Merkmalsausprägung gibt es für jeden Aufgabenbereich acht Items. Die fünf Aufgabenbereiche korrelieren vergleichsweise mäßig miteinander. Die gute Validität der deutschen Fassung des ICQ konnte ausreichend belegt werden. Demnach kann der ICQ als gutes Instrument zur Erfassung selbstwahrgenommener sozialer Kompetenz angesehen werden (vgl. Riemann & Allgöwer, 1993, S. 163).

6.4.5   Eignung

Mündliche und schriftliche Befragungen sind im betrieblichen Bereich häufig eingesetzte Verfahren der Personalauswahl, Mitarbeiter- und Kundenbefragung. Das Interview kann aufgrund des persönlichen Kontakts zwischen dem Befragten und dem Interviewer weitere Aufschlüsse über die Qualität der Antworten geben, da ein geschulter Beobachter Diskrepanzen zwischen dem verbalen und nonverbalen Verhalten erkennen kann. Zudem erlaubt eine offene Frageformulierung freie und spontane Äußerungen, die weitere Aufschlüsse über die Ausprägung der Sozialkompetenz des Interviewten geben kann. Negative Aspekte der mündlichen Befragung sind dagegen die möglichen Einflüsse des Interviewers auf den Befragten durch sein Auftreten sowie die Tendenz zur Unehrlichkeit, wenn der Befragte sich vor dem Interviewer besser darstellen will.

Schriftliche Befragungen anhand eines Fragebogens lassen sich aufgrund ihrer hohen Standardisierung wesentlich leichter auswerten und sind objektiver, da keine Beurteilung des Interviewers einfließt. Die Entwicklung eines Fragebogens erfordert

allerdings Vorkenntnisse und ist aufwändig. Erst durch Überprüfung der drei Gütekriterien Objektivität, Reliabilitat und Validität kann sichergestellt werden, dass
die Ergebnisse des Fragebogens die gewünschten Inhalte untersuchen. Die Überprüfung dieser Gütekriterien ist aufwändig und kompliziert und für betriebliche Belange
wenig geeignet. Darum sollte zur Personalauswahl auf Fragebögen zurückgegriffen
werden, deren Validität ausreichend belegt ist.

Verschiedene Arten von Frageformen haben sich entwickelt. Während biografische
Fragen zukünftige Verhaltensweisen und Orientierungen des Befragten aus seiner
Vergangenheit ableiten, orientieren sich situative Fragen auf seine Reaktion auf kurz
skizzierte, erfolgsrelevante Situationen. Da die Sozialkompetenz auch von Persön-
lichkeitsdispositionen beeinflusst wird, die über einen längeren Zeitraum stabil sind,
können Verhaltensweisen aus der Vergangenheit durchaus auf die Zukunft übertragen werden. Auch situative Fragen geben Hinweise auf die Sozialkompetenz. Die
Antworten sind zwar rein hypothetisch und geben keine Garantie, dass sich der Befragte in der jeweiligen Situation tatsächlich gemäß seiner Antwort verhalten würde,
jedoch ist schon die Wahrnehmung der Situationsproblematik sowie die Auswahl angemessener Verhaltensweisen die Grundvoraussetzung für die Anwendung des kompetenten Sozialverhaltens.

6.5   Beobachtung

Empirische Methoden beruhen auf Sinneserfahrungen. Datenerhebungsmethoden
können daher nicht auf Beobachtungen verzichten. Laatz (1993, S. 169) definiert
Beobachtung als „das Sammeln von Erfahrungen in einem nicht kommunikativen
Prozess mit Hilfe sämtlicher Wahrnehmungsmöglichkeiten. Im Vergleich zur Alltags-
beobachtung ist wissenschaftliche Beobachtung stärker zielgerichtet und methodisch
kontrolliert. Sie zeichnet sich durch Verwendung von Instrumenten aus, welche die
Selbstreflexion, Systematik und Kontrolle der Beobachtung gewährleisten und Grenzen unseres Wahrnehmungsvermögens auszudehnen helfen."

6.5.1   Merkmale einer systematischen Beobachtung

Die systematische Beobachtung setzt einen genauen Beobachtungsplan voraus, der
vorschreibt, was zu beobachten ist, was für die Beobachtung unwesentlich ist, ob

bzw. auf welche Weise das Beobachtete gedeutet werden darf, wann und wo die Beobachtung stattfindet und wie das Beobachtete zu protokollieren ist.

Modellierungsregeln

Einige Regeln, die sich an inhaltsanalytischen Techniken orientieren, kennzeichnen die systematische Beobachtung:

- **Selektion**

  Es werden bestimmte Beobachtungsgegenstände sowie bestimmte Reize aus der Vielzahl der wahrgenommenen ausgewählt.

- **Abstraktion**

  Ein Ereignis wird aus seinem jeweiligen konkreten Umfeld herausgelöst und auf seine wesentliche Bedeutung reduziert.

- **Klassifikation**

  Ereignisse und Merkmale mit ähnlicher Bedeutung werden zusammengefasst, und diesen Ereignis- oder Merkmalsklassen werden bestimmte Zeichen und Symbolen zugeordnet.

- **Systematisierung**

  Die kodierten Einzelbeobachtungen werden zu einem Gesamtprotokoll zusammengefasst. Beobachtungsdaten, welche die Grundlage für weitere Berechnungen bilden, werden aufbereitet.

- **Relativierung**

  Überlegungen zum Aussagegehalt des Untersuchungsmaterials und dessen Integration in einen theoretischen Rahmen werden angestellt. Störungen (unvorhergesehene Ereignisse, Anwesenheit der Beobachter) während der Untersuchung, Unsicherheiten bei der Protokollierung sowie andere Gründe, die gegen die Eindeutigkeit der Untersuchungsergebnisse sprechen, können den Aussagegehalt gefährden.

Der Grad der Systematisierung hängt ab von dem Anliegen der Untersuchung. Sollen Hypothesen gefunden, überprüft oder beschrieben werden? Je präziser die Vorkenntnisse über den Untersuchungsgegenstand sind, umso systematischer sollte eine Beobachtung angelegt sein.

Formen der Beobachtung

Es werden teilnehmende und nicht-teilnehmende sowie offene und verdeckte Beobachtungsformen unterschieden. Ist der Beobachter selbst Teil des Geschehens anstatt als Außenstehender zu beobachten, handelt es sich um eine teilnehmende Beobachtung. Wird offen beobachtet, bemüht sich der Beobachter nicht, seine Rolle als Beobachter zu verbergen.

Als teilnehmender Beobachter und integrativer Bestandteil der Gruppe können Beobachtungen gemacht werden, die Außenstehenden verborgen bleiben. Allerdings besteht die Gefahr, durch eigene Initiativen und Aktivitäten den normalen Ablauf des Geschehens zu verändern. Als außenstehender Beobachter kann sich dieser vollständig auf das Geschehen und die systematische Beobachtung konzentrieren. Ist die Beobachtung den Teilnehmern bekannt, besteht die Gefahr, dass sich die Teilnehmer im Sinne sozialer Erwünschtheit verhalten.

Auch bei strukturierter Beobachtung fließen subjektive Deutungen in das Beobachtungsprotokoll ein. Indem mehrere Beobachter eingesetzt werden, kann durch Abgleich der Beobachtungsprotokolle die Subjektivität verdeutlicht werden und Übereinstimmungen zu einem Gesamtprotokoll verdichtet werden.

6.5.2 Beispiel: Rollenspiele

Da ein Großteil der Arbeit in einem Unternehmen auf Interaktionen mit Kollegen, Vorgesetzten, Mitarbeitern und Kunden basiert, werden typische Dialogsituationen durch Rollenspiele nachzubilden versucht. Dem Akteur wird eine sorgfältig geplante Situation vorgegeben, in der dieser eine Handlungssequenz auszuführen hat. Sollen Rollenspiele für das Handeln in realen Situationen gültig sein, müssen die vorgegebenen Situationen repräsentativ sein (vgl. Jung, 1990, S. 476). Je besser die zu beobachtenden Personen sich in die nachzuspielenden Situationen einleben können, umso größer ist die Aussagekraft des Rollenspiels, da keine Hemmungen die Verhaltensweisen beeinflussen. Das Verhalten des Rollenspielers wird anhand relevanter, anforderungsbezogener Dimensionen bewertet.

Rollenspiele sind geeignet zur Erhebung von Verhaltensstrategien und Handlungsent-
würfen, da anzunehmen ist, dass eine Übereinstimmung zwischen dem Verhalten in
der gestellten Situation und spontanem Handeln in einer „realen" Situation besteht,
weil das Repertoire unterschiedlicher Handlungsweisen für gegebene Situationen gelernt und damit begrenzt ist (vgl. ebd.).

6.5.3 Eignung

Die Beobachtung hat gegenüber anderen Datenerhebungstechniken Vorteile, wenn

- man damit rechnen muss, dass verbale Selbstdarstellung der Untersuchungsteilnehmer das interessierende Verhalten bewusst oder unbewusst verfälscht,

- man befürchtet, dass die Untersuchungssituation das interessierende Verhalten
  beeinflusst,

- man in einem neuen Untersuchungsterrain erste Eindrücke sammeln will, um
  diese zu überprüfen und gegebenenfalls zu Hypothesen auszubauen,

- man für die Deutung einer Handlung das Ausdrucksgeschehen (Mimik, Gestik)
  des Handelnden heranziehen will.

Jedoch wird jede Beobachtung auch durch subjektive Einstellungen und Anschauungen der Beobachter verzerrt. Diese Subjektivität kann durch Systematisierung zum
Teil reduziert werden. Das zu beobachtende Verhalten wird bewusst ausgewählt,
systematisch erfasst und ausgewertet. Damit wird also eine Auswahl zwischen ir-
relevanten und relevanten Verhaltensweisen getroffen. Indem nur Teilbereiche des
Verhaltens beobachtet werden, ist jedoch in der anschließenden Beurteilung keine
Erfassung der gesamten Persönlichkeit möglich. Zudem findet die Beobachtung meist
nur innerhalb eines kleinen Abschnitts statt. Weder die „Geschichte" des Verhaltens
kann in die Beurteilung einfließen, noch kann auf Defizite geschlossen werden, nur
weil bestimmte Verhaltensweisen im Beobachtungszeitraum nicht stattfanden (vgl.
Seyfried, 1995c, S. 157).

Da Sozialkompetenz nur im Kontext von Verhalten in bestimmten Situationen beurteilt werden kann, bieten sich die Beobachtung und Beurteilung an. Allerdings ist
eine Schulung der Beobachter notwendig, damit diese mit Techniken zur Vermeidung

von Beobachtungsfehlern vertraut gemacht werden sowie Kategorienschemata kennen lernen, mit denen die Bewertungen vorzunehmen sind. Zudem kann der Einsatz von mehreren Beobachtern und der Abgleich der Beobachtungsergebnisse zu einem Gesamtprotokoll die Objektivität erhöhen.

Zusammenfassend kann hervorgehoben werden, dass die vollständige Messung von Sozialkompetenz äußerst schwierig und aufwändig ist. Die Komplexität des Konstrukts macht es nahezu unmöglich, alle Aspekte der Sozialkompetenz zu erfassen und in die Bewertung einfließen zu lassen. Einen allgemein gültigen, quantitativen Messwert für Sozialkompetenz gibt es nicht, denn Sozialkompetenz ist situationsspezifisch. Man kann höchstens versuchen, Teilaspekte der Sozialkompetenz anforderungsspezifisch zu beurteilen und daraus Hinweise über die Entwicklungsstufe der Sozialkompetenz zu erhalten.

Abbildung 6.5 zeigt auf, welche Methoden zur Diagnose von Sozialkompetenz in den Unternehmen eingesetzt werden. Demnach besitzen situative Interviews, Selbst- und Fremdbeurteilungen sowie Gruppendiskussionen und Rollenspiele bei der Bewertung von Sozialkompetenz den größten Stellenwert. Biografische Fragebögen sowie psychologische Testverfahren finden demgegenüber wenig Anwendung.

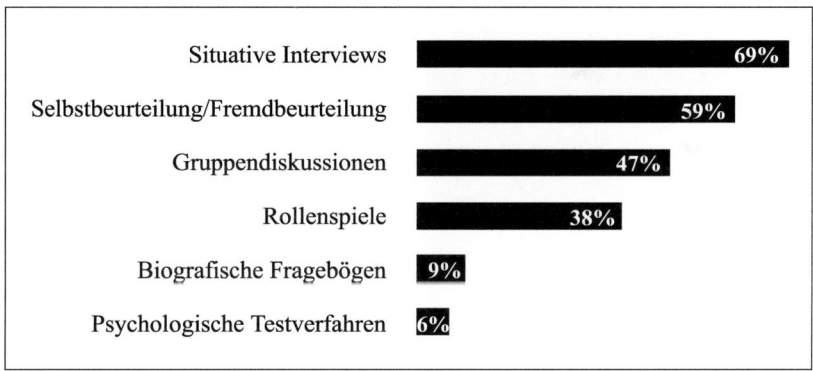

Abbildung 6.5: Instrumente zur Diagnose sozialer Kompetenz im betrieblichen Einsatz

Die relativ ausgewogene Verteilung könnte ein Hinweis darauf sein, dass zur Diagnostik häufig mehrere Instrumente angewendet werden. Zudem wurden als weitere Diagnoseinstrumente Assessment und Development Center sowie strukturierte Interviews genannt. Gerade Assessment Center enthalten häufig mehrere dieser Methoden wie z. B. Gruppendiskussionen, Interviews und Rollenspiele.

6.6   Angewendete Methoden für die Umfrage

Als Methode für die Umfrage, die im Zuge dieser Arbeit durchgeführt wurde, wurde der Fragebogen gewählt, weil er wenig zeitaufwändig ist und kostengünstig per E-Mail verschickt werden kann. Er umfasst zwei Seiten mit sechs Fragen, was einer Bearbeitungszeit von 15 Minuten entspricht. Damit wurde die Bereitschaft der Befragten unterstützt, die notwendige Zeit aufzuwenden um ihn ausgefüllt an mich zurückzuschicken.

Der Fragebogen enthält offene und geschlossene Fragen, die unterschiedliche ausgewertet wurden (Fragebogen siehe Anhang). Im ersten Punkt wird nach einer Definition bezüglich Sozialkompetenz gefragt, welche die Befragten aufstellen sollen. Bei der Auswertung wurden die einzelnen Definitionen aufgelistet, um die Vielfalt deutlich zu machen. Die zweite Frage lässt die Befragten Fähigkeiten aufzählen, die sie der Sozialkompetenz zuordnen. Auch diese Frage ist eine offene Frage, was die Auswertung erschwert. Insgesamt über hundert Eigenschaften und Fähigkeiten wurden aufgelistet, die sich teilweise überschneiden. Die Begriffe wurden nach zusammenfassenden Bedeutungseinheiten bewertet. Somit wurden einzelne Eigenschaften und Fähigkeiten unter einem Oberbegriff zusammengefasst. Die häufigsten Nennungen von bestimmten Fähigkeiten wurden damit als die wichtigsten Fähigkeiten interpretiert.

Die Fragen 3 bis 5 sind geschlossene Fragen und können quantitativ ausgewertet werden. Die dritte Frage stellt einige Aussagen zur Diskussion und fordert die Befragten auf, ihre Meinung anzugeben. Mit einem Kreuz stimmen die Befragten der Aussage zu. Quantitativ wird ausgewertet, wie viele Aussagen angekreuzt werden. Die Fragen 4 und 5 beziehen sich auf Methoden, die in den Unternehmen angewendet werden. Die Befragten kreuzen die verwendeten Methoden an. Auch hier wird durch Zählen ausgewertet, welche Methode in welchem Ausmaß in der betrieblichen Praxis ihre Anwendung findet.

Frage 6 ist eine Mischung aus offener und geschlossener Frage. Zum einen soll angekreuzt werden, in welchem Verhältnis die Sozial- und die Fachkompetenz für die einzelnen Jobbeschreibungen stehen sollte, zum anderen sollen für die diese Aufgabe wichtigen Fähigkeiten der Sozialkompetenz angegeben werden. Das mögliche Verhältnis von Sozialkompetenz und Fachkompetenz wurde in fünf Klassen eingeteilt und zur Bewertung vorgegeben. Die ausgewerteten Ergebnisse werden in einem Histogramm dargestellt, das die Verteilung der Antworten abbildet. Die aufgezählten Fähigkeiten wurden entsprechend der Frage 2 behandelt und ausgewertet.

7. Entwicklungsmöglichkeiten für Sozialkompetenz

Der Grundstein für soziale Kompetenz wird bereits in der Kindheit gelegt. Wie die Eltern mit ihren Kindern reden, wie sie miteinander umgehen und Konflikte austragen, beeinflusst die Kommunikations- und Konfliktfähigkeit der Kinder. Auch empathisches Verhalten kann erlernt werden, indem beispielsweise die Eltern ihre Kinder auf den Schmerz anderer Kinder hinweisen, denen sie weh getan haben. Soziale Kompetenz und ihre Komponenten sind also zum Teil erlernte Verhaltensweisen, die für spezifische Situationen erworben werden. Dementsprechend können Defizite im Bereich sozialer Kompetenz über Trainingsmaßnahmen reduziert werden (vgl. Fydrich & Bürgener, 1999, S. 84).

Schulungsmaßnahmen sollen Verhaltensstrukturen sichtbar machen, selbstkritisches Hinterfragen zu Einstellungen ermöglichen, für neue Verhaltensmuster sensibilisieren und neues Verhalten erlebbar und erlernbar machen. Die Lernbedürfnisse sowie die Lernfähigkeit der Teilnehmer muss berücksichtigt werden. Trotzdem stellen sich immer wieder zwei wichtige Fragen (vgl. Schuler & Barthelme, 1995, S. 110):

1. Anhand welcher Kriterien können die Vorgehensweise und die Wirksamkeit von durchgeführten Schulungsmaßnahmen evaluiert werden?

2. Wie kann der Transfer der Schulungsinhalte auf den beruflichen Alltag gelingen?

Zur Wirksamkeit von Schulungsmaßnahmen konnten Burke & Day (1986, S. 232-243) in einer Metaanalyse über mehrere Studien recht positive Ergebnisse aufzeigen. Interventionsmaßnahmen, welche die soziale Interaktion betreffen, erzielten demnach relativ gute Ergebnisse. Zudem konnte im Rahmen von Führungskräfteentwicklungsmaßnahmen nachgewiesen werden, dass durch die Anwendung von Verhaltenstrai-

nings für konkrete situative Anforderungen deutliche Verhaltensänderungen auch im
beruflichen Alltag beobachtbar sind. Gute Wirkung zeigen vor allem diejenigen Maßnahmen, bei denen im Vorfeld eine Bedarfsanalyse durchgeführt, darauf basierend
das Schulungsprogramm zusammengestellt, mehrere Lernmethoden kombiniert und
den Teilnehmern Gelegenheit zu praktischen Übungsphasen gegeben wird (Fisch &
Fiala, 1984, S. 193).

Um den Transfer der gelernten Verhaltensweisen in den beruflichen Alltag zu unterstützen, ist die Einbindung eines ausführlichen Reflexionsprozesses notwendig. Sich
das eigene Verhalten sowie dessen Wirkung auf andere Personen bewusst zu machen,
ist die Voraussetzung für die Anwendung neuer Verhaltensmuster.

Eine ausführliche Darstellung aller Schulungsmaßnahmen für Sozialkompetenz würde den Rahmen dieser Arbeit sprengen. Um das Konstrukt „Sozialkompetenz" jedoch
abzurunden, wird ein kurzer Überblick über Methoden zur Vermittlung von Sozialkompetenz gegeben, die im betrieblichen Umfeld angewendet werden. Abschließend
wird ein sehr junges Projekt vorgestellt, dem ein völlig neuer Ansatz gegenüber
herkömmlichen Schulungsmaßnahmen zugrunde liegt. Unter dem Motto „Lernen in
fremden Lebenswelten" werden soziale Kompetenzen in einer Kooperation zwischen
Unternehmen und sozialen Einrichtungen trainiert.

7.1 Die wichtigsten Methoden im Überblick

Gruppenarbeit, Rollenspiele, Coaching, Supervision und NLP stellen Methoden zur
Vertiefung von Sozialkompetenz und zur Aufarbeitung von sozialen Problemen dar.
Sie basieren allesamt auf den Grundlagen der Gruppendynamik.

Abbildung 7.1 zeigt die anwendung der verschiedenen Methoden in den Unternehmen. In nahezu jedem Unternehmen (97 %) werden Mitarbeitergespräche geführt.
Zudem werden Seminare und Workshops sowie die Möglichkeit des Coachings zur
Weiterentwicklung der Sozialkompetenz angeboten. Weiterhin werden zur Entwicklung von Sozialkompetenz Instrumente wie Selbst- und Fremdbeurteilung in Form
von Gesprächen mit dem Vorgesetzten bzw. dem Mitarbeiter sowie Mentoring eingesetzt.

Die Inhalte von Seminaren und Workshops, welche die Unternehmen zur Entwicklung der Sozialkompetenz ihrer Mitarbeiter und Führungskräfte einsetzen, umfassen die Themen Führung, Kommunikation, Konfliktmanagement, Teamarbeit und Motivation.

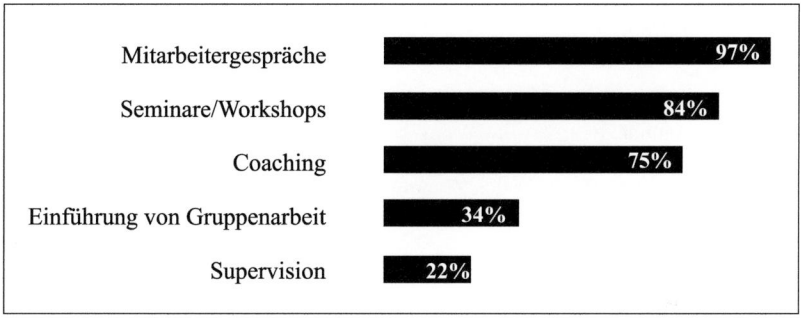

Abbildung 7.1: Maßnahmen zur Förderung sozialer Kompetenz, die in Unternhmen angewendet werden

7.1.1 Gruppenarbeit

Die Gruppenarbeit stellt einerseits ein Instrument zur Vermittlung und Förderung von Sozialkompetenz dar, andererseits erfordert erfolgreiches Arbeiten im Team bereits schon vorhandene Sozialkompetenz. Gruppenarbeit als Instrument wird von erfahrenen Trainern, Psychologen oder Moderatoren begleitet. Unter Anwendung besonderer Regeln werden Gruppenprozesse aufgezeigt, den Teilnehmern zur Diskussion gestellt und anhand gruppenpsychologischer Trainingsmethoden Verhaltensprozesse in Gang gesetzt, durch deren Erleben die Sozialkompetenz der Teilnehmer verbessert werden kann (vgl. Lenzen, 1998, S. 83).

Gruppenarbeit ist besonders geeignet, um den kommunikativen Umgang und die Zusammenarbeit zu fördern. Die Teilnehmer sollen lernen, ihre eigenen Wünsche zu erkennen und zu formulieren, sollen gleichzeitig aber auch im Zusammenspiel mit anderen erfahren, dass diese eigenen Interessen nur durch die Bereitschaft zu solidarischem Verhalten zu verwirklichen sind. Grundlage für eine funktionsfähige Gruppe sind gegenseitiges Vertrauen und Unterstützung, Anerkennung der Gruppenziele, offene Kommunikationswege sowie ein angemessener Umgang mit Konflikten.

Ruth Cohn (1991) entwickelte das Konzept der themenzentrierten Interaktion (TZI) in der Gruppe. Das Konzept verbindet das Sachanliegen mit dem Interaktionsanliegen der Gruppe. Ein Lernvorgang oder eine Arbeitsaufgabe werden nur dann erfolgreich sein, wenn die psychische, emotionale und intellektuelle Besonderheit jedes einzelnen Gruppenmitglieds respektiert wird und einen Einfluss auf die Aktivität der Gruppe nimmt.

Abbildung 7.2 veranschaulicht den Zusammenhang der vier Elemente ES, ICH, WIR und Umwelt.

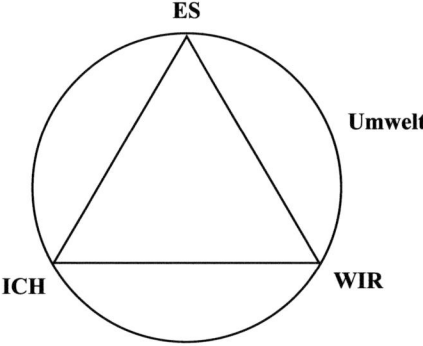

Abbildung 7.2: Das TZI-Dreieck (vgl. Brinkmann, 1999, S. 25)

Das ICH sind die einzelnen Gruppenmitglieder mit ihren Wahrnehmungen, Wünschen, Gedanken, Erfahrungen, Gefühlen, Körperempfindungen und Ängsten bezüglich der Gruppenaufgabe. Unter WIR fällt das Erleben des Umgangs miteinander, der emotionalen Dynamik und der kognitiven Gemeinsamkeiten. ES bezeichnet das Thema oder die Aufgabenstellung, welche die Gruppe gemeinsam zu lösen hat. Die Umwelt umfasst alles, was außerhalb der Gruppe liegt, aber auf die Gruppenmitglieder Einfluss nimmt (vgl. Brinkmann, 1999, S. 25). Der Lernprozess in der Gruppe wird dadurch bestimmt, wie dieses Dreieck im Gleichgewicht gehalten wird.

7.1.2 Rollenspiel

Ein weiteres Mittel zur Kontrolle und Schulung von Einstellungen sowie Verhaltensweisen ist die Durchführung von Rollenspielen. Wie auch schon bei der Diagnostik von Sozialkompetenz werden Rollenspiele angewendet, um reale Situationen unter Beachtung einzelner Handlungsanweisungen nachzustellen (vgl. Lenzen, 1998, S. 99). Indem die Teilnehmer verschiedene Rollen annehmen, lernen sie die Situation aus anderen Perspektiven kennen und können die Wirkung auf Andere reflektieren. Rückmeldungen und Kommentare durch Mitspieler, Zuschauer und Beobachter helfen dabei, Einstellungen zu verändern, Gefühle wahrzunehmen oder Verhalten zu korrigieren und weiterzuentwickeln (vgl. Brinkmann, 1999, S. 64).

Ein angeleitetes Rollenspiel gibt eine Situation und verschiedene Rollen vor. Die Spieler sollen im Rahmen der Vorgaben ihre Rolle ausgestalten und interpretieren. Die Teilnehmer erarbeiten sich in der Vorphase des Rollenspiels selbständig ein Gesprächskonzept und eine inhaltliche Argumentation. Der Trainer organisiert nur den Ablauf und gibt die schriftlichen Unterlagen für das Rollenspiel aus. Bei einem spontanen Rollenspiel gibt es keine festen Vorgaben. Sie können erst im Seminar mit den Teilnehmern entwickelt werden. Es können sich z. B. in einer Diskussion verschiedene Anschauungen herauskristallisieren, wie eine Argumentation zu führen ist. Der Trainer möchte nun mit seinen Teilnehmern die Wirkungen erkunden, indem er ein Rollenspiel durchführt. Gesprächssituation und Rollen werden durch die Seminarteilnehmer erst im weiteren Verlauf Schritt für Schritt konkretisiert und festgelegt. Dann kann die Simulation in einem Rollenspiel erfolgen (vgl. Heideloff & Langosch, 1998, S. 23).

7.1.3 Coaching

Seit Mitte der 80er Jahre wird das Coaching-Konzept im Rahmen der Führungskräfteentwicklung diskutiert. Dabei handelt es sich um eine Art Beratungs-Beziehung zwischen Coach und Coachee, bei der vor allem das berufliche Handeln im Vordergrund steht. Das Coaching-Gespräch bezieht sich in erster Linie auf den Verhaltens-, Beziehungs- und Denkbereich (vgl. Brinkmann, 1999, S. 257). Mit Hilfe von sozialwissenschaftlichen und psychologischen Methoden werden Probleme im zwischenmenschlichen Bereich aufgearbeitet und nach einer Lösung gesucht. Der Coach steht mit Rat und Tat zur Seite und ist unabhängiger und neutraler Gesprächspartner, der Hilfe und Anregungen zur aktiven Selbsthilfe gibt (vgl. Lenzen, 1998, S. 104).

Wurde Coaching anfangs vornehmlich in Krisensituationen eingesetzt, wird es heute mehr und mehr als Präventivmittel betrachtet, um die Mitarbeiter zu stabilisieren und im Interesse des Unternehmens zum Erfolg anzuleiten. Zielgruppen sind heute nicht mehr nur Führungskräfte, sondern Mitarbeiter aller Hierarchiestufen. Sowohl externe als auch interne Berater werden als Coach eingesetzt.

7.1.4 Supervision

Ähnlich wie das Coaching ist die Supervision ein Mittel zur Lösung bereits aufgetretener Konflikte im persönlichen oder zwischenmenschlichen Bereich. Supervision setzt an konkreten Problemen im beruflichen Umfeld an und ist besonders geeignet für die Aufarbeitung von Problemen im sozialen Bereich (Mitarbeiterführung, Kommunikation, Teamverhalten usw.).

Wie der Begriff „Supervision" aussagt, besteht das Ziel darin, das zugrundeliegende Problem „von oben herab" zu betrachten, um so das Problem „mit anderen Augen" zu sehen. Damit können Lösungsschritte eingeleitet werden, die bisher nicht beachtet wurden. Dazu finden sich mehrere Teilnehmer mit gleichem beruflichemn Umfeld und Tätigkeitsfeld unter Anleitung eines erfahrenen Supervisors zusammen und besprechen gemeinsam ihre Probleme.

Supervision ist ein langfristig orientierter Prozess, der ein bis zwei Jahre andauern kann und aus etwa einer Sitzung pro Monat besteht. Wesentliche Voraussetzung für eine erfolgreiche Durchführung von Supervisions-Sitzungen sind die Freiwilligkeit der Teilnahme, die Diskussion der persönlichen Gedanken in einem kritikfreien Umfeld sowie die Vertraulichkeit unter allen Teilnehmern (vgl. Lenzen, 1998, S. 106).

7.1.5 Neurolinguistische Programmierung (NLP)

Die von John Grinder und Richard Bandler entwickelte Neurolinguistische Programmierung ist eine Methode, die dazu dient, persönliche Verhaltensmuster positiv zu verändern, mit dem Ziel eines ganzheitlichen und erfolgreichen Einsatzes aller Lebensenergien. *Neuro* hat mit dem Nervensystem zu tun und umfasst alle sinnlichen Erfahrungen, die der Körper macht. *Linguistisch* meint alle sprachlichen und nichtsprachlichen Anteile, die Informationen vermitteln und Zugang zu Erfahrungs- und Erlebniswelten verschaffen. Unter *Programmierung* wird der gesamte Lernprozess verstanden, der auf sinnvollen, aufeinander aufbauenden Erfahrungen beruht (vgl. Brinkmann, 1999, S. 188).

NLP geht davon aus, dass jeder Mensch in seinem Innersten intuitiv weiß, was für ihn das Beste ist, was er will und was er braucht. Somit sollen die Techniken dazu beitragen, dass die Teilnehmer ihre Persönlichkeit entfalten und ihre Kräfte konstruktiv nutzen können. Jeder Mensch setzt mehr oder minder bewusst Körperhaltung, Mimik, Tonfall und Wortwahl als Instrumente der Kommunikation ein, um Mitmenschen seine Gedanken und Gefühle zu vermitteln. Die NLP basiert entsprechend auf Kommunikationstechniken mit dem Ziel, zu beobachten, zu analysieren und zu verstehen. Der Trainer stellt sich auf die Bedürfnisse der Teilnehmer ein und unterstützt sie in ihrer Sprache bei der Problemlösung. Wichtiger als einzelne Methoden ist die Fähigkeit des Trainers, vorurteilsfrei die Werte, Verhaltensweisen, Einstellungen und Fertigkeiten der Teilnehmer kennen zu lernen. Erst dann kann er die richtigen Fragen stellen, damit die Teilnehmer zusätzliche Handlungsalternativen für sich und ihr Leben entdecken (vgl. Gestmann, 1997, S. 40).

Ablauf eines NLP-Trainings (Lenzen, 1998, S. 107):

1. **Bewusstmachung**

   Zunächst erfolgt die Bewusstmachung innerer und äußerer Kommunikationsformeln und -mittel wie Gestik, Sprachstil, unbewusste Steuerung der Körperbewegungen, Augenbrauen etc.

2. **Offenlegung der Blockaden**

   In einem nächsten Schritt werden die inneren Blockaden und Angstzustände der Vergangenheit und Gegenwart offengelegt.

3. **Zielfestlegung**

   Hier werden gewünschte, positive Ziele für die Zukunft in allen Lebensbereichen wie Beruf, Freizeit, Familie, Geld oder Fitness formuliert.

4. **Motivationssteigerung**

   Durch das Teilnehmerteam kommt es im Rahmen der Diskussion über neue Ziele sowie der Überprüfung des eigenen Werte- und Glaubenssystems zu einer

Motivationssteigerung (Aufbau eines „Wir-Gefühls", das heißt „Stark sein in der Gruppe und durch die Gruppe").

Umstritten ist die Neurolinguistische Programmierung wegen ihrer Manipulations- und Missbrauchsmöglichkeiten. Der Trainer sollte neben einer mehrjährigen Qualifizierung an einem renommierten Ausbildungsinstitut die Bereitschaft zeigen, sich mit sich selbst auseinanderzusetzen und die eigene Wahrnehmungsfähigkeit zu sensibilisieren (vgl. Gestmann, 1997, S. 41).

7.2 Projekt Blickwechsel

Nachdem nun im vorigen Abschnitt gängige Methoden beschrieben wurden, die eingesetzt werden, um das Verhalten von Mitarbeitern und Führungskräften im Sinne der Sozialkompetenz zu entwickeln, wird nun ein Projekt vorgestellt, das einen völlig neuen Ansatz verfolgt und sehr positive Resonanz hervorruft. Informationen und Fakten zu diesem Projekt entstammen der Homepage der Agentur *mehrwert* gGmbH[1] sowie einem telefonischen Interview mit der Geschäftsführerin Frau Bartsch.

7.2.1 Gründung der Agentur *mehrwert* gGmbH

Auf Anregung des Diakonischen Werks und des Evangelischen Landesjugendpfarramts startete im Jahr 1996 das „Modellprojekt Soziales Lernen" mit dem Ziel, Lernarrangements zur gezielten Förderung sozialen Lernens zu entwickeln und solche Modelle in Schule, betrieblicher Ausbildung und Jugendarbeit zu erproben. Grundlage für das Konzept „Lernen in fremden Lebenswelten" bildeten die positiven Erfahrungen im Freiwilligen Sozialen Jahr sowie im Zivildienst.

Aufgrund der positiven Resonanz wurde im Jahr 2000 eine „Agentur für Soziales Lernen" gegründet, die den Namen *mehrwert* gGmbH trägt. Die Agentur sollte in der Rolle eines Mittlers das Konzept in die Praxis von Schule, betrieblicher Ausbildung und sozialer Einrichtung implementieren.

---

[1]http://www.agentur-mehrwert.de

7.2.2 Soziales Lernen

Das Konzept will zwei Fähigkeiten vermitteln, die neben der Grundeinstellung zu lebenslangem Lernen in der heutigen Gesellschaft wichtige Schlüsselfunktionen einnehmen:

1. die Fähigkeit, Bindungen kurzfristig aufzubauen und soziale Netzwerke aufrecht zu erhalten,

2. die Fähigkeit, Differenzen auszuhalten und Konflikte auszutragen.

Grundlage der Vermittlung dieser Fähigkeiten ist das „Soziale Lernen". Damit sind Lernprozesse gemeint, die den konstruktiven Umgang mit einzelnen Menschen oder Gruppen zum Ziel haben. Dabei beinhaltet soziales Lernen:

- die Auseinandersetzung mit Einstellungen, Haltungen und Wertorientierung,

- die Auseinandersetzung mit eigenen Gefühlen, Stärken und Schwächen,

- das Einüben von Umgangsformen wie Freundlichkeit, Fairness, Gerechtigkeit,

- das Akzeptieren von Regeln und das Übernehmen von Verantwortung,

- das Entwickeln von Kompetenzen und Fähigkeiten wie Empathie, konstruktive Kommunikation, Konfliktregelung und Teamarbeit.

Die Agentur *mehrwert* gGmbH realisiert Lernprojekte mit dem Konzept „Lernen in fremden Lebenswelten", in denen sich die Teilnehmer mit Werthaltungen auseinandersetzen und das Entwickeln sozialer Kompetenzen üben und reflektieren können. Kernpunkt ist dabei die persönliche Begegnung und gemeinsame Aktion mit Menschen in sozialen Einrichtungen. Eine Woche lang begegnen Schüler und Auszubildende Menschen in fremden Lebenswelten. Sie lernen den Alltag von alten, behinderten oder kranken Menschen kennen und treffen mit Aussiedlern, Asylbewerbern, Obdachlosen oder Straffälligen zusammen. Sie lassen sich auf neue und ungewöhnliche Situationen ein, erproben neue Formen des Umgangs und der Kommunikation, entwickeln Verständnis und Toleranz gegenüber anderen Menschen und lernen die eigenen Stärken und Schwächen kennen.

7.2.3 Projekt für Führungskräfte

Neben den Projekten, die sich an Schulen und betriebliche Ausbildungsbereiche richten, wurde das Projekt „Blickwechsel" speziell für Führungskräfte konzipiert. Im Unterschied zu Schulprojekten liegt hier der Fokus weniger auf der Teamorientierung, sondern vielmehr auf der individuellen Persönlichkeit. So werden in der Einführungsveranstaltung neben der Vermittlung von Informationen Strategien und Handlungsmuster analysiert und für jeden Teilnehmer ein individuelles Lernpaket „geschnürt", das sich an den jeweiligen Führungsanforderungen orientiert. Inhalte eines solchen Lernpakets sind z. B.: schnelles Reagieren auf Unvorhergesehenes lernen, Herausforderungen im Umgang mit schwierigen Menschen bestehen.

In der Eröffnungsveranstaltung werden verschiedene soziale Einrichtungen vorgestellt und je nach Lernpaket Empfehlungen ausgesprochen. So eignet sich z. B. der Umgang mit Demenz-Kranken sehr gut zum Einüben von Geduld und Motivation.

Die Führungskräfte arbeiten über einen Zeitraum von einer Woche unter kompetenter Anleitung in der gewählten sozialen Einrichtung. Abends werden die Ereignisse des Tages mit Hilfe strukturierender Fragen in einem Tagebuch selbstständig reflektiert. Während die Führungskräfte ihre Wahrnehmung durch emotionale Erfahrungen bereichern, können sie im Gegenzug den sozialen Einrichtungen neue Impulse geben. So wies eine Führungskraft, die in einem Heim für obdachlose Kinder eingesetzt war, auf die feindliche Haltung dem Jugendamt gegenüber hin, anstatt am gleichen Strang zu ziehen.

Die Macht des Alltags ist groß und es besteht die Gefahr, in alte Verhaltensmuster zurückzukehren. „Blickwechsel" unterstützt den Transfer der erlernten Kompetenzen und Fähigkeiten in den Alltag durch einen intensiven Reflexionsprozess. Nach dem Einsatz in einer sozialen Einrichtung trifft sich die gesamte Gruppe zu einer gemeinsamen Auswertung. Erfahrungen werden ausgetauscht, Ideen zur Umsetzung werden gesammelt, emotionale Erfahrungen werden abstrahiert, Handlungssequenzen analysiert und schließlich Kompetenzbegriffe formuliert. Reflexionsmethoden, die in den Alltag eingebaut sind, helfen dabei, das Gelernte in den beruflichen Alltag zu transferieren und neue Verhaltensformen zu festigen. Die Möglichkeit zur Reflexion des gelungenen oder misslungenen Transfers wird zudem etwa drei Monate später in einem Telefon-Coaching gegeben.

Das Konzept geht davon aus, dass die Bewusstseinsbildung der erste Schritt zur Umsetzung von Sozialkompetenz ist. Verhaltensänderungen werden nur über Erfahrungen erreicht. Es reicht also nicht, in einem abgeschotteten Klassenzimmer über Aspekte der Sozialkompetenz zu diskutieren, sondern es müssen Erfahrungen gemacht werden, die Lernprozesse in Gang setzen. Vor diesem Hintergrund ist das Konzept „Lernen in fremden Lebenswelten" ein ganzheitliches Konzept, das alle menschlichen Ebenen anspricht:

- Kopf: Reflexion und Transfer, Abstrahierung und Analyse

- Herz: Gefühle erleben und aushalten

- Hand: Etwas anpacken, etwas bewerkstelligen

Seit der Gründung der Agentur haben schon einige Unternehmen das Projekt in ihre Personalentwicklung integriert. Berührungsängste versucht die Agentur durch eine breite Öffentlichkeitsarbeit abzubauen. Die Teilnehmer der bisher durchgeführten Projekte äußerten sich durchweg positiv z. B. mit den Aussagen: „Eine enorme Bereicherung" und „ich möchte die Erfahrung nicht missen". Voraussetzung für die Akzeptanz der Teilnehmer ist auch hier die Freiwilligkeit der Teilnahme. Unternehmen kommunizieren intern das Projekt, laden in Zusammenarbeit mit der *mehrwert* gGmbH zu einer Infoveranstaltung ein und fordern die Führungskräfte auf, sich für das Projekt anzumelden. Ziel ist es, das Projekt in der Personalentwicklung des Unternehmens zu etablieren und eine allgemeine Akzeptanz zu erreichen.

8. Schlussbemerkungen

Sozialkompetenz ist ein häufig verwendeter Begriff. Im betrieblichen Bereich werden damit alle Fähigkeiten und Eigenschaften zusammengefasst, die nicht fachlicher und methodischer Natur sind. Dennoch wird der Begriff weder im Fremdwörterbuch des Dudenverlags (6. Auflage, 1997) noch in Gabler Wirtschaftslexikon (14. Auflage, 1997) aufgeführt und erläutert. Dass dies an der mangelnden Definition oder an der „Schwammigkeit" des Begriffs liegt, kann nur vermutet werden. Ziel dieser Arbeit war die Untersuchung des Begriffs Sozialkompetenz und der Literatur hinsichtlich seiner inhaltlichen Bedeutung sowie die Entwirrung und Abgrenzung des Begriffsdschungels.

8.1 Zusammenfassung

Nur mit kompetenten und veränderungsbereiten Mitarbeitern können die Herausforderungen der „Komplexität und Dynamik", „Internationalisierung" und „Kundenorientierung" bewältigt werden, welche die Informationsgesellschaft kennzeichnen. Neue Managementkonzepte und die damit verbundenen neuen Arbeitsformen, Führungskonzepte sowie der Abbau von Hierarchien erfordern neben fachlichen und methodischen Kenntnissen die Kooperationsfähigkeit und -bereitschaft der Mitarbeiter sowie weitere Fähigkeiten der sozialen und personalen Kompetenz. Manche Management-Ratgeber bejubeln die Sozialkompetenz sogar als die Lösung aller betrieblichen Probleme, so dass der Eindruck entsteht, Sozialkompetenz könne Fachkompetenz ersetzen. Diesen Eindruck will diese Arbeit nicht verstärken, dennoch unterstreicht auch die Umfrage die Bedeutung von Sozialkompetenz. Schon während der Fragebogenverteilung wurde das große Interesse der Personalverantwortlichen an dem Thema deutlich, denn allein 40 % forderten den Fragebogen an. Die Rücklaufquote betrug 80 %. Die meisten Unternehmen bekundeten zudem ihr Interesse an den Ergebnissen der Umfrage.

Hinter Sozialkompetenz verbirgt sich keine universelle Fähigkeit, die ein Mensch besitzt und in jeder Situation zur Anwendung bringt, sondern es werden darunter Eigenschaften und Fähigkeiten verstanden, welche die Interaktion mit anderen Menschen positiv gestalten. Soziale Kompetenzen sind demnach bestimmte Verhaltensweisen, die je nach Situation ausgewählt und gezeigt werden. Menschliches Verhalten ist ein komplexer Prozess, dem verschiedene Einflussfaktoren zugrunde liegen. Antriebsstrukturen aus der Urzeit, Funktionen des Gehirns sowie erlernte Verhaltensmuster nehmen Einfluss auf das Denken, Fühlen und Handeln des Menschen. Verschiedene psychologische Forschungsrichtungen untersuchten während des vergangenen Jahrhunderts die Persönlichkeit und das menschliche Verhalten und bündelten Aussagen über Verhaltensunterschiede, deren Ursachen und Auswirkungen zu Persönlichkeitstheorien. Demnach stellen Eigenschaften die Grundlage des menschlichen Verhaltens dar. Je nach Stabilität oder Instabilität der Eigenschaften können Verhaltensmuster verändert werden. Reize aus der Umwelt werden aufgenommen, in einem kognitiven Prozess mit den bisherigen Erfahrungen verglichen und in Handlungsweisen umgewandelt. Das Wissen in Form von Erfahrungen kann durch Reflexion und andere Lernprozesse erweitert werden. Es ist also eine Entwicklung der Persönlichkeit und der sozialen Kompetenzen möglich.

Sozialkompetenz ist ein komplexes Konstrukt. Verglichen mit einem Diamanten verfügt Sozialkompetenz über eine Vielzahl unterschiedlicher Facetten. Das machen die unterschiedlichen Definitionen deutlich, die einerseits in der Literatur zu finden sind, andererseits ein Ergebnis der Umfrage darstellen. Zudem variiert je nach Lichteinfall das Aussehen des Diamanten. Dementsprechend untersuchen unterschiedliche Fachbereiche der Psychologie die Sozialkompetenz aus verschiedenen Blickwinkeln. Neben klinischen Ansätzen, die eine soziale Phobie als mangelnde Sozialkompetenz diagnostizieren, ordnet die Arbeits- und Organisationspsychologie die Sozialkompetenz der beruflichen Handlungskompetenz zu. Aus den unterschiedlichen Definitionen wurden vier wichtige Grunddimensionen herausgearbeitet, welche die Sozialkompetenz im betrieblichen Kontext beschreiben:

1. Soziale Kompetenzen werden benötigt, um Interaktionen mit anderen Menschen zufriedenstellend zu meistern (Interaktionskontext).

2. Je nach Situation und Aufgabenanforderungen sind unterschiedliche soziale Kompetenzen erforderlich (Situationsspezifität).

3. Verhaltensweisen der Sozialkompetenz werden zielführend eingesetzt (Zielrealisierung).

4. Die Auswahl der Verhaltensweisen berücksichtigt das zu erreichende Ziel und sowohl die eigenen Bedürfnisse als auch die der Interaktionspartner (Zweckrationalität).

Sozialkompetenz stellt neben der Fach- und Methodenkompetenz sowie der personalen Kompetenz einen wichtigen Bestandteil der beruflichen Handlungskompetenz dar. Zudem beinhalten die Grundkompetenzen emotionale (Empathie), kognitive (Informationsaufnahme und -verarbeitung) und aktionale (Verhaltensfähigkeiten) Bestandteile, welche die berufliche Handlungskompetenz abrunden.

Soziale Kompetenzen sind Fähigkeiten, die Reize der Umwelt wahrzunehmen und zu erkennen sowie angemessene Verhaltensweisen auszuwählen und durchzuführen. Viele unterschiedliche Fähigkeiten werden den sozialen Kompetenzen zugeordnet, je nach Situation und Anforderung. Dennoch können einige wichtige Komponenten hervorgehoben werden. Dazu zählen die Kommunikationsfähigkeit, die Konfliktfähigkeit, die Kooperationsfähigkeit und die Empathie. Auch Teamfähigkeit und Führungskompetenz werden in diesem Zusammenhang häufig gebraucht. Sie stellen jedoch spezifische Fähigkeiten für bestimmte Situationen (Verhalten im Team, Führungsverantwortung) dar und werden in dieser Arbeit nicht den Basiskomponenten zugeordnet.

Zahlreiche Bewertungsinstrumente für Sozialkompetenz werden für den betrieblichen Einsatz entwickelt. Da Sozialkompetenz nicht quantitativ messbar ist, beruhen die Bewertungen immer auf Fremd- und Selbstbeurteilungen. Dazu gehören neben psychologischen Testverfahren die Befragung in Form von Fragebögen und Interviews sowie die Beobachtung z. B. während Rollenspielen und Gruppendiskussionen. Jede Methode hat ihre Stärken und Schwächen, die bei der Auswahl beachtet werden sollten. Der zeitliche und finanzielle Aufwand muss mit dem Nutzen abgewogen werden. Zudem beeinflussen Effekte wie die soziale Erwünschtheit und die äußeren Rahmenbedingungen das Verhalten der Teilnehmer. Keine der Methoden garantiert vollkommene Objektivität, denn in die Beurteilung durch Menschen fließen trotz großer Erfahrung und Training eigene Wertvorstellungen, Einstellungen, Stimmungen und Sympathien mit ein.

Neben den gängigen Maßnahmen zur Entwicklung von Sozialkompetenz (Seminare, Gruppenarbeit, Coaching, u. a.), stellt das Projekt Blickwechsel einen neuen Ansatz dar, durch Reflexion und neuen Erfahrungen alte Verhaltensmuster im Sinne der Sozialkompetenz zu verändern und einzuüben.

8.2 Fazit

Die Sozialkompetenz ist keine universelle Fähigkeit, sondern ein Konstrukt, das sich aus verschiedenen Fähigkeiten zusammensetzt. Grundvoraussetzung für die Anwendung von sozialen Kompetenzen ist aber auch die Bereitschaft dazu. Denn nur, wenn der Mitarbeiter auch bereit ist, zu kommunizieren, Konflikte zu lösen und mit anderen zu kooperieren, können diese Fähigkeiten zu erfolgreicher Interaktion mit anderen Menschen genutzt werden.

Im betrieblichen Kontext gehören zur Sozialkompetenz neben den Fähigkeiten des sozialen Handelns auch Fähigkeiten, die dem Zweck dienen und zur Realisierung der gesetzten Ziele beitragen. Soziales Handeln allein, das sich z. B. in Lob, Verständnis, Unterstützung oder Ermunterung ausdrückt, kann noch nicht als sozial kompetentes Handeln aufgefasst werden. Erst, wenn das soziale Handeln auf ein bestimmtes Ziel ausgerichtet ist, werden die Verhaltensweisen der Sozialkompetenz zugeordnet. Sozial kompetente Mitarbeiter erkennen, wann Verständnis und Unterstützung im Team helfen, das Gruppenziel zu erreichen und wann dies zu einem „Kaffeekränzchen" ausartet.

Die Komplexität und Vielfältigkeit des Konstrukts machen es schwer, Sozialkompetenz vollständig zu erfassen. Dennoch ist es notwendig, im Rahmen der Personalauswahl und der Personalentwicklung, soziale Kompetenzen zu erfassen und zu beurteilen. Da Sozialkompetenz aber nicht quantitativ gemessen werden kann, ist die Objektivität der Bewertung abhängig von der Subjektivität der Beurteiler sowie von dem Bestreben der zu Bewertenden, sich möglichst positiv darzustellen. Wie bei der Messung der Spannung in einem Stromkreis, stellt die Messung von Sozialkompetenz einen Eingriff in das System dar und verändert das Verhalten der Variablen. Werden Mitarbeiter anhand bestimmter Übungen bezüglich ihrer Sozialkompetenz bewertet, so garantieren die Ergebnisse nicht, dass sich die Mitarbeiter am Arbeitsplatz entsprechend verhalten. Zudem verändert die Anwesenheit von Beurteilern sowie das Bewusstsein, dass die Ergebnisse eine bestimmte Auswirkung haben, das Verhalten der zu Beurteilenden.

Bei der Entwicklung von Bewertungsmaßnahmen sind einige wichtige Aspekte zu beachten. Das Instrument sollte möglichst langfristig ausgelegt sein, um ein objektiveres Bild des Mitarbeiters zu erhalten. Zudem sollten verschiedene Methoden angewendet, die Ergebnisse verglichen und dadurch die Subjektivität reduziert werden.

Eine Möglichkeit, die in der Praxis häufig angewendet wird, ist das Mitarbeitergespräch. Das Verhalten eines Mitarbeiters in sozialen Situationen wird über einen längeren Zeitraum hinweg von seinem Vorgesetzten beobachtet und beurteilt. In dem üblicherweise jährlichen Mitarbeitergespräch werden neben fachlichen und methodischen Fähigkeiten auch die sozialen Kompetenzen angesprochen und das Fremdbild mit dem Selbstbild des Mitarbeiters verglichen. Eventuell können daneben auch noch Beurteilungen von Kollegen oder Untergebenen im Sinne eines 360° Feedbacks eingeholt werden.

Für die Personalauswahl können solche langfristigen Maßnahmen nicht angewendet werden, da die Beurteilung der Bewerber innerhalb weniger Stunden stattfinden muss. Aber auch hier empfiehlt es sich, die Bewerber anhand verschiedener Methoden zu bewerten oder mehrere Beobachter einzusetzen, die ihre Beurteilungen vergleichen.

Dass Sozialkompetenz im beruflichen Umfeld eine große Bedeutung hat, darüber sind sich alle Befragten einig. In fast jedem Unternehmen werden Maßnahmen entwickelt und angeboten, um die Sozialkompetenz der Mitarbeiter zu fördern. Doch ein Punkt darf darüber hinaus nicht übersehen werden. Das Verhalten der Mitarbeiter wird immer durch das Verhalten der Vorgesetzten beeinflusst. Mangelnde Sozialkompetenz der Führungskräfte hat Auswirkungen auf das Verhalten der Mitarbeiter in der Interaktion mit anderen. Sozialkompetenz durchdringt das Unternehmen von oben nach unten. Die Führungskultur jedes Unternehmens wird dementsprechend von der Unternehmenskultur beeinflusst. Das Erscheinungsbild, die Produkte, das Unternehmensverhalten am Markt sowie bestimmte Kommunikationsformen nach innen und außen kennzeichnen das Unternehmen. Die Unternehmenskultur entscheidet sowohl über Verantwortungsbewusstsein, Arbeitstechniken und Sozialverhalten als auch über Interaktionsrituale und Informationsflüsse innerhalb des Unternehmens bis hin zum einzelnen Mitarbeiter. Nicht nur die Sozialkompetenz des einzelnen Mitarbeiters und der Führungskräfte gilt es zu entwickeln, sondern auch die Sozialkompetenz des gesamten Unternehmens.

A. Anhang

A.1 Umfrage zum Thema Sozialkompetenz

Begleitend zu dieser Arbeit erfolgte eine Umfrage unter Personal- und Führungsverantwortlichen zum Thema Sozialkompetenz. Die Befragung sollte Meinungen und
Ansichten über das Thema aus der Praxis widerspiegeln.

Von 100 großen, deutschen Unternehmen unterschiedlicher Branchen bekundeten 41
Personalverantwortliche nach einer Anfrage Interesse an dem Thema und forderten
den Fragebogen an, der per E-Mail zugeschickt wurde. In die Auswertung konnten
32 Fragebögen aufgenommen werden, die rechtzeitig ausgefüllt auf dem Postweg
zurückgeschickt worden waren. Folgende Unternehmen nahmen an der Umfrage teil:

Arcor AG & Co.

Articon Integralis GmbH

Ascena AG

DaimlerChrysler AG

Datev eG

DeTeLine – Deutsche Telekom Telekommunikationsnetze GmbH

Deutscher Sparkassen Verlag GmbH

Drägerwerk AG

Dresdner Bank AG

Festo AG

HVB Asset Management

Karstadt Quelle AG

Lexmark Deutschland GmbH

Lufthansa Revenue Service GmbH

MTU Friedrichshafen GmbH

Promatis AG

ProSieben Sat1 Media AG

Siemens AG

Siemens VDO Automotive AG

SMS Demag AG

Thyssen Krupp AG

Toshiba Electronics Europe GmbH

Volkswagen Bank

ZF Passau GmbH.

A.2 Fragebogen

Der Fragebogen umfasst sechs Fragen, die unterschiedliche Aspekte des Konstrukts Sozialkompetenz betreffen. Die Bearbeitungszeit des Fragebogens beträgt etwa 15 Minuten.

Frage 1 befasst sich mit der Definition von Sozialkompetenz. Die Befragten werden aufgefordert, ihre persönliche Definition von Sozialkompetenz zu geben. Erwartet werden sehr vielfältige Aussagen über Sozialkompetenz, welche die grundlegende Problematik noch einmal unterstreichen.

In Frage 2 sollen die Befragten Fähigkeiten aufzählen, die sie den sozialen Kompetenzen zuordnen. Auch hier wird eine große Vielfalt an Fähigkeiten erwartet. Zudem soll ausgewertet werden, welche Fähigkeiten als die Wichtigsten angesehen werden.

Frage 3 stellt einige Aussagen zur Diskussion, die in der gängigen Literatur auftauchen. Die Befragten werden aufgefordert, diejenigen Aussagen zu markieren, denen sie grundsätzlich zustimmen.

Frage 4 und 5 ermitteln, welche Methoden zur Bewertung und Förderung von Sozialkompetenz in den Unternehmen angewendet werden. Dazu sind die wichtigsten Methoden aufgelistet und können markiert werden. Außerdem können weitere Methoden, die in der Liste fehlen, angegeben werden.

Frage 6 befasst sich mit der These, dass Sozialkompetenz immer wichtiger wird, je höher ein Mitarbeiter in der Hierarchie eingestuft ist. Dazu wurden drei Aufgabenbeschreibungen vorgelegt. Zu jeder Beschreibung sollen diejenigen sozialen Kompetenzen genannt werden, die zur Erfüllung dieser Aufgaben notwendig sind. Außerdem soll bewertet werden, welchen Anteil die Sozial- und die Fachkompetenz haben sollte.

Nachfolgend wird der Fragebogen dargestellt, der an die Unternehmen verschickt wurde.

Fragebogen zum Thema Sozialkompetenz

Bitte nehmen Sie sich 15 Minuten Zeit und füllen Sie diesen Fragebogen in aller Ruhe aus (bitte deutlich schreiben).
Bei den offenen Fragen geht es nicht darum, dass Sie diese korrekt beantworten, sondern um Ihre Sichtweise des
Themas.

*Sollten sich Fragen ergeben, beantworte ich diese natürlich gern: **katja.rost@web.de**. Den ausgefüllten Fragebogen*
*senden Sie bitte an: **Katja Rost, Hirschstraße 144, 76137 Karlsruhe**.*

Unternehmen	*Name*	*Funktion*

1.   Wie definieren Sie persönlich den Begriff "Sozialkompetenz"?

_____

_____

_____

**2.   Welche Fähigkeiten gehören für Sie zu den sozialen Kompetenzen? Kreuzen Sie bitte in einem zweiten
Schritt die wichtigsten Fähigkeiten für beruflichen Erfolg an.**

_____   _____

_____   _____

_____   _____

3.   Welchen Aussagen stimmen Sie grundsätzlich zu?

❑   Keine Karriere ohne Sozialkompetenz!
❑   Die Bedeutung von Sozialkompetenz wird überschätzt.
❑   Die Sozialkompetenz gewinnt bei der Personalauswahl zunehmend an Bedeutung.
❑   Sozialkompetenz ist eine Voraussetzung für Teamarbeit.
❑   Je höher in der Hierarchie, um so mehr Sozialkompetenz und umso weniger Fachkompetenz ist notwendig.
❑   Die Sozialkompetenz der Mitarbeiter muss vom Unternehmen gefördert werden.
❑   Mangelnde Sozialkompetenz der Führungskraft hat Auswirkungen auf das Verhalten der Mitarbeiter.

4.   Welche Testverfahren werden zur Diagnose von Sozialkompetenz in Ihrem Unternehmen eingesetzt?

❑   Biographische Fragebögen   ❑   Psychologische Testverfahren
❑   Rollenspiele   ❑   Gruppendiskussionen
❑   Situative Interviews   ❑   Selbstbeurteilung/Fremdbeurteilung
❑   Sonstige   _____

5.   Welche Maßnahmen zur Förderung von Sozialkompetenz werden in Ihrem Unternehmen angeboten?

❑   Seminare, Workshops   ❑   Einführung von Gruppenarbeit
     Mit den Inhalten: ❑   Coaching
                                                                       ❑   Supervision
_____   ❑   Mitarbeitergespräche
                                                                       ❑   Sonstige
_____

_____   _____

_____   _____

6. Im folgenden werden Ihnen drei verschiedene Aufgabenfelder vorgestellt. Bitte beantworten Sie zu jeder Jobbeschreibung die folgenden zwei Fragen:

    a. Welche drei Fähigkeiten aus dem Bereich der Sozialkompetenz sollte dieser Mitarbeiter zur erfolgreichen Erfüllung seiner Aufgabe auf jeden Fall besitzen?

    b. Wie schätzen Sie den notwendigen Anteil von Fach- und Sozialkompetenz, die zur Aufgabenerfüllung notwendig ist, ein?

Job 1: Der Werkzeugmechaniker stellt Stanzwerkzeuge und -vorrichtungen maschinell oder in Handarbeit her und ist für das selbstständige Montieren, Warten und Instandsetzen der Werkzeuge zuständig.

Sozial kompetente Fähigkeiten:

1. _____

2. _____

3. _____

Anteil von Fachkompetenz (FK) zu Sozialkompetenz (SK) (bitte nur ein Kreuz setzen):

   ❑   100% FK und 0% SK   ❑ 25% FK und 75% SK
   ❑   75% FK und 25% SK   ❑   0% FK und 100% SK
   ❑   50% FK und 50% SK

Job 2: Der Fertigungsmeister führt die Betriebseinheit Produktion und stellt die Produktionsabläufe sicher. Zu seinen Aufgaben gehören die Optimierung der Fertigung und die organisatorische Betreuung der Produktion. Er hat Personalverantwortung für ein Team von 30 Mitarbeitern.

Sozial kompetente Fähigkeiten:

1. _____

2. _____

3. _____

Anteil von Fachkompetenz (FK) zu Sozialkompetenz (SK) (bitte nur ein Kreuz setzen):

   ❑   100% FK und 0% SK   ❑ 25% FK und 75% SK
   ❑   75% FK und 25% SK   ❑   0% FK und 100% SK
   ❑   50% FK und 50% SK

Job 3: Der Leiter der Montage leitet den Produktionsbereich Werkzeugmontage mit 120 Mitarbeitern und stellt die Produktion von Karosseriewerkzeugen für die Automobilindustrie sicher. Er organisiert und optimiert den Werkzeugmontagebereich, inkl. Qualitätssicherung und plant Personaleinsatz und Kapazität in Zusammenarbeit mit der Fertigungssteuerung und den Meistern.

Sozial kompetente Fähigkeiten:

1. _____

2. _____

3. _____

Anteil von Fachkompetenz (FK) zu Sozialkompetenz (SK) (bitte nur ein Kreuz setzen):

   ❑   100% FK und 0% SK   ❑ 25% FK und 75% SK
   ❑   75% FK und 25% SK   ❑   0% FK und 100% SK
   ❑   50% FK und 50% SK

Herzlichen Dank für die Bearbeitung des Fragebogens!

A.3   Auswertung

A.3.1   Frage 1: Definitionen

Folgende Definitionen von Sozialkompetenz wurden aufgestellt:

- Persönlichkeitsmerkmal, das befähigt, Interdependenzen von Einzelpersonen und Gruppen zu erkennen und in Handlungsaktionen umzusetzen.

- Fähigkeit, den Mensch in wirtschaftliche Zusammenhänge und Notwendigkeiten bewusst einzubeziehen.

- Fähigkeit zum fairen, offenen und kommunikativen Umgang mit Anderen.

- Alle Eigenschaften und Fähigkeiten, die einem helfen, gemeinsame Ziele zu erreichen.

- Fähigkeiten, die das Gelingen sozialer Interaktionen sichern.

- Fähigkeit eines Menschen, sich in seinem privaten und beruflichen Umfeld auf andere Menschen einstellen zu können, konstruktiv mit Kritik umzugehen und seine eigenen Interessen gelegentliche in den Hintergrund zu stellen.

- Kompetenz im Umgang mit Menschen.

- Die Fähigkeit, Mitarbeiter zu motivieren, Kritik zu äußern und Konflikte zu entschärfen.

- Berufsübergreifende Fähigkeiten (persönlichkeits- und verhaltensbezogen).

- Wertschätzung und Umgang mit Mitmenschen. Einhaltung von Absprachen und Vereinbarungen, persönliches Auftreten und Bereitschaft zum Geben.

- Das Vermögen, über die rein funktionale Seite des Arbeitsprozesses die emotionale Seite, den sozialen Background und Beziehungen untereinander von Kollegen und Mitarbeitergruppen zu erkennen und bei Kommunikation sowie Entscheidungen zu berücksichtigen.

- Die Fähigkeit, in Gruppen verschiedener Zusammensetzung und Zielsetzung kooperativ mitzuarbeiten; somit ein der jeweiligen Situation angemessenes Kommunikationsverhalten zu zeigen.

- Fähigkeit, sich in Gruppen einzufinden, ihnen dienlich zu sein und auf andere Meinungen der Gruppe einzugehen. Fingerspitzengefühl im Umgang mit Kollegen.

- Gespür für Menschen und deren Zusammenwirken.

- Die Fähigkeit, sich erfolgreich mit seinen Stärken und Schwächen in einer Gruppe einzubringen und damit neben der fachlichen Kompetenz unabdingbare Voraussetzung für eine erfolgreiche Menschenführung.

- Die Fähigkeit, kommunikative und i. w. S. sinnliche Eindrücke bewusst aufzunehmen, zu verarbeiten und zu nutzen. Dazu gehört in jedem Fall empathisches Vermögen.

- Strategische und fachliche Ziele umsetzen und den Mitarbeitern gleichzeitig das Gefühl vermitteln, für sie da zu sein, Stärken zu fördern, Schwächen bewusst zu machen, sachbezogene Kritik zu üben.

- Im positiven Sinn: im zwischenmenschlichen Bereich hauptsächlich bezogen auf Offenheit, Vertrauen, Ehrlichkeit, im Führungsbereich zusätzlich Umgang mit Kritik, Fehlverhalten, Lob, Motivation.

- Fähigkeiten, sich in sozial-interaktiven Situationen adäquat zu verhalten, d.h. sich auch verändernden Situationen und Umgebungsfaktoren durch ein breites Spektrum an Verhaltensweisen anpassen zu können.

- Mir anderen Menschen der jeweiligen Situation angemessen umgehen können.

- Die Fähigkeit, Menschen offen zu begegnen, ihnen zu vertrauen und sie wachsen zu lassen.

- Leben nach der eigenen Vorstellung und den eigenen Wünschen, jedoch mit Rücksicht auf Bedürfnisse und Gefühle der Mitmenschen.

- Angemessener Umgang mit Menschen und ihren Bedürfnissen.

- Alle Fähigkeiten, die den optimalen bzw. einen entsprechend geeigneten Umgang im zwischenmenschlichen Bereich ermöglichen und fördern.

- Andere Menschen wahrnehmen. Die Persönlichkeit akzeptieren, sich für ihn/sie interessieren, versuchen, sich in die Situation der Person hineinzudenken. Mit anderen reden, diskutieren, leben...

- Fähigkeit des Umgangs mit anderen Menschen.

- Neben der fachlichen Kompetenz hat die Sozialkompetenz einen wichtigen Einfluss auf die Leistungsfähigkeit. Sozialkompetenz umschreibt den Begriff der persönlichen Reife.

- Sozialkompetenz ist zu verstehen als die Möglichkeit, Mitarbeitern die entsprechende Bedeutung für „das große Ganze" zu vermitteln.

- Umgang und Führung von Menschen im Berufsleben.

- All jene persönlichen und methodischen „soft skills", die zu einer effizienten, zielgerichteten Zusammenarbeit bzw. Führungskultur in erfolgreichen Organisationen erforderlich sind.

- Bündel an Fähigkeiten, die es dem Mitarbeiter/der Führungskraft ermöglicht, in der Interaktion mit anderen Unternehmensmitgliedern oder Externen (z. B. Teamarbeit, Führungssituation, Verhandlung mit Kunden, Beratung) für sich, für das Team, für die Unternehmung Erfolge zu erzielen.

Dieser Definitionen, die von erfahrenen Personalverantwortlichen und Führungskräften aufgestellt wurden, zeigen die Vielfältigkeit und zugleich auch die Problematik, welche die Sozialkompetenz kennzeichnet. Je nach Situation und Kontext (Führungssituation, Teamarbeit, Kundenkontakt usw.) werden andere Facetten der Sozialkompetenz betont. Immerhin beinhalten 75 % der Definitionen die Interaktion mit anderen Menschen als wesentliche Dimension von Sozialkompetenz. 12 % weisen auf die situationsspezifische Komponente hin, jeweils 20 % der Definitionen enthalten die Zielrealisierung und die Zweckrationalität.

Problematisch ist die Bedeutungsvielfalt von Sozialkompetenz immer dann, wenn keine einheitliche Auffassung über die Bedeutung vorliegt, aber Vergleiche aufgestellt werden sollen oder sogar gemeinsam Instrumente entwickelt werden sollen, die Sozialkompetenz messen oder fördern sollen. Gerade hier ist es sinnvoll, sich innerhalb des Teams eine gemeinsame Definition zu erarbeiten.

A.3.2 Frage 2: Fähigkeiten der Sozialkompetenz

Die Befragten waren aufgefordert, Fähigkeiten zu nennen, die sie der Sozialkompetenz zuordnen. Zahlreiche Fähigkeiten und Eigenschaften wurden genannt und werden im Folgenden aufgelistet:

Akzeptanz, andere Meinungen zulassen, angemessene Reaktionen, Anpassungsfähigkeit, Aufgeschlossenheit, Ausgleichen, Begeisterungsfähigkeit, Berechenbarkeit, Coaching und Mentoring, Delegation, Durchsetzungsfähigkeit, Ehrlichkeit, eigenen Standpunkt haben, Einfühlungsvermögen, emotionale Intelligenz, Empathie, Entscheidungsfähigkeit, Entscheidungsspielräume lassen, Ernst nehmen, Feedback geben und empfangen, Fehler eingestehen, Flexibilität, Fragetechnik, Freiräume achten bzw. geben, Freude am Umgang mit anderen Menschen, Führungskompetenz, Gefühle zeigen, Gesprächsführung, Gleichbehandlung der Mitarbeiter, Geradlinigkeit, Gruppendynamik, Humor, Information, Initiative, Integrationsfähigkeit, Interaktionsfähigkeit, Interesse an Menschen, Interkulturelle Kompetenz, Kommunikationsfähigkeit, Kompromissbereitschaft, Konfliktfähigkeit, Kooperationsfähigkeit, Koordinationsfähigkeit, Kreativität, Kritikfähigkeit, Leistungsbereitschaft, Lernfähigkeit, Leistungskontrolle, Lokomotion, Loyalität, Menschenkenntnis, Menschlichkeit, Mitarbeiter als Mensch akzeptieren, Mitarbeiter fördern, Mitarbeitergespräche, Motivationsfähigkeit, Networking Skills, nicht über Mitarbeiter herziehen, Offenheit, Organisationsfähigkeit, pädagogische Fähigkeiten, positives Denken, Präsentationsfähigkeit, Priorisierungsfähigkeit, Problemlösungsmethodik, Rapport herstellen, Reflektionsfähigkeit, Regulieren und Steuern, Respekt, rhetorisches Vermögen, Rücksichtnahme, Schwache schützen, Selbstbewusstsein, Selbstdisziplin, Selbstkritik, Selbstständigkeit, Sensibilität, situative Flexibilität, Situative Führung, sprachliche Kenntnisse zur genauen Kommunikation, Standpunkte und Aufgaben vermitteln können, Stärken/Schwächen erkennen, Stimmungen in der Gruppe erkennen, Takt, Teamfähigkeit, Toleranz, Überzeugungsfähigkeit, Veränderungsfähigkeit, Verantwortung übernehmen, Verantwortung übertragen, Verantwortungsbewusstsein, Verhalten und Auftreten, Vermitteln, Verständnis, Vertrauen, vertrauensvolle Zusammenarbeit, Visionsfähigkeit, Wertorientierte Führung, Zielvereinbarungen, Zuhören, Zuverlässigkeit.

Um diese große Zahl an Begriffen zu ordnen, wurden diejenigen Eigenschaften und Fähigkeiten aussortiert, die laut der Definition, die dieser Arbeit zugrunde liegt, der Methodenkompetenz und der personalen Kompetenz zugeordnet werden. Zur Methodenkompetenz gehören demnach Fähigkeiten wie z. B. Präsentationsfähigkeit, Priorisierungsfähigkeit, Problemlösungsmethodik und Organisationsfähigkeit. Dagegen können z. B. Selbstbewusstsein, Selbstdisziplin, Selbstkritik, Selbstständigkeit, Geradlinigkeit und Kreativität der personalen Kompetenz zugeordnet werden. Die verbliebenen sozialen Kompetenzen wurden weiter aufbereitet. Abbildung A.1 stellt die Häufigkeiten der genannten Fähigkeiten dar, ohne dass ähnliche Begriffe zusammengefasst wurden.

Demnach nannten über die Hälfte aller Befragten die Teamfähigkeit, die Konfliktfähigkeit und die Kommunikationsfähigkeit als Fähigkeiten der Sozialkompetenz. Für 38 % gehört zudem das Zuhören zur Sozialkompetenz. Motivationsfähigkeit, Empathie und Einfühlungsvermögen stellen mit den sogenannten Networking Skills weitere häufig genannte Fähigkeiten der Sozialkompetenz dar.

Abbildung A.1: Häufig genannte soziale Kompetenzen

Die Befragten sollten in einem zweiten Schritt diejenigen Fähigkeiten ankreuzen, die sie als besonders wichtig erachten. Bei der Auswertung dieser markierten Begriffe wurden Fähigkeiten mit ähnlicher Bedeutung zusammengefasst. Beispielsweise wurden die Fähigkeiten des Zuhörens und der Rhetorik der Kommunikationsfähigkeit zugeordnet. Auch hier wird wieder deutlich, wie schwierig eine Abgrenzung ist. Ist die Kompromissbereitschaft eine Komponente der Konfliktfähigkeit oder der Kooperationsfähigkeit?

Abbildung A.2 zeigt die wichtigsten sozialen Kompetenzen, die von den Befragten genannt wurden und die Häufigkeiten der Nennungen. Die Begriffe in Klammern enthalten die Fähigkeiten, die dem Oberbegriff zugeordnet wurden, um die Anzahl der Begriffe in der Wertung zu verringern.

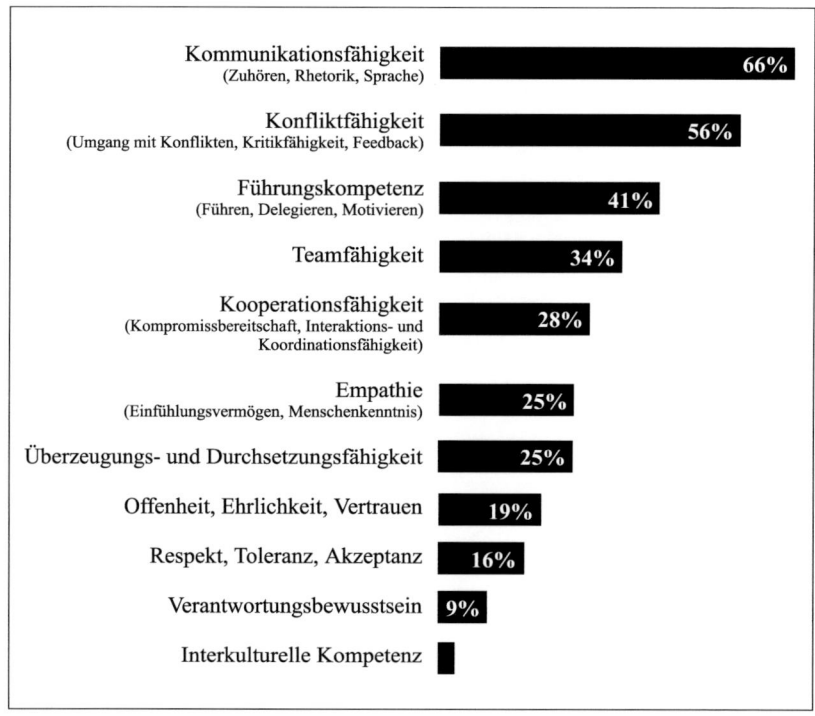

Abbildung A.2: Die wichtigsten sozialen Kompetenzen

Auch hier wird die große Bedeutung von Kommunikations- und Konfliktfähigkeit deutlich. Zudem wird der Führungskompetenz (Führen, Delegieren und Motivieren) eine wichtige Rolle zugeordnet. Teamfähigkeit wurde bei der Auswertung mit keiner anderen ähnlichen Fähigkeit wie z. B. Kooperationsfähigkeit zusammengefasst, da dieser Begriff die speziellen Fähigkeiten und Verhaltensweisen innerhalb eines Teams beschreibt. Teamfähigkeit umfasst demnach sowohl Kooperations- und Kommunikationsfähigkeit als auch den Umgang mit Konflikten, die für eine erfolgreiche Teamarbeit notwendig sind. Demgegenüber meint Kooperationsfähigkeit nicht nur die Kooperation im Team sondern auch außerhalb, z. B. die Kooperation zwischen zwei Bereichen durch Austausch von Erfahrungen oder zwischen Unternehmen und Lieferanten.

A.3.3   Frage 3: Aussagen über die Bedeutung von Sozialkompetenz

Folgende Aussagen wurden zur Bewertung vorgelegt:

Tabelle A.1: Aussagen bezüglich der Bedeutung von Sozialkompetenz

Aussagen	Ich stimme zu
Mangelnde Sozialkompetenz der Führungskraft hat Auswirkungen auf das Verhalten der Mitarbeiter.	94 %
Sozialkompetenz ist eine Voraussetzung für Teamarbeit.	88 %
Die Sozialkompetenz der Mitarbeiter muss vom Unternehmen gefördert werden.	75 %
Die Sozialkompetenz gewinnt bei der Personalauswahl zunehmend an Bedeutung.	72 %
Je höher in der Hierarchie, umso mehr Sozialkompetenz und umso weniger Fachkompetenz ist notwendig.	66 %
Keine Karriere ohne Sozialkompetenz!	59 %
Die Bedeutung von Sozialkompetenz wird überschätzt.	0 %

Die meisten der Befragten stimmten darin überein, dass sich das Verhalten der Führungskraft auf das Verhalten der Mitarbeiter auswirkt. Zudem findet die Aussage Zustimmung, dass Sozialkompetenz eine Voraussetzung für Teamarbeit ist. Allerdings scheint Sozialkompetenz keine zwingende Voraussetzung für eine Karriere zu sein. Immerhin sind 41 % der Befragten der Meinung, dass Karriere auch ohne Sozialkompetenz gemacht werden kann. Auf der anderen Seite meinen 66 %, dass Sozialkompetenz immer wichtiger wird, je höher sich ein Mitarbeiter in der Hierarchie befindet. Von den Befragten stimmen 75 % stimmen darin überein, dass die Sozialkompetenz der Mitarbeiter vom Unternehmen gefördert werden muss. Alle waren sich in einem einig: Die Bedeutung von Sozialkompetenz wird nicht überschätzt!

A.3.4 Frage 4: Methoden zur Bewertung

Abbildung A.3 zeigt auf, welche Methoden zur Diagnose von Sozialkompetenz in den Unternehmen eingesetzt werden. Demnach besitzen situative Interviews, Selbst- und Fremdbeurteilungen sowie Gruppendiskussionen und Rollenspiele bei der Bewertung von Sozialkompetenz den größten Stellenwert. Biografische Fragebögen sowie psychologische Testverfahren finden demgegenüber wenig Anwendung.

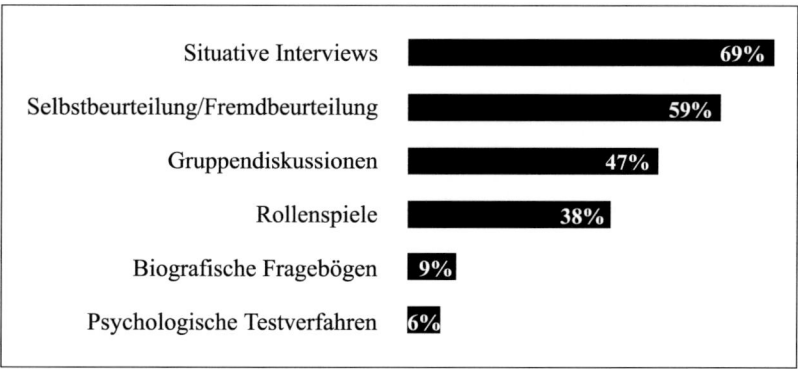

Abbildung A.3: Instrumente zur Diagnose sozialer Kompetenz im betrieblichen Einsatz

Die relativ ausgewogene Verteilung könnte ein Hinweis darauf sein, dass zur Diagnostik häufig mehrere Instrumente angewendet werden. Zudem wurden als weitere Diagnoseinstrumente Assessment und Development Center sowie strukturierte Interviews genannt. Gerade Assessment Center enthalten häufig mehrere dieser Methoden wie z. B. Gruppendiskussionen, Interviews und Rollenspiele.

A.3.5   Frage 5: Maßnahmen zur Förderung

Nachfolgend werden in Abbildung A.4 Maßnahmen zur Förderung von Sozialkompetenz dargestellt sowie ihre Anwendung in den Unternehmen.

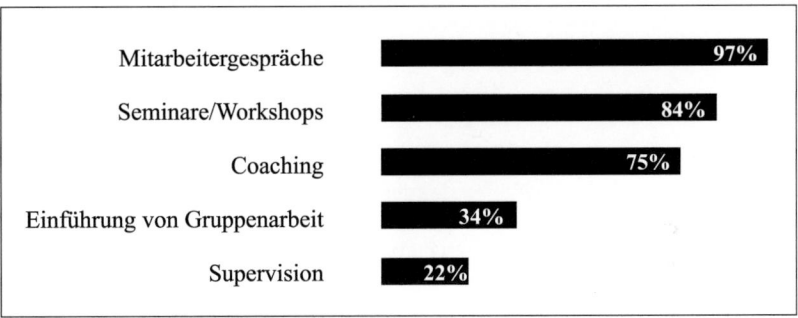

Abbildung A.4: Maßnahmen zur Förderung sozialer Kompetenz, die in Unternehmen angewendet werden

In nahezu jedem Unternehmen (97 %) werden Mitarbeitergespräche geführt. Zudem werden Seminare und Workshops sowie die Möglichkeit des Coachings zur Weiterentwicklung der Sozialkompetenz angeboten. Weiterhin werden zur Entwicklung von Sozialkompetenz Instrumente wie Selbst- und Fremdbeurteilung in Form von Gesprächen mit dem Vorgesetzten bzw. dem Mitarbeiter sowie Mentoring eingesetzt.

Die Inhalte von Seminaren und Workshops, welche die Unternehmen zur Entwicklung der Sozialkompetenz ihrer Mitarbeiter und Führungskräfte einsetzen, umfassen folgende Themen:

- Grundlagen der Führung, Führungsverhaltenstraining, Führen in Veränderungen, Führen im Team

- Werkzeuge zur erfolgreichen Kommunikation (Gesprächsführung, Aktives Zuhören, Rhetorik, Kritische Mitarbeitergespräche, Argumentationstechniken, Verhandlungen, nonverbales Verhalten)

- Konflikt und Konsens, Kollegialer Umgang mit Konflikten, Konfliktmanagement, Lösung von Konflikten, Konfliktverhalten

- Zusammenarbeit in Teams, Interaktion, Gruppendynamik

- Motivationstraining

- Entwicklungsassessment, persönlichkeitsfördernde Workshops

- Projektmanagement

- Entscheidungsverhalten

- Präsentations- und Moderationstechniken

A.3.6 Frage 6: Bedeutung von Sozialkompetenz auf einzelnen Hierarchiestufen

Die folgenden Histogramme veranschaulichen den Anteil an Fach- und Sozialkompetenz, den die Befragten den einzelnen Aufgabenbeschreibungen zuordnen. Die Berufe wurden so ausgewählt, dass sie auf verschiedenen Hierarchiestufen angesiedelt sind.

Die Histogramme zeigen, dass sich der notwendige Anteil an Fach- und Sozialkompetenz zwischen Werkzeugmechaniker (Abbildung A.5), Fertigungsmeister (Abbildung A.6) und Montageleiter (Abbildung A.7) in den Grafiken zunehmend nach rechts verschiebt. D. h. der Anteil an Fachkompetenz, den der Mitarbeiter zur Erledigung seiner Aufgaben benötigt, scheint zunehmend weniger zu werden, die benötigten sozialen Kompetenzen aber nehmen zu.

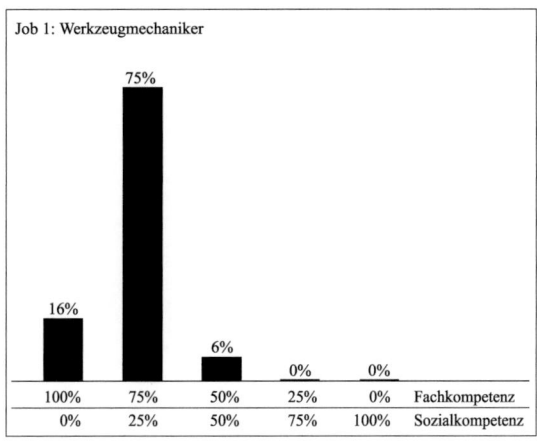

Abbildung A.5: Werkzeugmechaniker

Die Grafiken stellen einen Anhaltspunkt dar, können aber nicht als Beweis dienen, dass auf höherer hierarchischer Ebene Sozialkompetenz wichtiger als fachliche
Kompetenz ist. Die Befragten beurteilten die notwendige Fach- und Sozialkompetenz ausschließlich für diese Aufgabenbeschreibungen. Wären andere Berufe beurteilt
worden, wie z. B. der einer Krankenschwester, einer Oberschwester und eines Arztes
(ebenfalls drei unterschiedliche Hierarchiestufen), hätten sich Fach- und Sozialkompetenz eventuell anders verteilt. Die Sozialkompetenz umfasst je nach Anforderung
und Situation verschiedenen Verhaltensweisen und -ausprägungen.

Allerdings stellt Führungsverantwortung große Anforderungen an die Sozialkompetenz der Führungskraft. Daher vergrößert sich die Bedeutung von Sozialkompetenz
ab einer bestimmten Hierarchiestufe. Das bedeutet aber nicht gleichzeitig, dass dadurch die Fachkompetenz weniger wichtig ist. Die Führungskraft muss sich auf ihre
Mitarbeiter einstellen, sie motivieren und unterstützen, Konflikte lösen und Gesprä-
che führen. Sie muss aber auch Entscheidungen treffen und diese vertreten können.
Das setzt ebenso fachliche Kenntnisse und Fähigkeiten voraus.

Trotzdem bestätigen zwei Drittel aller Personalverantwortlichen die Aussage, dass, je
höher der Mitarbeiter in der Hierarchie eingeordnet ist, umso mehr Sozialkompetenz
und um so weniger Fachkompetenz notwendig ist.

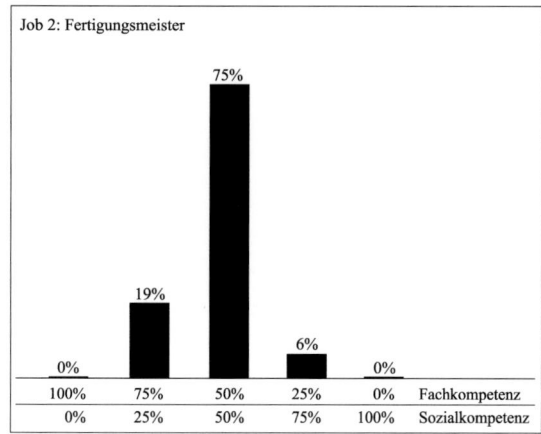

Abbildung A.6: Fertigungsmeister

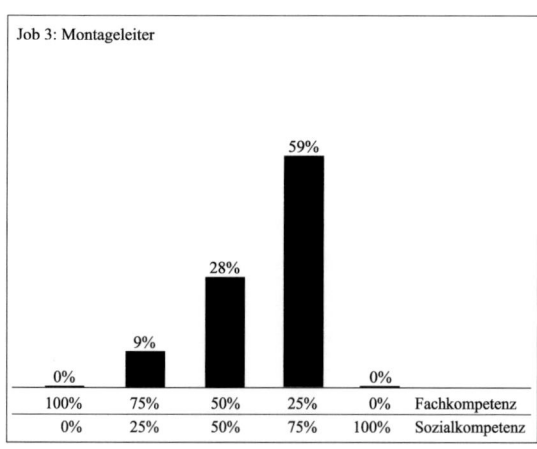

Abbildung A.7: Montageleiter

Die Auswertung der Fähigkeiten, welche die Befragten je nach Aufgabenbeschreibung angeben sollten, ergibt Tabelle A.2.

Tabelle A.2: Anzahl der Nennungen bezüglich wichtiger Fähigkeiten abhängig vom jeweiligen Job

Fähigkeiten	Job 1	Job 2	Job 3
Kommunikationsfähigkeit	13	19	17
Konfliktfähigkeit	6	12	15
Führungskompetenz	1	21	21
Teamfähigkeit	4	5	3
Kooperationsfähigkeit	5	4	3
Empathie	1	3	3
Durchsetzungsfähigkeit	1	6	8
Vertrauen	1	3	8
Respekt	2	1	3
Verantwortungsbewusstsein	4	4	3
Interkulturelle Kompetenz	1	1	2

Für die Aufgabenbeschreibung des Werkzeugmechanikers wurde vor allem die Kommunikationsfähigkeit als wichtige soziale Kompetenz genannt. Außerdem wurden einige Eigenschaften und Fähigkeiten genannt, die in dieser Arbeit der personalen Kompetenz zugeordnet werden: Zuverlässigkeit, Leistungsbereitschaft und Selbstständigkeit. Diese sind in der Tabelle nicht aufgeführt.

Auffällig ist die Tatsache, dass mehr soziale Kompetenzen genannt werden, wenn die Führungsverantwortung zur Aufgabenbeschreibung hinzu kommt. So entfallen bei den Aufgabenbeschreibungen des Meisters sowie des Montageleiters 19 bzw. 17 Nennungen auf Kommunikationsfähigkeit, 12 bzw. 15 Nennungen auf Konfliktfähigkeit sowie jeweils 21 Nennungen auf Führungskompetenz. Von 32 ausgewerteten Fragebögen ist das ein Anteil von 40 bis 70 %.

Literatur

[1] Anwander, A. (1992). *SKAI. Ein Konzept zum Training sozialer Kompetenz zum Ausgleich von Interessen auf der Basis einer Integration von Planspiel und Rollenspiel* (Diss.). Tübingen: Universität.

[2] Arnold, R. & Müller, H.-J. (Hrsg.). (1999). *Kompetenzentwicklung durch Schlüsselqualifizierung.* Hohengehren: Schneider Verlag.

[3] Arnold, R. (1999). Schlüsselqualifikationen aus berufspädagogischer Sicht. In R. Arnold & H.-J. Müller (Hrsg.), *Kompetenzentwicklung durch Schlüsselqualifizierung* (S. 17-26). Hohengehren: Schneider Verlag.

[4] Arnold, R. & Bloh, E. (Hrsg.). (2001). *Personalentwicklung im lernenden Unternehmen.* Hohengehren: Schneider Verlag.

[5] Arnold, R. (2001). „Emotionale Gewandtheit" – Neues Leitprinzip moderner Personalentwicklung. In R. Arnold & E. Bloh (Hrsg.) *Personalentwicklung im lernenden Unternehmen* (S. 41-51). Hohengehren: Schneider Verlag.

[6] Asendorpf, J. B. (1999). *Psychologie der Persönlichkeit.* Berlin, Heidelberg, New York: Springer-Verlag.

[7] Asendorpf, J. B. & Wilpers, S. (1998). Personality effects on social relationships. *Journal of Personality and Social Psychology*, 74, 1531-1544.

[8] Baltes, P. B. (1987). Theoretical propositions of life-span developmental psychology: On the dynamics between growth and decline. *Developmental Psychology*, 23, 611-626.

[9] Becker, H. & Langosch, I. (1995). *Produktivität und Menschlichkeit: Organisation und ihre Anwendung in der Praxis.* Stuttgart: Enke.

[10] Berkel, K. (1990a). Verhandlung und Konfliktlösung. In W. Sarges (Hrsg.), *Management-Diagnostik* (S. 329-334). Göttingen: Hogrefe.

[11] Berkel, K. (1990b). *Konflikttraining*. Heidelberg: Sauer-Verlag.

[12] Bortz, J. & Döring, N. (2002). *Forschungsmethoden und Evaluation für Human- und Sozialwissenschaftler*. Berlin, Heidelberg, New York: Springer-Verlag.

[13] Brandstätter, H. (1992). Veränderbarkeit von Persönlichkeitsmerkmalen – Beiträge der Differentiellen Psychologie. In K. Sonntag (Hrsg.), *Personalentwicklung in Unternehmen* (S. 40-61). Göttingen: Hogrefe.

[14] Brecht, B. (1977). *Geschichten*. Frankfurt: Suhrkamp.

[15] Brinkmann, R. D. (1999). *Techniken der Personalentwicklung. Trainings- und Seminarmethoden*. Heidelberg: Sauer-Verlag.

[16] *Brockhaus Enzyklopädie*, Band 9. (1989). Mannheim: Brockhaus.

[17] Brothers, L. (1989). A Biological Perspective on Empathy. *American Journal of Psychiatry*, 146, 1.

[18] Bryson, L. (Hrsg.). (1948). *The communication of ideas*. New York: Harper & Row.

[19] Budow, B. & Burger, C. (1999). Schlüsselqualifikationen für Führungskräfte. *Personalwirtschaft*, Sonderheft 5, 14-18.

[20] Bühler, K. (1982). *Sprachtheorie. Die Darstellungsfunktion der Sprache*. Stuttgart, New York: Fischer.

[21] Bürger, W. (1979). *Teamfähigkeit im Gruppenunterricht: Zur Konkretisierung, Realisierung und Begründung eines Erziehungsziels*. Weinheim: Beltz.

[22] Buhrmester, D., Fuhrman, W., Wittenberg, M. T. & Reiss, H. T. (1988). Five domains in interpersonal competence in peer-relationship. *Journal of Personality and Social Psychology*, 55, 991-1008.

[23] Bungard, W. (1990). Team- und Kooperationsfähigkeit. In W. Sarges (Hrsg.), *Management-Diagnostik* (S. 315-325). Göttingen: Hogrefe.

[24] Bunk, G. P. (1994). Kompetenzvermittlung in der beruflichen Aus- und Weiterbildung in Deutschland. *Kompetenz: Begriff und Fakten. Europäische Zeitschrift Berufsbildung*, Heft 1, 9-20.

[25] Burke, M. J. & Day, R. R. (1986). A cumulative studie od the effectiveness of managerial training. *Journal of Applied Psychology*, 71, 232-243.

[26] Buss, D. M. (1987). Selection, evocation and manipulation. *Journal of Personality and Social Psychology*, 42, 459-491.

[27] Cohn, R. C. (1991). *Von der Psychoanalyse zur themenzentrierten Interaktion.* Stuttgart: Klett-Cotta.

[28] Conley, J. J. (1984). The hierarchy of consistency: A review and model of longitudinal findings on adult individual differences in intelligence, personality and self-opinion. *Personality and Individual Differences*, 5, 11-25.

[29] Craik, F. I. M. & Trehub, S. E. (Hrsg.). (1982). *Aging and cognitive processes.* New York: Plenum Press.

[30] Crott, H. (1979). *Soziale Interaktion und Gruppenprozesse.* Stuttgart: Kohlhammer.

[31] Döpfner, M. (1989). Soziale Informationsverarbeitung – ein Beitrag zur Differenzierung sozialer Inkompetenzen. *Zeitschrift für Pädagogische Psychologie*, 3, 1-8.

[32] Dörner, D. (2000). *Die Logik des Misslingens.* Hamburg: Rowohlt Taschenbuch Verlag.

[33] Dow, M. G. (1985). Peer validation and ideography analysis of social skill deficits. *Behavior Therapy*, 16, 76-86.

[34] Eibl-Eibesfeld, I. (1995). *Die Biologie des menschlichen Verhaltens.* München: Piper.

[35] Ekman, P. & Frieden, W. V. (1975). *Unmasking the face.* Englewood Cliffs: Prentice Hall.

[36] Eldred, F. & Price, D. B. (1958). Linguistic evaluation of feeling states in psychotherapy. *Psychiatry*, 21, 115-121.

[37] Faix, W. G. & Laier, A. (1996). *Soziale Kompetenz: Wettbewerbsfaktor der Zukunft*. Wiesbaden: Gabler.

[38] Faller, A. (1984). *Der Körper des Menschen*. Stuttgart: Georg Thieme Verlag.

[39] Fisch, R. & Fiala, S. (1984). Wie erfolgreich ist Führungstraining? Eine Bilanz neuester Literatur. *Die Betriebswirtschaft*, 44, 193-203.

[40] Frei, F., Hugentobler, M., Alioth, A., Duell, W. & Ruch, L. (1993). *Die kompetente Organisation*. Stuttgart: Schäffer-Pöschel, Zürich: Verlag der Fachvereine.

[41] Frey, D. & Greif, S. (1994). *Sozialpsychologie: Ein Handbuch in Schlüsselbegriffen*. Weinheim: Psychologie Verlagsunion.

[42] Friede, C. K. & Sonntag, K. (Hrsg.). (1993). *Berufliche Kompetenz durch Training*. Heidelberg: Sauer-Verlag.

[43] Friede, C. K. (1993). Trainingskonzepte. Von der Zweckrationalität zur Sinnrationalität. In: C. K. Friede & K. Sonntag (Hrsg.), *Berufliche Kompetenz durch Training* (S. 11-46). Heidelberg: Sauer-Verlag.

[44] Friede, C. K. (1994). Sozialkompetenz als Ziel der Berufserziehung: begriffsanalytisch betrachtet. *Zeitschrift für Berufs- und Wirtschaftspädagogik*, 90, 606-625.

[45] Fowler, F.J. & Mangione, T. W. (1990). *Standardized Survey Interviewing: Minimizing Interviewer Related Error*. London: Sage.

[46] Feydrich, T. & Bürgener, F. (1999). Ratingskala für soziale Kompetenz. In J. Margraf (Hrsg.), *Soziale Kompetenz – soziale Phobie: Anwendungsfelder, Entwicklungslinien, Erfolgsaussichten* (S. 81-96). Hohengehren: Schneider-Verlag.

[47] *Gabler's Wirtschaftslexikon*. (1997). Wiesbaden: Gabler.

[48] Gehm, T. (1999). *Kommunikation im Beruf*. Weinheim, Basel: Beltz Verlag.

[49] Gestmann, M. (1997). Die wichtigsten psychologischen Modelle im Training. *Wirtschaft & Weiterbildung*, 3, 40-43.

[50] Gilliland, A. R. & Burke, R. S. (1926). A Measurement of Sociability. *Journal of Applied Psychology*, 10, 315-326.

[51] Goldfried, M. R. & D'Zurilla T. J. (1969). A behavior-analytic model for assessing competence. In C. D. Spielberger (Hrsg.), *Current topics in clinical and community psychology* (S. 151-196). New York: Academic Press.

[52] Goldman, W. & Lewis, P. (1977). Beautyful ist good: Evidence that the physically attractive are more socially skillful. *Journal of Experimental Social Psychology*, 13, 125-130.

[53] Goleman, D. (1996). *Emotionale Intelligenz.* München: Carl Hanser Verlag.

[54] Goleman, D. (1999a). Emotionale Kompetenzen kann jeder erwerben. *Personalwirtschaft*, 16, 28-30.

[55] Goleman, D. (1999b). *EQ2 – Der Erfolgsquotient.* München: Carl Hanser Verlag.

[56] Gruter, M. & Rehbinder, M. (Hrsg.). (1983). *Der Beitrag der Biologie zu Fragen von Recht und Ethik.* Berlin: Duncker & Humblot.

[57] Günther, J. (Hrsg.). (1984). *Quo vadis Industriegesellschaft?.* Heidelberg: Sauer-Verlag.

[58] Heideloff, F. & Langosch, I. (1998). *Methoden- und Sozialkompetenz: Trainingskonzepte für die Aus- und Weiterbildung von Sozialwissenschaftlern.* Freiburg: Lambertus-Verlag.

[59] Helfrich, G. & Peters, A. (1999). Emotionale Intelligenz als Erfolgsfaktor. *Personalwirtschaft*, 10, 40-42.

[60] Henning, K. (Hrsg.). (1992). *Methoden und Praxis der Komplexitätsbewältigung.* Berlin: Duncker und Humblot.

[61] Herrmann, T. (1976). *Lehrbuch der empirischen Persönlichkeitsforschung.* Göttingen: Hogrefe.

[62] Heyse, V. & Metzler, H. (1995). *Die Veränderung managen, das Management verändern.* Münster: Waxmann.

[63] Heyse, V. & Erpenbeck, J. (1997). *Der Sprung über die Kompetenzbarriere: Kommunikation, selbstorganisiertes Lernen und Kompetenzentwicklung von und in Unternehmen.* Bielefeld: Bertelsmann.

[64] Hinsch, R. & Pfingsten, U. (1998). *Gruppentraining sozialer Kompetenzen.* Weinheim: Psychologie Verlags Union.

[65] Hoebel, B. G. (1983). Neurogene und chemische Grundlagen des Glücksgefühls. In M. Gruter & M. Rehbinder (Hrsg.), *Der Beitrag der Biologie zu Fragen von Recht und Ethik* (Band 54, S. 87-109). Berlin: Duncker & Humblot.

[66] Hofmann, H. & Saul, C. (1996). *Qualitative und quantitative Auswirkungen der Informationsgesellschaft auf die Beschäftigung.* München: ifo-Institut für Wirtschaftsforschung.

[67] Horn, J. L. (1982). The theory of fluid and cristallized intelligence in relation to concepts of cognitive psychology and aging in adulthood. In F. I. M. Craik & S. E. Trehub (Hrsg.), *Aging and cognitive processes* (S. 847-870). New York: Plenum Press.

[68] Hossiep, R. (1996). Zur Bedeutung der Berufseignungsdiagnostik für den Bereich Personal. *ABO aktuell*, 3, 5-10.

[69] Hossiep, R. & Paschen, M. (1998). *Bochumer Inventar zur berufsbezogenen Persönlichkeitsbeschreibung (BIP).* Göttingen: Hogrefe.

[70] Hossiep, R., Paschen, M. & Mühlhaus, O. (1999). *Persönlichkeitstests im Personalmanagement.* Göttingen: Hogrefe.

[71] Hugo-Becker, A. & Becker, H. (1992). *Psychologisches Konfliktmanagement.* München: C. H. Beck.

[72] Jackson, S. E. (1996). The consequences of diversity in multidisciplinary work teams. In M. A. West (Hrsg.) *Handbook of work group psychology* (S. 53-76). Chichester: Wiley.

[73] Johnson, D. W. (1981). Effects of cooperative, competitive and individualistic goal-structures on achievement: A meta-analysis. *Psychological Bulletin*, 89, 87-100.

[74] Jung, P. (1990). Rollenspiele. In W. Sarges (Hrsg.), *Management-Diagnostik* (S. 475-479). Göttingen: Hogrefe.

[75] Kauffeld, S. & Grote, S. (2002). Mit Gefühl am Problem vorbei, die überschätzte Sozialkompetenz als Mittel zur Bewältigung von Optimierungsaufgaben. *new management*, 1-2, 42-48.

[76] Kelly, G. A. (1955). *The psychology of personal constructs.* New York: Wiley.

[77] Kieser, A., Reber, G. & Wunderer, R. (Hrsg.). (1987). *Handwörterbuch der Führung.* Stuttgart: Poeschel.

[78] Kleiter, G. D. (2002, April 26). Reflexe, Triebe und Affekte. *http://www.sbg.ac.at/psy/people/kleiter/allgem/all0/node4.html.*

[79] Kohlberg, L. (1974). *Zur kognitiven Entwicklung des Kindes.* Frankfurt: Suhrkamp.

[80] Krout, M. H. (1954). An experimental attempt to produce unconscious manual movements. *Journal of general Psychology*, 51, 93-120.

[81] Laatz, W. (1993). *Empirische Methoden. Ein Lehrbuch für Sozialwissenschaftler.* Thun, Frankfurt am Main: Harri Deutsch.

[82] Lang, R. W. (2000). *Schlüsselqualifikationen.* München: Deutscher Taschenbuch Verlag.

[83] *Langenscheidts Großes Schulwörterbuch Lateinisch-Deutsch.* (1977). Berlin, München, Wien, Zürich: Langenscheidt.

[84] Lanthaler, W. & Zugmann, J. (2000). *Die ICH-Aktie.* Frankfurt am Main: Frankfurter Allgemeine Zeitung GmbH.

[85] Lasswell, H. D. (1948). The structure and function of communikation. In L. Bryson (Hrsg.), *The communication of ideas* (S. 37-51). New York: Harper & Row.

[86] Lattmann, C. (1972). *Das norwegische Modell der selbstgesteuerten Arbeitsgruppen.* Bern: Haupt.

[87] Lay, R. (1971). *Führen durch das Wort.* Hamburg: Rowohlt.

[88] Laszló, A. (Hrsg.). (1996). *Der Berufsreport – Daten, Fakten und Prognosen zu allen wichtigen Berufen. Der Arbeitsmarkt in Deutschland – das aktuelle Handbuch.* Berlin: Argon Verlag.

[89] LeMar, B. (1997). *Kommunikative Kompetenz: Der Weg zum innovativen Unternehmen.* Berlin, Heidelberg: Springer-Verlag.

[90] Lenzen, A. (1998). *Erfolgsfaktor Schlüsselqualifikationen: Mitarbeiter optimal fördern.* Heidelberg: Sauer-Verlag.

[91] Levenson, R. & Ruef, A. (1992). Empathy: A psychological substrate. *Journal of Personality and Social Psychology,* 63, 2.

[92] Mangels, P. (1995). Nur derjenige, der selbst sozial kompetent ist, kann auch soziale Kompetenz vermitteln. In B. Seyfried (Hrsg.), *„Stolperstein" Sozialkompetenz* (S. 53-66). Bielefeld: Bertelsmann.

[93] Margraf, J. (Hrsg.). (1999). *Soziale Kompetenz – soziale Phobie: Anwendungsfelder, Entwicklungslinien, Erfolgsaussichten.* Hohengehren: Schneider-Verlag.

[94] Marshall, W. L., Laws, D. R. & Barbaree, H. E. (Hrsg.). (1990). *Handbook of sexual assault.* New York: Plenum.

[95] McFall, R. M. (1982). A review and reformulation of the concept of social skills. *Behavioral Assessment,* 4, 1-33.

[96] McFall, R. M. (1990). The enhancement of social skills. An information of processing analysis. In W. L. Marshall, D. R. Laws & H. E. Barbaree (Hrsg.), *Handbook of sexual assault* (S. 668-694). New York: Plenum.

[97] McReynolds, P. (Hrsg.). (1977). *Advances in Psychological Assessment.* San Francisco: Jossey Bass.

[98] Mehl, J. (1999). Soziale Kompetenz als Therapieziel im Selbstsicherheitstraining: Probleme des Menschenbildes in einer Umbruchsituation. In J. Margraf (Hrsg.), *Soziale Kompetenz – soziale Phobie: Anwendungsfelder, Entwicklungslinien, Erfolgsaussichten* (S. 25-39). Hohengehren: Schneider-Verlag.

[99] Meichenbaum, D., Butler, I. & Gruson, L. (1981). Toward a conceptual model of social comptence. In J. D. Wine & M. D. Smmye (Hrsg.), *Social competence* (S. 36-59). New York: The Guilford Press.

[100] Merten, K. (1977). *Kommunikation. Eine Begriffs- und Prozessanalyse.* Opladen: Westdt. Verlag.

[101] Mischel, W. (1973). Towards a cognitive social learning reconceptualization of personality. *Psychological Review*, 80, 252-283.

[102] Monti, P. M., Boice, R., Fingeret, A. L., Zwick, W. R., Kolko, D., Munroe, S. & Grundberger, A. (1984). Midi-level measurement of social anxiety in psychiatry and non-psychiatry samples. *Behaviour Research Therapy*, 22, 651-660.

[103] Mühlemeyer, P. (1996). *Die Führungskraft im Handel und Dienstleistungsbereich von morgen – Anforderungen, Kompetenzen und Wissen.* Worms: Projektbericht der FH Worms/Fachbereich Betriebswirtschaft/Handel.

[104] Mühlemeyer, P. (1998). Teamarbeit: Wunsch und Wirklichkeit. *PERSONAL*, 12, 632-633.

[105] Münch, J. (1984). Berufliche Qualifikation und soziale Kompetenz. In J. Günther (Hrsg.), *Quo vadis Industriegesellschaft?* (S. 131-150). Heidelberg: Sauer-Verlag.

[106] Nefiodow, L. A. (1997). *Der sechste Kondratieff: Wege zur Produktivität und Vollbeschäftigung im Zeitalter der Information.* Sankt Augustin: Rhein-Sieg-Verlag.

[107] N. N. (1996). *Leben und Arbeiten in der Informationsgesellschaft: im Vordergrund der Mensch – Grünbuch.* Bulletin der Europäischen Union, Beilage 3/96. Luxemburg: Amt für amtliche Veröffentlichungen der Europäischen Gemeinschaft.

[108] N. N. (1998). Bundesministerium für Bildung, Wissenschaft, Forschung und Technologie: Ausbildung von Ingenieurinnen und Ingenieuren. *Deutscher Bundestag*, Drucksachen, Dr. 13/10707 vom 13.05.98, 1-25.

[109] N. N. (2002, Mai 6). DISG-Persönlichkeitspröfil.
      http://www.kpp-consulting.ch/kpp-154.htm.

[110] N. N. (2002, Juni 3). Langenscheidts Online-Fremdwörterlexikon.
      http://www.langenscheidt.aol.de/.

[111] N. N. (2002, Juni 11). Wirtschaftswoche heute. *http://www2.wiwo.de/
      wiwowwwangebot/fn/ww/SH/0/sfn/buildww/cn/cn_artikel/id/62567!121031/
      layout/58327/depot/0/index.html, 2001.*

[112] Neuberger, O. (1982). *Miteinander arbeiten – miteinander reden! Vom Ge-
      spräch in unserer Arbeitswelt.* München: Bayrisches Staatsministerium für Ar-
      beit und Sozialordnung.

[113] Oerter, R. (1992). Menschliche Entwicklung und ihre Gestaltbarkeit. In K.
      Sonntag (Hrsg.), *Personalentwicklung in Unternehmen (S. 19-37).* Göttingen:
      Hogrefe.

[114] Pawlik, K. (1982). *Multivariate Persönlichkeitsentwicklung.* Bern: Hans Huber
      Verlag.

[115] Pervin, L. A. (2000). *Persönlichkeitstheorien.* München: Ernst Reinhardt Ver-
      lag.

[116] Piepenburg, U. (1991). *Rechnergestütztes kooperatives Arbeiten* (Mitteilung Nr.
      197). Hamburg: Universität, Fachbereich Informatik.

[117] Prillwitz, S. (2002, Mai 14). Fachgebärdenlexikon Psychologie.
      http://www.sign-lang.uni-hamburg.de/PLEX.

[118] Ptok, D. (1999). *Social Competence als gesellschaftlicher Imperativ* (Diss.).
      Frankfurt: Peter Lang.

[119] Redel, H. (1987). Führungsgremien. In A. Kieser, G. Reber & R. Wunderer
      (Hrsg.), *Handwörterbuch der Führung* (S. 542-553). Stuttgart: Poeschel.

[120] Redmark (2002, Juni 20). Teams führen.
      http://www.redmark.de/karriere/dokus/tipps/team/team_zusammenstellen.htm.

[121] Riekmann, H. (1992). Dynaxability - oder wie „systemisches Management" in der Praxis funktionieren kann. In K. Henning (Hrsg.), *Methoden und Praxis der Komplexitätsbewältigung* (S. 17-39). Berlin: Duncker und Humblot.

[122] Riemann, R. & Allgöwer, A. (1993). Eine deutschsprachige Fassung des „Interpersonal Competence Questionnaire" (ICQ). *Zeitschrift für Differentielle und Diagnostische Psychologie*, 14, Heft 3, 153-163.

[123] Rohrmann, B. (1978). Empirische Studien zur Entwicklung von Antwortskalen für die sozialwissenschaftliche Forschung. *Zeitschrift für Sozialpsychologie*, 9, 222-245.

[124] Rosenstiel, L. v., Molt, W. & Rüttinger, K. W. (1995). *Organisationspsychologie*. Stuttgart: W. Kohlhammer.

[125] Rosenthal, R. (1977). The PONS-Test: Measuring Sensitivity to Nonverbal Cues. In P. McReynolds (Hrsg.), *Advances in Psychological Assessment*. San Francisco: Jossey Bass.

[126] Roth, G. (2000, April 11). Die Vernunft spielt immer eine Nebenrolle. *Süddeutsche Zeitung online*

[127] Sarges, W. (Hrsg.). (1990). *Management-Diagnostik*. Göttingen: Hogrefe.

[128] Schaie, K. W. (1983). *Longitudinal studies of adult psychological development*. New York: Guilford Press.

[129] Scheler, U. (1999). *Management der Emotionen*. Offenbach: Gabal.

[130] Schmidt, J. U. (1995). Psychologische Messverfahren für soziale Kompetenzen. In B. Seyfried (Hrsg.), *„Stolperstein" Sozialkompetenz* (S. 117-136). Bielefeld: Bertelsmann.

[131] Schröder, H. (Hrsg.). (1984). *Beiträge zur Pathopsychologie der Persönlichkeit* (Band 7). Leipzig: Johann Ambrosius Verlag.

[132] Schröder, H. (1984). Theoretische Aspekte einer Pathopsychologie der Persönlichkeit. In: H. Schröder (Hrsg.), *Beiträge zur Pathopsychologie der Persönlichkeit* (Band 7). Leipzig: Johann Ambrosius Verlag.

[133] Scheler, U. (1999). *Management der Emotionen.* Offenbach: Gabal.

[134] Schuler, H. & Barthelme, D. (1995). Soziale Kompetenz als berufliche Anforderung. In B. Seyfried (Hrsg.), *„Stolperstein" Sozialkompetenz* (S. 77-116).
Bielefeld: Bertelsmann.

[135] Schuler, H. (Hrsg.). (2001). *Lehrbuch der Personalpsychologie.* Göttingen: Hogrefe.

[136] Seiwert, L. J. (2002). *DISG-Persönlichkeitsprofil.* Offenbach: Jünger-/Gabal-
Verlag.

[137] Seyfried, B. (Hrsg.). (1995). *„Stolperstein" Sozialkompetenz.* Bielefeld: Bertelsmann.

[138] Seyfried, B. (1995). Team und Teamfähigkeit. In B. Seyfried (Hrsg.), *„Stolperstein" Sozialkompetenz* (S. 15-32). Bielefeld: Bertelsmann.

[139] Seyfried, B. (1995). Soziales Verhalten: Die Illusion „objektiver" Beurteilung.
In B. Seyfried (Hrsg.), *„Stolperstein" Sozialkompetenz* (S. 137-152). Bielefeld:
Bertelsmann.

[140] Sonntag, K. (Hrsg.). (1992). *Personalentwicklung in Unternehmen.* Göttingen:
Hogrefe.

[141] Spielberger, C. D. (Hrsg.). (1977). *Current topics in clinical and community
psychology.* New York: Academic Press.

[142] Stangl, W. (2002, April 26). Das menschliche Gehirn. *http://paedpsych.jk.uni-
linz.ac.at/INTERNET/ARBEITSBLAETTERORD/LERNTECHNIKORD/-
Gehirn.html.*

[143] Steinert, C. (2002, Juni 6). Emotionale Intelligenz in der Personalauswahl.
http://www.personalseite.de/aufsatz/steinert2.htm.

[144] Stooß, F. (1996). Die Arbeitslandschaft von morgen. In A. Laszló (Hrsg.), *Der
Berufsreport – Daten, Fakten und Prognosen zu allen wichtigen Berufen. Der
Arbeitsmarkt in Deutschland – das aktuelle Handbuch* (S. 28-33). Berlin: Argon
Verlag.

[145] Thorndike, E. L. (1920). Intelligence and its uses. *Harper's Magazine*, 140, 227-235.

[146] Trower, P. (1980). Situational analysis of the components and processes of behavior of socialty skilled and unskilled patients. *Journal of Consulting and Clinical Psychology*, 48, 327-339.

[147] Udris, I. (1993). Trainingsverfahren zur Förderung der Sozialkompetenz. In C. K. Friede & K. Sonntag (Hrsg.), *Berufliche Kompetenz durch Training* (S. 100-123). Heidelberg: Sauer-Verlag.

[148] Ullrich, R. & Ullrich, R. (Hrsg.). (1978). *Soziale Kompetenz* (Band 1). München: Pfeiffer.

[149] Ulrich, H. (1970). *Die Unternehmung als produktives soziales System, Grundlagen der allgemeinen Unternehmenslehre.* Bern, Stuttgart: Haupt.

[150] Ulrich, E. & Frei, F. (1980). Persönlichkeitsförderliche Arbeitsgestaltung und Qualifizierungsprobleme. In W. Volpert (Hrsg.), *Beiträge zur psychologischen Handlungstheorie* (S. 71-96). Bern: Huber.

[151] Ury, W. (1991). *Schwierige Verhandlungen.* München: Heyne.

[152] Volpert, W. (Hrsg.). (1980). *Beiträge zur psychologischen Handlungstheorie.* Bern: Huber.

[153] Wahren, H. E. (1987). *Zwischenmenschliche Kommunikation und Interaktion in Unternehmen.* Berlin, New York: de Gruyter.

[154] Wegge, J. (2001). Gruppenarbeit. In: H. Schuler (Hrsg.) *Lehrbuch der Personalpsychologie* (S. 484-504). Göttingen: Hogrefe

[155] West, M. A. (Hrsg.). (1981). *Handbook of work group psychology.* Chichester: Wiley.

[156] Wilke, G. (1999). *Die Zukunft unserer Arbeit.* Frankfurt: Campus Verlag.

[157] Wine, J. D. & Smmye, M. D. (Hrsg.). (1981). *Social competence.* New York: The Guilford Press.

[158] Witte, E. H. & Ardelt, E. (1975). *Gruppenunterricht, Grundlagen und Beispiel.*
       Oberursel: Finken.

[159] Würtele, G. (1993). *Lernende Elite: Was gute Manager noch besser macht.*
       Wiesbaden: Gabler.

[160] Zimmer, D. (1978). Die Entwicklung des Begriffs der Selbstsicherheit und so-
       zialen Kompetenz in der Verhaltenstherapie. In R. Ullrich & R. Ullrich (Hrsg.),
       Soziale Kompetenz (Band 1). München: Pfeiffer.

Weitere Studien zum Thema „Sozialkompetenz - Entwirren des Begriffsdschungels"

Diese und weitere Studien aus dem Bereich des Personalwesens finden Sie im Online-Katalog unter www.diplom.de:

Inplacement
Bedeutung und Problematik der Einführung neuer Mitarbeiter in das Unternehmen
A. Bühler / Nürtingen / 2002 / 78 Seiten / 298,00 EUR / Best.-Nr. 6484

Externe Personalgewinnung
Von den klassischen Suchwegen bis zum online-Recruiting
S. Lohberg / Dortmund/ 2002 / 132 Seiten / 74,00 EUR / Best.-Nr. 6453

Personalrekrutierung im Internet
B. Härtl / München / 2002 / 136 Seiten / 198,00 EUR / Best.-Nr. 5876

Das Marketing des internen Kunden
Selektive Rekrutierungs- und Motivationsstrategien der Personalpolitik
A. Arniella / Cottbus / 2002 / 79 Seiten / 248,00 EUR / Best.-Nr. 5865

Evaluation von Outdoor-Teamentwicklungsseminaren
R. Krüger / Heidelberg / 2000 / 243 Seiten / 148,00 EUR / Best.-Nr. 4516

Die Balanced Scorcard als Herausforderung für das Personalmanagement
Zielbestimmung und Messbarkeit von Potenzialen, Steuerung über Kommunikation und die Anbindung an moderne Personalkonzepte
B. Palm / Österreich / 2002 / 98 Seiten / 198,00 EUR / Best.-Nr. 6577

Auswirkungen des gesamtwirtschaftlichen Wandels in der New Economy auf Entlohnungssysteme und Arbeitsbeziehungen
T. Schlagbauer / Österreich / 2002 / 111 Seiten / 198,00 EUR / Best.-Nr. 6488

Vorbereitung von Mitarbeitern auf eine Entsendung ins Ausland
Vermittlung interkultureller Kommunikationskompetenz zur Konfliktvermeidung
M. Krempl / Hof / 2002 / 87 Seiten / 248,00 EUR / Best.-Nr. 5433

Aussagekräftige Inhaltsangaben und Inhaltsverzeichnisse zu den Studien können kostenlos und unverbindlich unter www.diplom.de eingesehen werden. Zu den oben genannten Preisen stehen die Studien direkt unter www.diplom.de als Download zur Verfügung.

Die Studien können auch gegen 5,00 EUR Aufschlag als Printausgabe oder auf CD-ROM online unter www.diplom.de oder per Fax unter 040 / 6 55 99 222 bestellt werden. Die Versandkosten werden mit 5,00 EUR in Rechnung gestellt.

Studierende erhalten auf den Preis vieler Studien eine Ermäßigung von 50 %.

Studien 2002

In der Reihe Studien 2002 sind im Buchhandel zudem erschienen:

Afrikanischer Tanz
Zu den Möglichkeiten und Grenzen in der deutschen Tanzpädagogik
S. Hubrig / Bremen / 2002 / 100 Seiten / 39,50 EUR / ISBN 3-8324-5550-7

Hochbegabte Kinder in Kindertagesstätte und Grundschule
Verkannt und vernachlässigt, umworben und gefördert
Y. Kossmann / Koblenz-Landau / 2002 / 168 Seiten / 39,50 EUR / ISBN 3-8324-5551-5

Reichweiten und Grenzen von E-Recruitment
Eine kritische Analyse unter besonderer Berücksichtigung von eignungsdiagnostischen
Online-Verfahren und deren Akzeptanz am Markt
K. Golembowski / Köln / 2002 / 256 Seiten / 39,50 EUR / ISBN 3-8324-5567-1

Electronic Government und Verwaltungsmodernisierung
Beziehungen, Potenziale und Probleme dargestellt am Beispiel von BAFöG online
A. Heinz / Potsdam / 2002 / 148 Seiten / 39,50 EUR / ISBN 3-8324-5686-4

Geschäftsmodelle des M-Business
Ausgerichtet auf die Zielgruppe der Geschäftsleute
H. Ahlke / Dortmund / 2002 / 152 Seiten / 39,50 EUR / ISBN 3-8324-6168-X

Sportrechte-Vermarkter im Fußball
Geldgeber und Einflußnehmer?
T. Holzapfel / Göttingen / 2002 / 184 Seiten / 39,50 EUR / ISBN 3-8324-6230-9

Aufstieg und Fall des Kirch-Konzerns
Eine medienökonomische Analyse
M. Preiß / Dortmund / 2002 / 170 Seiten / 39,50 EUR / ISBN 3-8324-6355-0

Best Ager
Anforderungen an die Produkt- und Kommunikationspolitik von Unternehmen
K. Zaroba / Wiesbaden / 2002 / 119 Seiten / 39,50 EUR / ISBN 3-8324-6656-8

Universelle Benutzbarkeit und Barrierefreiheit bei Webseiten der breiten Masse und der
uröffentlichen Hand
Grundlagen, Erklärungen und Lösungswege z Erstellung von behindertengerechten,
gesetzeskonformen Webangeboten
M. Tressl / Konstanz / 2002 / 266 Seiten / 39,50 EUR / ISBN 3-8324-6655-X